KB168529

자본의 코뮤니즘, 우리의 코뮤니즘

Communism of Captial, Communism of Multitude
Towards the Constitution of the Common
Commonspace L (ed.)

Copyright © Commonspace L 2012
Korean translation copyright © Nanjang Publishing House 2012
All Rights Reserved

This Korean translation are published by arrangement with
Commonplace L (Seoul) under the permissions of each contributors

이 책의 한국어판 저작권은 각 기고자의 허락 아래 이뤄진 연구공간 L과의
독점계약으로 도서출판 난장에 있습니다.
저작권법에 의해 한국 내에서 보호를 받는 저작물이므로
무단전재와 무단복제를 금합니다.

자본의 코뮤니즘

우리의 코뮤니즘

공통적인 것의 구성을 위한 에세이

연구공간 L 엮음

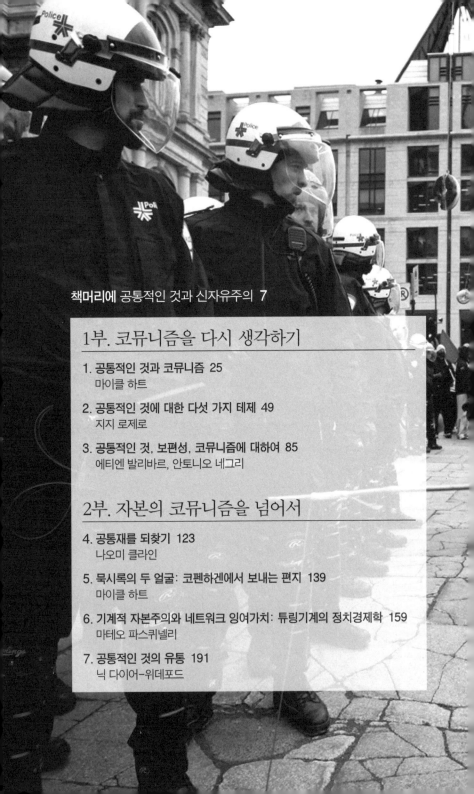

일러두기

1. 이 책은 연구공간 L이 번역한 7편의 논문과 직접 작성한 4편의 논문을 모은 것이다. 번역된 논문의 자세한 서지사항은 각 논문의 앞에 밝혀뒀다.

2. 인명, 지명, 작품명, 단체명은 국립국어원이 2002년 발간한 『외래어 표기 용례집』을 따랐다. 단, 이미 관례적으로 쓰이는 표기는 그대로 따랐다.

3. 각주에는 '지은이 주'와 '옮긴이 주'가 있다. 지은이 주는 1), 2), 3)……으로 표시했고, 옮긴이 주는 *, **, ***……으로 표시했다. 옮긴이 주에는 본문의 내용을 이해하는 데 필요한 배경지식이나 자세한 서지사항 등을 소개해놓았다.

4. 참고하거나 인용한 외국 문헌 중 한국어판이 있는 경우에는 '〔 〕' 안에 자세한 서지사항을 병기했다. 그러나 외국 문헌에서 인용된 부분의 번역은 한국어판을 참조하되 꼭 그대로 따르지는 않았고, 필요할 경우에는 부분적으로 수정했다.

5. 단행본·전집·정기간행물·팸플릿·영상물·음반물·공연물에는 겹낫표(『 』)를, 그리고 논문·논설·기고문·단편·미술 등에는 홀낫표(「 」)를 사용했다.

공통적인 것과 신자유주의

우리는 '공통적인 것의 시대'를 살아가고 있다. 신자유주의의 참상과 이에 맞선 새로운 형태의 투쟁들 아래에, 공통적인 것의 아직은 온전하지 않은 모습이 어른어른 비치고 있다. 많은 사람들의 명시적 의식은 여전히 '공적인 것'과 '사적인 것'이라는 짝이 이루는 낡은 틀에 갇혀 있지만, 그 틀 안에서 인간이 모여 사는 새로운 방식에 대한 상상과 열망이 싹트고 명시적인 인식으로 발돋움하고 있는 것이다.

역설적이게도 신자유주의 자체가 공통적인 것의 시대가 시작됐음을 알리는 징후일 수 있다. 무엇보다 한계에 처한 자본의 마지막 몸부림을 나타낼 수 있다는 점에서 그렇다.

신자유주의 세력은 공적 영역을 소수의 사적 이익을 위해 거침없이 활용하거나 사유화했으며, 그럼으로써 공적 영역의 취약성을 여실히 드러냈다. 대부분의 경우 공적 영역이 자본에 도움을 주거나 봉사해왔다는 점을 놓고 볼 때, 신자유주의는 자본의 무기 하나를 스스로 망친 셈이다. 물론 이는 앞으로 다중이 공적 영역에의 의존성을 버리고 다른 원리에 입각하는 한에서 그렇다. 공적 영역이 손상을 입으면 그 영역을 회복시키는 것이 중요하다고 인식하기 십상인데, 다중에게 중요한 것은 이런 반사적 인식이 아니다. 공적 영역에 의존해서는 새로운 세상을 만드는 일이 불가능하다는 인식, 다른 원리에 입각하는 것이 필요하다는 인식, 바로 이것이 중요하다.

특히 공적 영역의 취약성이 우연적이거나 일시적인 것이 아니라 근본적인 것이라는 인식이 중요하다. 사적인 것과 공적인 것이라는 짝은 근대 국가와 함께, 따라서 근대 주권과 함께 출현했다. 근대 주권 혹은 근대적 의미의 공적 영역은 개인들의 정치성의 소외^{alienation}를 통해 성립된다(토머스 홉스는 이를 권리의 양도^{alienation}로 이해한다). 이런 소외의 결과는 무엇보다 사적 개인, 즉 원자화된 개인으로서, 공적 영역은 이 사적 개인의 보완물이라고 할 수 있다. 원자화된 사적 개인들을 하나로 묶지 않고서는 통치가 불가능한데, 공적 영역이 바로 이런 '하나로 묶기'가 작동하는 공간이기 때문이다. 공적 영역은 '하나로 묶기'를 통해 모두의 관심사 혹은 공사公事를 처리하는 곳으로 설정된다. 그리고 개인들의 관계의 '외부에서'(즉 '소외'의 형태로) 그 관계에 작용하며, 그럼으로써 개인들 위에 군림하는 힘, 즉 권력이 된다. 지배계급의 지배도구가 되는 것이다.

그러나 공적 권력은 자본의 권력에 결코 미치지 못한다. 자본이야 말로 가장 강력한 형태의 권력이다. 자본은 공적 영역이 행하는 바와 같은 '하나로 묶기'에 기반을 둔 권력이 아니다. 자본은 통제의 대상을 기존의 관계로부터 풀어서 흐르게 하며 그 흐름을 (질 들뢰즈가 말한 '공리'의 방식으로) 통제한다. 공적 영역이 위로부터의 코드화 방식을 택한다면, 자본은 탈코드화 방식을 택한다. 이를 통해 자본은 억압이 아니라 욕망의 형태를 띨 수 있고, 거의 모든 삶의 관계들을 매개할 수 있는 능력을 가지게 되며, 지구 전체를 자유롭게 움직일 수 있다(탈근대에 들어와서 자본은 이 사적 개인을 '나누어지는 것'^{dividuels}으로 다시 분할해 이 '나누어지는 것'의 흐름을 통제·관리한다*).

물론 공적 영역의 부정적 기능만을 말한다면 공정하지 못한 일이 될 것이다. 공적인 것이 해방을 향한 경로로 이해되면서 많은 혁명적 에너지가 공적인 것에 경주될 수 있었고, 이를 통해 민중의 욕구가 공적 영역을 통해 일정 부분 충족될 수 있었던 것이 사실이다. 1917년 러시아 혁명은 그 정점을 이룬다고 할 수 있다. 그러나 그 이후 현실 사회주의 국가들의 궤적은 공적인 것에 기초한 해방의 노력이 자본주의의 극복을 낳을 수 없다는 점을 보여줬다. 역설적이게도 신자유주의는 오늘날 이 점을 거듭 확인해주고 있는 것이다.

이제 우리는 공적인 것에 대한 환상과 결별해야 한다. 공적인 것에 무관심해야 한다는 말이 아니다. 환상을 갖지 않는다는 것과 무관심해진다는 것은 다르다. 공적인 것에 대한 환상과 결별한다 함은 이제 공통적인 것에 의거해 모든 것을 보고 행함을 의미한다. 다시 말해서 공적 영역을 통해 공사를 처리하는 것도 아니고 자본과 같은 방식으로 욕망을 관리(통제)하는 것도 아닌, 전혀 다른 형태의 '함께 살기'로 우리의 삶을 열어야 함을 의미하는 것이다. 아주 부분적인 예를 들자면, 현재 다중이 요구하는 복지는 과거 복지국가 패러다임의 복지와는 근본적으로 다른 것이어야 한다.

---

* Gilles Deleuze, "Post-scriptum sur les sociétés de contrôle," *Pourparlers 1972-1990*, Paris: Minuit, 1990, p.244. [김종호 옮김, 「통제사회에 대하여」, 『대담 1972~1990』, 도서출판 솔, 1993, 201쪽.]

지금까지 말한 것은 신자유주의가 공적인 것의 관계에서 둔 '악수'惡手를 지적한 것이다. 그런데 신자유주의가 둔 악수는 이뿐만이 아니다. 신자유주의는 현 시기 자본의 헤게모니적 양상이지만 희한하게도 자본주의적 생산양식 자체에 해를 입힌다. 신자유주의는 사적 이익의 추구를 극단화하기 때문에 자본주의적 생산양식의 가장 큰 장점 중 하나인 협동에 정반대되는 방향으로 작용한다. 자본주의는 사실 협동에서 시작했고, 협동의 착취를 통해 성장했으며, 또 (더 많은 착취를 위해) 협동을 확대했다. 협동은 공통적인 것이 띠는 주된 형태이지만, 자본에 종속된 협동은 순수한 형태의 협동이라기보다는 분업에 의해 분절화된 협동이다. 다시 말하자면, 사적 소유라는 격자가 씌워져 착취되는 협동이다. 그러나 협동이 없으면 자본주의도 없다. 착취할 대상이 없기 때문이다. 신자유주의는 어리석게도 바로 이 협동을 위축시킴으로써 착취 대상 자체를 축소시킨다.

　　이보다 더 근본적인 측면이 있다. 주지하다시피 신자유주의의 가장 근본적인 특징은 '착취'가 아니라 '수탈'을 통해, 즉 생산을 통하지 않고 기존의 부를 강탈하는 방식으로 부를 축적한다는 점이다(이런 점에서 신자유주의 시대의 자본주의는 시초 축적의 단계로 되돌아갔다는 지적도 나온다). 만일 자본가들 전체가 신자유주의적이 된다면 그 결과는 뻔하다. 수탈을 통해 더 많은 부를 축적하는 자본가들이야 나오겠지만, 자본 전체로 보면 새로운 생산의 증가가 이뤄지지 않기 때문에 자본의 증식이 중단되고 자본주의는 종식을 고하게 된다. 증식하지 못하는 자본은 더 이상 자본이 아니기 때문이다.

　　물론 자본가들 전체가 신자유주의적이지는 않다. 이미 선진국들에서는 신자유주의의 한계에 대한 인식이 상당히 정착된 듯하다. 유별나게 기승을 떤 한국의 치졸하고 야비한 신자유주의도 이명박 정권을 정점으로 서서히 하향세에 접어들 것으로 보인다. 그렇다면 신자유주의는 단지 일부 탐욕스런 자본가들의 철없는 '한탕주의'를 나타낼 뿐인가? 그래서 철부지들의 시대가 지나면 자본이 다시 지난날의 건강성(생산의 증가)을 회복할 수 있는 것인가?

그렇게 볼 수도 있다. 그러나 이 현상을 다른 각도에서, 예컨대 칼맑스가 보여준 통찰의 연장선상에서 볼 수도 있다. 맑스는 자본, 더 정확하게 말하자면 자본주의적 생산양식이 그 개화의 정점에서 시들 것으로 보았다. 많은 장벽을 돌파하면서 생산력을 계속적으로 높여온 자본은 일정 시점에 이르면 더 이상 생산력을 높일 수 없게 된다. 어느 지점을 넘으면 생산력의 발전은 자본에 장벽이 된다. 따라서 자본주의적 관계가 노동의 생산력의 발전에 장벽이 된다. 만일 자본이 현재 이 시점에 근접한 것이라면, 신자유주의는 근본적 한계에 처한 자본의 어쩔 수 없는 몸부림일 수 있다.

그런데 이미 맑스가 분석해낸 역설이지만, 자본은 신자유주의만이 아니라 생산력을 높일 새로운 생산양식의 물적·인적 토대를 만들어냈다. 전지구적으로 연결된 생산·유통체계, 과학의 생산에의 적용(일반지성), 노동의 변형(과학 노동, 사회적 노동)이 바로 그것이다. 바로 이 새로운 생산양식의 토대를 가로지르는 핵심이 **공통적인 것**이다. 전지구적 생산체계 내지 협동체계의 전지구화, 혹은 전지구적 규모로 확대된 생산의 사회화는 사적 개인이 아니라 **사회적 개인**을 생산의 주체로 만들며 각각의 사적 개인이 생산에 기여한 바를 별도로 계산할 수 없게 만든다. 이로써 사실상 사적 소유의 토대는 사라진다. 현실에서는 사적 소유가 여전히 강력하게 존재하지만 말이다.

물론 자본이 산출한 이 새로운 토대는 대부분 자본주의적 관계에 종속되어 있기 때문에 이런 종속의 상태 그대로 새로운 생산양식이 되는 것은 아니다. 언제나 그렇듯이 다중의 실천이 필수적이다.

사실 공통적인 것에 대한 우리의 무의식적 감각은 인류의 역사만큼 오래됐지만, 그것이 전지구적 규모로 실현될 수 있다는 생각은 이제 막 형성되기 시작했다. 그런 만큼 낯설고 미완일 수밖에 없다. 아마 대부분의 독자들에게는 이 서문에서 서술한 바가, 아니 이 책의 내용 대부분이 상당히 낯설게 느껴질 수도 있을 것이다. 시작은 다 그렇다. 서툴고 허점이 많을 것이다. 그러나 "최고의 것들은 최고의 형태로 나타나는 경우가 극히 드물다는 것이 이 우주의 법칙이다."*

공통적인 것에 대한 감각과 인식은 실로 인류에게 가장 고결한 것이다. 공통적인 것은 인류가 집단으로서 새로운 존재로, 더 창조적인 존재로 생성하는 원리이기 때문이다. 이런 점에서 공통적인 것은 경제적인 동시에 윤리적이다. 공통적인 것은 또한 정치적이기도 하다. 공적인 것이 실행하는 정치는 모두의 문제를 대신해서 관리하는 집단을 필연적으로 전제하고 이 집단은 필연적으로 권력 집단이 되기 때문에, 공적인 것의 정치에서는 결코 모든 사람이 통치의 주체가 될 수 없다. 다시 말해서 진정한 민주주의가 불가능하다. 오직 형식적 민주주의만, 민주주의의 탈을 쓴 비민주주의만 가능하다. 모두의 협동적·직접적 참여를 원리로 하는 공통적인 것만이 진정한 민주주의, 절대적 민주주의를 가능하게 하는 원리이다. 이렇듯 공통적인 것

---

* John Ruskin, *The Stones of Venice*, vol.2. The Sea-Stories(1886), New York: Cosimo, 2007, p.160. §XI.

은 절대적 민주주의(정치)를 최고의 생산력(경제)과 이음매 없이 결합한다. 아니, 결합한다기보다는 절대적 민주주의가 그 자체로 최고의 생산력을 구현한다. 절대적 민주주의 자체가 자유로운 개성들의 협동적 결합에 다름 아니기 때문이다.

공통적인 것이 바로 신자유주의, 아니 자본 자체에 대한 대안, 자본 너머의 미래이다. 이 미래는 현실화되지 않았지만 (혹은 상황에 따라서 일부만 현실화됐지만) 잠재적으로는 분명하게 실재하는 미래이다. 이 책은 이 미래를 현재에 실현하려는 노력의 일환이다.

'공통적인 것'은 영어로 'the common'이라고 표기되는 개념을 우리말로 옮긴 것이다. 이는 정관사 'the'에 형용사 'common'을 붙인 것이다. 형용사로서 'common'은 여러 의미를 가지고 있지만 이 중에서 '모든 것이 모두에게 직접적으로 열려 있는'이라는 의미에 가장 가까운 것으로서 '공통적인'을 택했다.

그런데 'common'이라는 단어의 의미나 용법 자체에 중요한 역사적 과정이 작용하고 있다. 자본주의의 체제는 바로 'the commons'를 사유화하면서 시작됐다. 여기서 'common'이라는 단어는 명사(복수형)로 사용됐는데, 이 어구를 보통 '공유지'라고 옮기지만 사실 'the commons'가 단순히 땅만을 지칭하는 것은 아니다. '공유지'라는 번역에 더 정확하게 상응하는 'common land'가 거기에 포함되는 것은 사실이지만, 그뿐만 아니라 이 땅과 연관된 모든 재화(인간에게 유익한 사용가치들, 즉 공통재)의 총체를 나타내기도 하며, 가장 중요하게는 이 재화와의 관계를 나타내기도 한다. 이 관계는 한때 자본주의의 발생지인 잉글랜드를 비롯한 지구상의 여러 곳에서 우세했으나 근대 자본주의가 들어서면서 사적 소유/공적 소유라는 짝에 의해 밀려난 관계로서, 기본적으로 소유될 수 없는 것으로 전제된 사용가치들에 모든 개인이 자유롭게 접근하는 형태의 점유관계이다.

이런 역사적 과정은 형용사 'common'의 의미에도 반영되어 있다. 예컨대 'common people'은 원래는 바로 위와 같은 관계(이것을 편의상 '공통적 관계'라고 부르자)를 맺으며 사는 사람들을 지칭했을 터인데, 현재의 일반적인 용법으로는 잘해도 '평민' 정도의 의미이다('평민'은 사회에서의 위치 그 이상을 말해주지 못한다). 'common law' 같은 어구의 경우도 이와 비슷하다. 이 말은 현재 '보통법'(모두에게 해당되는 법)이라든가 '관습법'이라는 의미를 가질 수 있지만 공통적 관계에 기반을 둔 법이라는 의미는 가지고 있지 않다. 아니, 가질 수가 없다. 현대의 모든 법제는 사적 소유에 기반을 두지 공통적 관계에 기반을 두지 않기 때문이다. 이런 식으로 생각해보면 'common sense'라는 어구도 '상식'이라는 상식적으로 가능한 번역어가 말해주는 것과는 전혀 다른 의미를 가질 수 있음을 알게 된다.

'common'의 동사형이 사라진 것도 이와 마찬가지 맥락에 속한다. '공통적 관계에 기반을 둔 활동'을 나타내는 동사 'common'이 (그 동명사형인 'commoning'뿐만 아니라 동사에 접미사 '-er'을 붙인 'commoner'와 함께) 실제로 사용됐으나 현재의 영어에서는 사라졌다(옥스퍼드 사전에 등록은 되어 있으나 1800년대 이후의 용례가 없다). 이것이 자본주의의 승리(=공통적 관계의 파괴)라는 역사적 과정의 결과가 아니라면 무엇이겠는가?

우리가 '공통적인 것'을 중시하는 이유는 그것이 철학적 개념이기만 한 것이 아니라 자본주의에 의해 잃어버린 것의 메아리를 담고 있기도 하기 때문이다. 이 메아리는 향수만을 자극하고 덧없이 사라지는 메아리가 아니라 우리에게 장차 가능한 한 높은 정도로 실현되어야 할 정치적·경제적 과제(새로운 역사적 조건에서 예의 공통적 관계를 구축하는 것)를 가리켜준다. '공통적인 것'은 이렇게 과거의 역사와 미래의 역사를 잇는다. 이런 맥락에서 우리는 피터 라인보우가 『마그나카르타 선언』의 마지막 장에서 제사題詞로 사용한 윌리엄 블레이크의 시구를 우리 식으로 해석할 수 있다.* 공통적인 것은 과거의 공동체적 삶에 대한 기억을 담고 있는 동시에 앞으로 새로운 세계의 구축에 기여할 영감이 되리라고 말이다.

이 책은 '연구공간 L'의 연구활동가들이 토요세미나에서 안토니오 네그리와 마이클 하트의 3부작(『제국』, 『다중』, 『공통체』)을 함께 공부하는 과정에서 기획됐다. 우리는 2010년 10월 무렵부터 약 1년 남짓 매주 3부작을 읽고 토론을 진행하면서 주권과 주체성, 민주주의와 코뮤니즘에 관한 저자들의 사유가 어떻게 발전해왔는지 그 섬세한 결들을 살펴볼 수 있었으며, '공통적인 것'이 그들의 사유를 가로지르는 핵심 키워드라는 사실을 새삼 확인했다. 그리하여 우리는 '공통적

---

* "기억의 딸들은 영감(靈感)의 딸들이 될 것이다." 피터 라인보우, 정남영 옮김, 『마그나카르타 선언: 모두를 위한 자유권들과 커먼즈』, 갈무리, 2012, 310쪽.

인 것'에 관한 문제제기와 논의를 통해 사적인 것/공적인 것이라는 짝을 기반으로 삼고 있는 근대적 기획을 넘어설 수 있으리라는 결론에 도달하게 됐다. 더 나아가 기존의 정통 맑스주의에 의해 훼손되고 부패된 '코뮤니즘'에 관한 기획을 새롭게 갱신하고 정초할 수 있을 것이며, 오늘날 무의미의 전형적인 사례가 된 '민주주의'에 관한 사유에도 활력을 불어넣을 것이라는 확신을 가지게 됐다.

이런 결론과 확신 속에서 우리는 3부작을 다 읽고 난 이후에, 토요세미나를 공통적인 것에 관한 좀 더 심도 깊고 다층적인 논의들을 찾아 읽고 공동 번역하는 과정으로 변경해 지속했다. 제일 먼저 우리는 2009년 4월 9~10일 미국 듀크대학교에서 개최된 심포지엄("공통적인 것과 코뮌의 형태들: 대안적인 사회적 상상들") 내용이 수록된 『맑스주의의 재고』특집호*에 주목했다. 여기에 게재된 편집자 서문과 여러 글들을 검토하고 기획 취지를 공유했으며, 그 글들 중 3편을 가려내 번역에 착수했다. 출판을 염두에 둔 작업이었으므로 저작권 문제를 해결해야 했다. 각 글들의 저자들과 『맑스주의의 재고』를 출판하는 루틀리지에 우리의 기획 취지를 상세히 설명하고 협조를 구했다. 저자들은 우리의 기획에 큰 공감을 표해줬고, 지지 로제로는 우리의 요청에 따라 이탈리아 판본을 보내주기도 했다. 루틀리지도 예상 외로 쉽게 협조를 해줬다. 이렇게 하여 선별된 3편의 글이 본서의 1부("코뮤니즘을 다시 생각하기")를 구성하게 됐다.

---

* *Rethinking Marxism: A Journal of Economics, Culture & Society*, vol.22, no.3, Special issue: The Common and the Forms of the Commune, ed. Anna Curcio and Ceren Özselçuk, July 2010.

마이클 하트의 「공통적인 것과 코뮤니즘」은 공통적인 것의 개념과 현대 자본주의적 생산의 특성을 논의하며, 공통적인 것에의 자유로운 접근과 그것의 자유로운 순환을 역설하는 글이다. 공통적인 것은 땅, 물, 공기, 자원 등과 같은 자연적 재화를 비롯해 언어, 지식, 아이디어, 이미지, 정동 등과 같은 인간의 생산물 모두를 의미한다. 오늘날 자본주의적 생산은 이런 공통적인 것의 생산에 의존하며 그것을 지향하고 있는데, 이런 경향은 코뮤니즘적 기획을 위한 조건과 무기가 출현하고 있음을 함의한다.

지지 로제로의 「공통적인 것에 관한 다섯 가지 테제」는 전지구적 자본주의의 위기와 변형이라는 맥락에서 공통적인 것을 테제 형식으로 정리한 패기만만한 글이다. 그 위기와 변형은 구체적으로 인지자본주의, 새로운 계급구성, 산 지식과 주체성의 생산이라는 문제를 함의한다. 공통적인 것은 산 노동의 자율성이 전개되는 평면이면서도 자본주의적 포획에 종속된다고 보는 로제로는 사적인 것/공적인 것의 변증법을 넘어 공통적인 것의 조직을 강력하게 주장한다.

「공통적인 것, 보편성, 코뮤니즘에 대하여」는 심포지엄의 기조 발표로 이뤄진 에티엔 발리바르와 안토니오 네그리의 대담을 정리한 글이다. 이 대담은 안나 쿠르초와 제렌 외즈셀추크 두 사람에 의해 기획됐는데, 쿠르초와 외즈셀추크는 오늘날 코뮤니즘에 관한 이해와 실천의 문제를 맑스주의 내의 상이한 전통에 서 있는 두 사람에게 질문하고 있다. 알튀세르적 맑스주의의 맥락에서 작업을 진행해온 발리바르의 보편성 개념과 자율주의적 맑스주의의 맥락에서 탐구해온 네그리의 공통적인 것이라는 개념을 코뮤니즘이라는 공통 지반 위에서 교차시켜 즐겁고도 유익한 긴장을 만들어낸 것이다.

이처럼 본서의 1부를 구성하고 번역해가면서 우리는 공통적인 것과 관련한 더 다양한 논의들을 학술잡지와 인터넷 등에서 발견하게 됐다. 2000년대에 접어들면서 다양한 맥락 아래 공통적인 것에 관한 논의가 직간접적인 형태로 꾸준히 이뤄져왔음을 새삼스럽게 확인할 수 있었고, 이 문제가 우리 삶의 문제인 만큼 매우 다층적으로 제기될 수 있음 또한 알 수 있었다. 이에 우리는 모두 4편의 글을 선별해 각 저자들에게 협조를 구하고 번역을 진행해 본서의 2부("자본의 코뮤니즘을 넘어서")를 구성했다. 저자들은 우리의 기획에 아주 기쁘게 화답하며 번역·출판에 협조해줬으며, 특히 마테오 파스퀴넬리의 경우는 자신의 글을 직접 추천해주기까지 했다.

나오미 클라인의 「공통재를 되찾기」는 2001년 4월 9일 캘리포니아대학교 로스앤젤레스 캠퍼스의 사회이론·비교사연구소에서 발표된 뒤 같은 해 『뉴레프트리뷰』(9호)에 수록된 글이다. 이 글은 국경을 가로질러 전지구적으로 가해지는 자본주의의 사유화에 맞서는 여러 운동들의 흐름들을 조망하면서, 수탈당한 공통적인 것(공통재)을 반지구화운동이 아닌 전지구적 차원에서의 운동을 통해 재탈환하자고 역설한다. 이런 주장은 다른 저자들의 논의에 비해서 평범하게 읽힐지도 모르겠는데, 여타의 다른 글들에 비해 이 글이 가장 먼저 작성됐음을 감안해야 할 것이다. 10여 년이 지난 글이지만, 여전히 유의미한 주장을 담고 있으며, 오늘날 공통적인 것을 창출함에 있어 토대가 되는 조건을 다시 상기시키는 글이다.

마이클 하트의 「묵시록의 두 얼굴: 코펜하겐에서 보내는 편지」는 듀크대학교 문학부에서 발행하는 학제간 연구지 『폴리그래프』(22호/2010)에 수록된 글로, '연구공간 L'이 『진보평론』(47호/2011)에 번역해 기고한 것을 재수록했다. 하트에 따르면, 공통적인 것은 한편으로 소유관계에 저항하는 동시에 소유관계에 의해 훼손당하는 특성이 있으며, 다른 한편으로 지배적인 가치 척도를 끊임없이 붕괴시키고 초과하는 특성이 있다. 이런 특성들이 공통적인 것의 자율과 민주적 운영을 목표로 하는 정치운동과 정치형태, 예컨대 민주주의, 코뮤니즘의 토대가 됨을 이 글을 통해 확인할 수 있을 것이다.

마테오 파스퀴넬리의 「기계적 자본주의와 네트워크 잉여가치: 튜링기계의 정치경제학」은 2012년 1월 19~21일 듀크대학교 문학부가 주최한 학술회의("맑스주의와 뉴미디어")에서 발표됐다. 오늘날 인지자본주의 시대에 공통적인 것이 어떻게 포획당하고 있는지를 구체적 사례와 언어를 통해 보여주는 이 글은 들뢰즈가 묘사한 '통제사회'의 진화된 현재적 형태로 '메타데이터 사회'를 개념화한다. 매우 흥미롭고 재기 넘치는 문제설정이 녹아 있는 글로, 일독을 권한다.

닉 다이어-위데포드의 「공통적인 것의 유통」은 2009년 4월 미국 미네소타대학교에서 열린 연속 강좌("공통재의 미래")의 하나로 발표된 글을 정리한 것으로, 위데포드 자신이 운영하는 개인 블로그(commonism.wordpress.com)에 게재되어 있는 원고를 한국어로 옮겼다. 다이어-위데포드는 자율주의가 정식화한 '자본의 유통에 맞서는 투쟁의 유통'이라는 논의에서 한 걸음 더 나아가 공통적인 것의 유통(순환)에 대해 서술한다. 이런 작업을 통해 투쟁 너머에 놓여 있는 것, 즉 자본주의 이후의 삶에 대해 말하고자 한 것이다.

이처럼 본서의 출판 작업을 진행하던 중 우리는 2011년 6월 2~4일 서울대학교에서 열린 제5회 맑스코뮤날레에 참여하게 됐다. 우리는 이 행사의 참여를 통해 진행 중인 연구 작업을 재편·확장할 수 있었다. 말하자면 '공통적인 것'에 관한 저작을 읽고, 번역하는 작업에서 쓰는 작업으로의 전환이었다. 우리는 '공통적인 것과 코뮤니즘'이라는 제목의 섹션으로 심포지엄을 준비했고, 이 과정에서 토론자를 교환하는 방식으로 연구집단 '노마디스트 수유너머 N'과 교류하게 됐다. 이 자체가 공통적인 것을 생성하는 계기였는데, 이 자리를 빌려서 '노마디스트 수유너머 N'의 연구활동가들(특히 최진석, 정정훈, 박은선, 이진경 선생님)에게 감사의 말을 전하고 싶다. 맑스코뮤날레에서는 모두 네 편의 글이 발표됐고, 이것들을 일부 또는 전면 수정해 본서의 3부("공통적인 것의 구성을 위하여")에 배치했다. 박서현의 「공통적인 것의 존재론: 주체성의 생산과 그 정치적 과제」, 진성철의 「공통적인 것과 새로운 해방의 공간」, 이종호의 「공통되기를 통한 예술의 확장과 변용」, 정남영의 「맑스의 자본 분석과 공통적인 것」은 각각 철학, 정치경제학 비판, 예술, 맑스의 자본 분석이라는 범주 속에서 '공통적인 것과 코뮤니즘'의 관계를 고찰하고 있다.

이 작은 단행본을 준비하는 과정은 시행착오의 연속이었다. 번역 텍스트 선정, 저작권 문제 해결, 번역 진행과 검토, 퇴고와 오역 수정, 글쓰기와 토론 등 모든 과정에서 매 순간 시행착오를 겪었으며 문제 해결을 위해 서로의 지혜와 행동을 한데 모을 수밖에 없었다. 해답을 구하는 과정뿐만 아니라 문제를 공유하는 것부터 지난하고 힘든 순간의 연속이었다. 매 순간 격렬한 논의와 더불어 긴 침묵이 이어지기도 했고, 짧은 중단과 긴 실행이 계속 반복되기도 했다. 번역어 결정을 놓고 몇 시간에 걸쳐 토의하고 나서도, 다음 모임에서 다시 문제를 제기하는 과정이 여러 차례 반복됐다. 순간순간의 격렬함과 오랜 시간의 지루함에 스스로의 활력을 소진하는 경우가 발생하기도 했다. 하지만 이런 시행착오와 피로감이 없었더라면 아마도 이 책은 존재할 수 없었을 것이다. 이 과정 전체가 공통적인 것을 생성하고 유통해가는 조그마한 실천이었다고 생각한다.

다른 한편으로 우리는 많은 사람들의 도움을 받았고, 그들과 협력할 수 있었다. 번역 텍스트의 저자들은 우리의 이런저런 요청과 질문에 성심을 다해 답해줬으며, 자신들의 텍스트를 번역할 수 있도록 여러 방향에서 도움을 줬다. 루틀리지의 호의에도 이 자리를 빌려 감사의 말을 전해야 할 것 같다. 이들의 도움과 협력이 없었더라면 이 책은 애당초 불가능한 기획에 그쳤을 것이다. 그러니 돌이켜 보면 우리의 공동 작업에 마냥 시행착오와 피로감만 있었던 것은 아니다. 협력 속에서 서로의 장점과 특성을 발견할 수 있었으며, 오가는 대화 속에서 서로에 대한 믿음과 연대감을 새삼스레 확인하기도 했다. 말하자면 소통과 협력의 연속이었고, 기쁨의 과정이었다.

이 책에 참여하고 도움을 준 모두에게 감사의 인사를 전해야 도리겠으나, 4명의 고유명을 언급하며 감사의 말을 갈음할까 한다. 정남영 선생님은 학교생활을 정리하는 바쁜 와중에도 번역에 대한 조언을 아끼지 않으셨으며, 이탈리아어판과 대조하는 작업까지 해주시며 성원을 보내주셨다. 자발적 백수의 길을 즐거운 마음으로 택하신 정선생님의 앞날에 진심어린 응원을 보낸다. '연구공간 L'의 연구활동가로서 이번 작업에 참여하지는 못했지만, 항상 아낌없는 성원을 보내준 두 사람이 있다. 이들과 출간의 기쁨을 함께 나누고자 한다. 김석종은 다큐멘터리 감독을 꿈꾸며 자신의 일에 매진하고 있는데, 이내 곧 좋은 작품들로 우리를 즐겁게 해주리라 믿는다. 김경민은 오랜 어둠과 음지 생활을 청산하고 경기도 일산에서 새로운 생활을 준비 중인데, 우리는 그의 정의로운 귀환을 손꼽아 기다리고 있다. 마지막으로 인문·사회과학 출판계의 어려운 상황에도 불구하고 선뜻 이 책의 출간에 나서주신 도서출판 난장의 이재원 대표님께도 감사의 말씀을 드리고 싶다. 앞으로 더 좋은 기획과 책들로 소중한 인연을 이어나갈 수 있기를 기대한다.

그날이 올 때까지
Hasta Siempre

2012년 10월 29일
서울 염리동에서

1부
코뮤니즘을
다시
생각하기

2007년 미국 서브프라임 모기지론 사태 발생
미국 내 투자은행·대출회사 연쇄 부도

2008년 미 정부 금융 위기의 진화를 위해 공적 자금 7조 달러 투입
전 세계 증시 시가 총액 37조 달러 증발[4월 기준](세계 3대 국가
[유럽연합, 미국, 중국] GDP 총액인 35조 달러 상회)

2009년 전 세계 장기 불황 돌입

2010년 유럽 국가 부채 위기의 시작
그리스 EU와 IMF에 구제금융 신청(포르투갈, 스페인, 이탈리아,
스페인 등지로 위기 확산)

2011년 미국발 글로벌 재정 위기의 시작
미 정부 재정적자 GDP의 10.5%(제2차 세계대전 이래 최고)

2012년 국제노동기구, 전 세계 청년 실업률 12.7%로 추산
2017년까지 12.9%로 증가 예상

1 공통적인 것과 코뮤니즘*
마이클 하트

지난 2008년 가을에 폭발한 경제 위기와 금융 위기는 정치적 상상
의 영역에 매우 급격한 지각변동을 일으켰다. 몇 년 전만 해도 주류
언론은 기후변화에 대한 이야기를 과장됐으며 종말론적이라며 조롱
하고 묵살했지만, 기후변화가 사실이라는 것은 하루가 다르게 일반
적인 상식이 되어왔다. 이와 마찬가지로 경제 위기와 금융 위기 또한
자본주의와 사회주의에 대한 지배적 관점들을 바꿔버렸다. 일 년 전
만 해도 주류 언론은 자본 자체에 대한 비판은 고사하고 규제 완화,
사유화, 복지제도 축소 같은 신자유주의 전략에 대한 비판조차 모조
리 미친 소리인 양 취급했다. 그러나 오늘날에는 『뉴스위크』가 표지
기사에서 조금은 아이러니하게도 "이제 우리는 모두 사회주의자들이
다"라고 선언하고 있다. 갑자기 자본의 지배는 좌파와 우파 양쪽 모
두에게서 의문에 부쳐지고 사회주의적·케인즈주의적 국가 규제 및
국가 관리 같은 형태들이 불가피한 것처럼 보인다.

---

* Michael Hardt, "The Common in Communism," *Rethinking Marxism*, vol.22,
no.3, July 2010, pp.346~356.

그러나 우리는 이 대안 바깥을 내다봐야 한다. 너무나 자주 우리는 자본주의 아니면 사회주의, 즉 사적 소유의 지배 아니면 공적 소유의 지배 사이에서 양자택일을 강요받고 있는 것 같다. 마치 국가 통제의 해악을 치유하는 유일한 방법이 사유화이고, 자본의 해악을 치유하는 유일한 방법이 국유화(국가 규제의 실행)인 것인 양 말이다. 우리는 자본주의의 사적 소유도, 사회주의의 공적 소유도 아닌 코뮤니즘에서의 공통적인 것이라는 또 다른 가능성을 탐구해야 한다.

민주주의와 자유뿐만 아니라 코뮤니즘을 포함해 우리의 정치적 어휘 가운데 많은 중요한 개념들은 심하게 부패되어 거의 사용할 수 없게 됐다. 실제로 코뮤니즘은 통상적인 용법에서 자신의 정반대를, 즉 경제적·사회적 삶을 국가가 총체적으로 관리하는 것을 의미하게 됐다. 물론 우리는 이렇게 되어버린 용어들을 버리고 새로운 것을 발명할 수도 있다. 하지만 그럴 경우에는 그 용어들에 결부되어 있는 투쟁, 꿈, 염원의 오랜 역사까지 떠나보내야 할 것이다. 나는 그렇게 하기보다 바로 그 개념들을 둘러싼 싸움을 통해 그것들의 의미를 회복하거나 갱신하고자 한다. 코뮤니즘의 경우 이런 작업에는 오늘날 가능한 정치적 조직화 형태를 분석하고, 그에 앞서 현대의 경제적·사회적 생산이 지닌 성격을 연구하는 것이 요구된다. 이 글은 그 가운데에서도 정치경제학 비판이라는 예비 작업에 한정된다.

이전 시대에 존재했던 코뮤니즘의 가설들이 더 이상 유효하지 않은 한 가지 이유는 자본구성(게다가 자본주의적 생산의 조건과 생산물)이 달라졌기 때문이다. 가장 중요한 것은 노동의 기술적 구성이 변했다는 점이다. 일터 안팎에서 사람들은 어떤 식으로 생산하고 있는가? 그들은 무엇을 생산하며 어떤 조건 아래서 생산하는가? 생산적 협력은 어떻게 조직되는가? 그리고 젠더와 인종적 구분선을 따라 국지적, 지역적, 전지구적 맥락에서 사람들을 분리하는 노동의 분할과 권력의 분할은 어떤 모습인가? 오늘날 노동의 구성상태를 조사하는 것에 더해서 우리는 노동의 생산과정을 규정하는 소유관계에 대해서도 분석해야 한다. 맑스를 따라 우리는 정치경제학 비판의 핵심은 소유 비판이라고 말할 수 있다. 맑스와 엥겔스가 『공산주의 선언』에서 쓰고 있듯이 "공산주의자들은 자신들의 이론을 하나의 표현으로 집약할 수 있으니, 사적 소유의 폐지가 그것이다."[1]

코뮤니즘적 분석과 기획의 핵심이라고 생각되는 공통적인 것과 소유의 관계 및 그것들의 투쟁을 탐구하기 위해, 나는 맑스의 『1844년 경제학-철학 수고』(『경철 수고』)의 두 대목을 읽고자 한다. 『경철 수고』를 참조한다고 해서, 초기 맑스를 후기 맑스와 대립시킨다거나 맑스의 휴머니즘을 찬양한다거나 그와 비슷한 어떤 일을 하려는 것은 아니다. 소유와 공통적인 것의 문제는 사실 맑스의 저술 전체에서 지속적으로 연구되는 주제이다. 또한 코뮤니즘 개념을 갱신하기 위해 반드시 대가에게 기대야만 하는 것도 아니다. 『경철 수고』는 오늘날 점점 더 유의미해지고 있는, 코뮤니즘에서의 공통적인 것을 읽어낼 수 있는 좋은 기회를 제공할 뿐 아니라 맑스의 시대와 우리 시대 사이의 거리를 측정해볼 수 있는 계기가 되기도 한다.

먼저 '사적 소유 관계'라는 제목이 붙은 대목을 보자. 여기서 맑스는 각 시대의 지배적 소유형태를 중심으로 시대를 구분한다. 맑스

---

1) Karl Marx and Friedrich Engels, *The Communist Manifesto*, London: Verso, 1998, p.52. [김태호 옮김, 『공산주의 선언』, 박종철출판사, 1998, 25쪽.]

에 따르면, 19세기 중반에 이르러 유럽 사회에서는 더 이상 토지 같은 부동산이 우선적 지배력을 갖지 않으며, 대개 산업생산의 결과인 동적 형태의 재산들이 이를 대신하게 된다. 이 두 가지 소유형태 사이의 격렬한 투쟁이 저 이행의 시기를 특징짓는다. 맑스는 서로 자신이 사회에 유익한 존재라고 주장하는 두 소유주의 입장을 특유의 말투로 조롱한다. 토지 소유주는 농업 생산성과 그것이 사회에 갖고 있는 필수적 중요성, "그의 재산의 고결한 혈통, 봉건시대에 대한 아련한 추억, 추억의 시, 그의 낭만적 본성, 그의 정치적 중요성 등"을 강조한다.[2] 이와 반대로 동산 소유주는 자신의 찬송가를 부르며 부동산 세계의 지역주의와 정체성停滯性을 공격한다. "동산은 세계에 정치적 자유를 가져다줬다고, 시민사회의 사슬을 풀어냈다고, 여러 세계를 결합시켰다고, 무역을 일으켰다고, 그래서 사람들 사이의 우정을 북돋우고 마침내 순수한 도덕성과 즐거운 문화를 창조해냈다고 주장한다."[3] 맑스는 동산이 부동산으로부터 경제적 우위를 획득한 것은 불가피한 일이라고 생각한다. "운동성이 부동성에 대해, 공공연하고 자의식적인 비천함이 은폐되고 무의식적인 비천함에 대해, **소유욕**이 **향락욕**에 대해, 공공연하며 지칠 줄 모르고 다재다능한 **계몽**의 이기심이 편협하고 처세에 능하고 투박하고 게으르며 몽상에 잠겨 있는 **미신의 이기심**에 대해 필연적으로 승리한다. 마치 **화폐**가 다른 사적 소유형태들에 대해 승리하기 마련인 것처럼 말이다."[4] 물론 맑스는

---

2) Karl Marx, "Economic and Philosophical Manuscripts" *Early Writings*, trans. Rodney Livingstone and Gregor Benton, London: Penguin, p.338. [강유원 옮김, 『경제학-철학 수고』, 이론과실천, 2006, 111쪽.]

3) Marx, ibid., p.338. [『경제학-철학 수고』, 113쪽.]

양편의 소유주 모두를 조롱하지만, 동산은 그것이 얼마나 천하든지 간에 "노동이 **부**의 유일한 근원이라는 생각"을 드러내는 이점이 있음을 인정한다.[5] 다시 말해서, 맑스의 시대 구분은 코뮤니즘적 기획을 위한 증가된 잠재력에 그 강조점이 있는 것이다.

나는 오늘날 이와 유사하게 진행되는 두 가지 소유형태들 간의 투쟁을 분석하고 싶은데, 그 전에 부동산에 대한 동산의 승리가 수탈의 지배적 양식을 둘러싼 싸움에서 이윤이 지대에 대해 거둔 승리에 상응한다는 점에 주목하고자 한다. 지대의 징수에 있어서 자본가는 상대적으로 가치의 생산과정 외부에 있는 것으로 간주되며, 다른 수단에 의해 생산된 가치를 단지 추출하기만 한다. 이와 반대로 이윤의 발생은 자본가에게 생산과정에 참여해 협력형태, 훈육체제 등을 부과할 것을 요구한다. 케인즈의 시대에 이르러 이윤은 지대에 비해 높은 위상을 누리게 됐다. 그 위상은 케인즈가 생산을 조직·관리하는 자본가적 투자자의 편에 서서 "금리생활자의 안락사"를, 그에 따른 "아무런 기능 없는 투자자"의 소멸을 예언(혹은 처방)할 정도였다.[6] 자본 안에서 지대에서 이윤으로의 역사적 운동이 일어난다는 이런 생각은 (많은 분석들을 통해 잘 알려진) 시초 축적 단계에서 고유한 자본주의적 생산단계로의 이행에 상응한다. 이런 맥락에서 시초 축적은 다른 곳에서 생산된 부를 수탈하는 절대지대로 간주될 수 있다.

---

4) Marx, ibid., p.340. [『경제학-철학 수고』, 114쪽.]

5) Marx, ibid., p.343. [『경제학-철학 수고』, 119쪽.]

6) John Maynard Keynes, *The General Theory of Employment, Interest and Money*, London: Macmillan, 1936, p.376. [조순 옮김, 『고용 이자 및 화폐의 일반이론』(개역판), 비봉출판사, 2007, 453쪽.]

지대에서 이윤으로의 이행, 부동산의 지배에서 동산의 지배로의 이행은 모두 19세기 중반에 대공업이 농업을 대체해 경제생산의 헤게모니적 형태로 등장했다는 맑스의 더 일반적인 주장의 일부이다. 물론 맑스가 양적인 관점에서 이렇게 주장한 것은 아니다. 당시 가장 산업화된 영국에서조차 산업생산은 경제의 극히 일부에 지나지 않았으며, 대부분의 노동자들은 공장이 아니라 들판에서 노역을 했다. 맑스의 주장은 질적인 것이다. 즉 맑스는 다른 모든 생산형태들이 산업생산의 특성들을 채택할 수밖에 없게 되리라고 주장한다. 농업, 광업, 심지어 사회 자체도 산업생산의 기계화 체제, 노동규율, 시간성과 리듬, 노동일 등을 채택해야만 할 것이다. 시계와 노동규율이 영국 사회에 미친 영향을 다룬 E. P. 톰슨의 고전적 논문은 산업의 시간성이 사회 전체에 점진적으로 부과되는 과정을 탁월하게 보여준다.[7] 맑스 시대 이래 지난 150여 년 간 산업이 다른 부문에 자신의 특성을 부과하는 이런 경향은 유례없는 방식으로 진행됐다.

하지만 오늘날 산업이 더 이상 경제에서 헤게모니적 지위를 누리고 있지 않다는 것은 분명하다. 이는 오늘날 공장에서 일하는 사람들이 10년, 20년 혹은 50년 전보다 더 적다고 말하는 것이 아니다. 비록 어떤 점에서 그들의 위치가 노동과 권력의 전지구적 분할을 따라 다른 곳으로 이동했더라도 말이다. 다시 한 번 말하지만 이 주장은 무엇보다 양적인 것이 아니라 질적인 차원의 것이다. 산업은 더 이상 다른 경제 분야들에, 그리고 더 일반적으로는 사회적 관계들에 자신

---

7) E. P. Thompson, "Time, Work-Discipline, and Industrial Capitalism," *Past and Present*, no.38, December 1967, pp.56~97.

의 특성을 부과하지 않는다. 내가 보기에 이 점은 비교적 논쟁의 여지가 없는 주장이다.

그러나 산업생산에 뒤이어 새로운 생산형태가 헤게모니적으로 됐다는 주장에 대해서는 이견이 많다. 네그리와 나의 주장은 비물질적 혹은 삶정치적 생산이 그런 헤게모니적 지위를 차지하고 있다는 것이다. 비물질적이라는 용어와 삶정치적이라는 용어로 우리는 아이디어, 정보, 이미지, 지식, 코드, 언어, 사회적 관계, 정동 같은 것들의 생산을 아울러 파악하고자 한다. 이것은 고위직부터 하위직까지, 건강관리직·항공승무원·교사부터 소프트웨어 프로그래머까지, 패스트푸드점과 콜센터의 직원부터 디자이너와 광고업계 종사자까지 경제 영역 전반에 있는 직종을 가리킨다. 물론 이런 생산형태들 중 대부분은 새로운 것이 아니지만 그것들 사이의 공통점은 훨씬 더 쉽게 발견된다. 더욱 중요한 것은 오늘날 이런 생산형태들의 특질이 다른 경제 부문과 사회 전체에 부과되는 경향이 있다는 점이다. 확실히 산업생산은 정보화됐다. 전통적인 생산 부문들 전반에 걸쳐서 지식, 코드, 이미지의 중요성이 점점 커지고 있다. 돌봄이나 정동의 생산 역시 가치화 과정에서 점차 본질적이 되어가고 있다. 이처럼 산업생산이 차지했던 헤게모니의 자리에 비물질적 혹은 삶정치적 생산이 등장하는 경향이 있다는 가설에는 이와 직접적으로 연결된 노동의 젠더적 분할과 국제적 혹은 그밖의 지리적 분할이 함축되어 있다. 그러나 이 글에서 후자까지 다룰 수는 없다.[8]

---

8) 비물질적·삶정치적 생산에 대해서는 다음을 참조하라. Michael Hardt and Antonio Negri, *Commonwealth*, Cambridge: Harvard University Press, 2009.

"삶정치적 생산의 궁극적 핵심은 주체성 자체의 생산이다"

'삶정치'(biopolitique)란 미셸 푸코가 창안한 개념으로서, 인간의 삶/생명 자체를 통치의 대상으로 삼는 새로운 권력테크놀로지를 지칭한다. 『제국』(2000)에서 이 개념을 정교화한 네그리와 하트는 자신들이 보기에 푸코에게 없는 것, 즉 '생산'의 관점을 도입한다. "푸코가 최종적으로 파악하지 못하는 것은 삶정치 사회에서의 생산의 현실적 동학이다."

이런 비판적 문제의식에 근거해 네그리와 하트는 『공통체』(2009)에서 '삶정치적 생산'을 더 정교하게 설명한다. 맑스에 따르면 한 역사적 시기의 고유한 경향은 그 시기의 생산양식에 조응하는데, 네그리와 하트는 탈근대 사회에 고유한 생산양식의 변화를 '삶정치적'이라고 표현한다. 네그리와 하트가 보기에 탈근대적 생산양식은 ① 생산의 요소·결과에서 생각, 언어, 지식, 정동 같은 비물질적 요소와 재화가 중심이 되고, ② 이런 비물질적 요소

들의 성격 탓에 생산과정 역시 소통과 협력이 중시되는 네트워크적 형태를 띠게 되어, ③ 결국 생산과 재생산이 삶 자체를 중심으로 이뤄진다는 점에서 근대적 생산양식과 구별된다.

따라서 네그리와 하트에게 삶정치란 인간의 노동(력)뿐만 아니라 모든 행위, 즉 삶 전체가 생산에 동원됨으로써 생산과 재생산이 서로 구분되지 않고 동시에 일어나는(즉 생산이 곧 재생산이고, 재생산이 곧 생산인) 탈근대 사회의 정치형태이기도 하다. "가장 높은 수준의 추상화 단계에서 본다면, 삶정치적 생산의 궁극적 핵심은 (흔히 상품생산이 그렇게 이해되고 있듯이) 주체들을 위한 사물[물건]의 생산이 아니다. 오히려 삶정치적 생산의 궁극적 핵심은 주체성 자체의 생산이다."

이런 이행이 내포하고 있는 두 가지 소유형태들 간의 새로운 투쟁에 주목하면, 우리는 맑스의 정식들로 돌아가 논의를 계속할 수 있다. 맑스 시대의 투쟁이 (토지 같은) 부동산과 (물질적 상품 같은) 동산 사이에서 벌어졌다면, 오늘날의 투쟁은 물질적 소유형태와 비물질적 소유형태 사이에서 벌어진다. 다시 말해서 맑스는 소유물의 유동성에 집중한 반면에 오늘날의 핵심적인 쟁점은 희소성과 복제 가능성이며, 따라서 투쟁은 배타적 소유물과 공유될 수 있는 소유물 사이에서 벌어지는 것으로 나타난다. 오늘날 자본주의 경제 아래서 비물질적이고 복제 가능한 소유물에 주어지는 관심의 정도는 재산법 분야를 대강 훑어보기만 해도 쉽게 알 수 있다. 특허권, 저작권, 토착적 지식, 유전자 코드, 씨앗 생식세포에 대한 정보 등이 이 분야에서 가장 활발하게 논의되고 있는 주제들이다. 희소성의 논리가 이 영역을 지배하고 있지 않다는 사실은 소유에 새로운 문제를 제기한다. 맑스가 유동성이 부동성에 대해 필연적으로 승리한다고 봤던 것과 마찬가지로, 오늘날 비물질적인 것이 물질적인 것에 대해, 복제가능한 것이 복제불가능한 것에 대해, 공유 가능한 것이 배타적인 것에 대해 필연적으로 승리한다.

　　이렇게 비물질적 소유형태가 점점 더 지배적인 것이 된다는 점은 의미심장하다. 왜냐하면 이 글의 주제라 할 수 있는 공통적인 것과 소유 그 자체의 갈등을 일정 부분 보여주기 때문이다. 아이디어, 이미지, 지식, 코드, 언어, 그리고 심지어는 정동조차 소유물로서 사유화될 수 있고 통제될 수 있지만 이것들은 너무 쉽게 공유되거나 복제되기 때문에 그것들의 소유권 침해를 규제하기가 더 어렵게 된다. 이런 재화들에는 소유의 경계를 벗어나서 공통적인 것이 되려는 경향이 항상 존재한다. 당신에게 어떤 아이디어가 떠올라서 그것을 나와 공유했다고 해보자. 그러면 당신이 얻게 될 유용성은 감소되기는커녕 일반적으로 증가한다. 사실 아이디어들, 이미지들, 정동들의 생산성이 최대로 실현되려면 그것들은 공통적인 것이 되어야 하며 공유되어야 한다. 사유화될 경우 그것들의 생산성은 급격히 감소된다. 이와 마찬가지로 공통적인 것을 공적 소유물로 만드는 것, 즉 공통적인 것을 국가의 통제 혹은 국가의 관리에 종속시키는 것 역시 생산성을 감소시킨다. 소유는 자본주의적 생산양식의 족쇄가 되어가고 있다. 여기서 자본에 내재한 모순이 드러난다. 공통적인 것에 울타리를 쳐서 소유물로 만들수록 그것의 생산성은 저하된다. 그러나 공통적인 것의 확대는 소유관계 일반의 토대를 침식한다.

다소 일반적으로 말하면, 신자유주의는 사적 소유가 공적 소유뿐만 아니라 아마도 더욱 중요하게는 공통적인 것에 맞서 벌이는 싸움으로 정의되어왔다. 여기서 공통적인 것의 두 유형을 구분하는 것이 유용할 텐데, 이 두 유형 모두 자본의 신자유주의적 전략의 대상들이다(그리고 다음과 같은 식의 '공통적인 것'에 대한 정의는 논의의 초기 단계에서는 유용할 것이다). 한편으로 공통적인 것은 지구, 그리고 지구와 연관되어 있는 모든 자원들, 즉 토지, 삼림, 물, 공기, 광물 등을 가리킨다. 이는 17세기 영어에서 'common'에 '-s'를 붙인 'the commons'라는 말로 공유지를 지칭했던 것과 밀접한 관계를 갖는다. 다른 한편으로 이미 말했듯이 공통적인 것은 아이디어, 언어, 정동 같은 인간 노동과 창조성의 결과물을 가리키기도 한다. 전자를 '자연적인' 공통적인 것으로 이해하고 후자를 '인공적인' 공통적인 것으로 이해할 수 있겠지만, 자연적인 것과 인공적인 것의 구분은 사실상 곧 허물어진다. 어쨌든 신자유주의는 이런 두 가지 형태의 공통적인 것 모두를 사유화하려 했으며 지금도 그러고 있다.

이와 같은 사유화의 주요 현장 중 하나는 채취산업이다. 사유화를 통해 초국적 기업은 시에라리온의 다이아몬드, 우간다의 석유, 볼리비아의 리튬과 채수권採水權에 접근할 수 있었다. 데이비드 하비와 나오미 클라인을 비롯한 많은 사람들은 시초 축적 혹은 강탈에 의한 축적의 새로운 중요성에 주목하면서 이런 공통적인 것의 신자유주의적 사유화에 대해 말해왔다.[9]

'인공적인' 공통적인 것을 사유화하려는 신자유주의적 전략은 훨씬 더 복잡하고 모순적이다. 소유와 공통적인 것의 대립은 여기서 최고조에 달한다. 이미 말했듯이 공통적인 것이 소유관계에 종속될수록 그 생산성은 저하되지만, 자본주의적 가치화 과정에는 사적 축적이 필요하다. 이런 모순에도 불구하고 특허권과 저작권 같은 메커니즘을 통해 공통적인 것을 사유화하려는 자본주의 전략이 많은 영역들에서 (종종 힘겹게) 지속되고 있다. 음악산업과 컴퓨터산업에서는 이런 사례가 부지기수이다. 소위 생물자원수탈biopiracy에서도 상황은 마찬가지이다. 생물자원수탈은 대개 특허권을 통해 초국적 기업이 식물, 동물, 인간으로부터 토착적 지식이나 유전자 정보 같은 형태의

---

9) David Harvey, *A Brief History of Neoliberalism*, Oxford: Oxford University Press, 2005. [최병두 옮김, 『신자유주의: 간략한 역사』, 한울, 2007]; Naomi Klein, *The Shock Doctrine: The Rise of Disaster Capitalism*, New York: Metropolitan Books: Henry Holt and Company, 2007. [김소희 옮김, 『쇼크 독트린』, 살림Biz, 2008.] 아프리카 채취산업에 대한 신자유주의의 관심을 탁월히 분석한 것으로는 다음을 참조하라. James Ferguson, *Global Shadows: Africa in the Neoliberal World Order*, Durham: Duke University Press, 2006.

공통적인 것을 수탈하는 과정이다. 가령 종자를 천연 살충제로 사용하는 전통적 지식이나 약용식물에 대한 전통적 지식이 그것에 대해 특허권을 획득한 기업의 사적 소유가 되는 것이다. 덧붙이자면 나는 그런 행동을 해적질로 일컫는 것은 부적절하다고 본다. 해적은 훨씬 더 고결한 소명을 갖고 있다. 그들은 소유물을 훔친다. 반면 이 기업들은 공통적인 것을 훔치고 소유물로 변형시킨다.

그러나 일반적으로 자본은 사유화 자체가 아니라 지대의 형태를 통해 공통적인 것을 수탈한다. 오늘날 인지자본주의를 연구하는 이탈리아와 프랑스의 경제학자들(가장 두드러지게는 카를로 베르첼로네)은 과거에 자본주의적 수탈의 지배적 양식이 지대에서 이윤으로 이행하는 경향이 있었듯, 오늘날에는 이윤에서 지대로 이행하는 반대 방향의 운동이 일어나고 있다고 주장한다.[10] 예컨대 특허와 저작권은 물질적·비물질적 재산 소유에 기초해 소득을 보장한다는 의미에서 지대를 발생시킨다. 이런 주장은 과거로의 회귀를 함의하지 않는다. 가령 특허에서 발생되는 소득은 토지 소유에서 발생되는 소득과 매우 다르다. 지대가 이윤보다 점점 더 우세해진다는 분석의 핵심 통찰은 (이것이 매우 의미심장한 것인데) 자본이 일반적으로 공통적인 것의 생산과정 외부에 머무른다는 점이다. 산업자본과 그것의 이윤창출 과정을 보면 자본가는 생산과정 내부에서, 특히 협력의 수단을 정하고 훈육양식을 부과하는 데서 일정한 역할을 담당한다. 이에

---

10) Carlo Vercellone, "The Crisis of the Law of Value and the Becoming-Rent of Profit," *Crisis in the Global Economy: Financial Markets, Social Struggles, and New Political Scenarios*, ed. Andrea Fumagalli and Sandro Mezzadra, New York: Semiotext(e), 2010.

반해 공통적인 것의 생산에서 자본가는 상대적으로 외부에 머무를 수밖에 없다.[11] 공통적인 것이 소유물이 될 때마다 그러하듯, 공통적인 것의 생산과정에 대한 자본가의 모든 개입은 그 생산성을 감소시킨다. 지대는 이런 자본과 공통적인 것 사이의 충돌에 대처하기 위한 메커니즘이다. 자본은 생산자원의 공유 및 협력방식의 결정과 관련해 공통적인 것의 생산과정에 제한된 자율성을 부여하지만, 여전히 지대를 통해 통제력을 행사할 수 있고 가치를 수탈할 수 있다. 이런 맥락에서 착취는 공통적인 것의 수탈이라는 형태를 취한다.

시초 축적을 절대지대의 한 형태로 부를 수 있는 한에서 지대에 관한 이런 논의는 한편으로 신자유주의적 축적이 강탈을 통해 이뤄진다는 것을 가리킨다. 그리고 다른 한편으로는 금융이 우세한 오늘날의 상황을 새롭게 조명하는데, 금융은 복잡하고 매우 추상적인 다양한 상대지대들을 특징으로 한다. 크리스티안 마라치는 우리에게 금융을 허구적인 것('실물경제'의 반대)으로 생각하지 말라고 주의를 준다.[12] 마라치에 따르면 이런 생각은 비물질적인 소유형태들이 점점 더 압도적으로 금융과 생산을 지배하고 있음을 이해하지 못하고 있다. 마라치는 통상적으로 산업생산과 연결된 생산성 이미지에 비추어 금융을 순전히 비생산적인 것으로 쉽게 단정해버리는 것에 대해서도 경고한다. 이윤에서 지대로의 이행이 일반적인 추세가 되고 있으며 이에 상응해 자본이 공통적인 것의 생산 외부에 머무르게 된

---

11) 협력에 대한 맑스의 논의(『자본』 제1권 13장)를 참조하라. [김수행 옮김, 『자본론』(제1권/상), 비봉출판사, 2001, 436~454쪽.]

12) Christian Marazzi, *Capital and Language: From the New Economy to the War Economy*, New York: Semiotext(e), 2008.

오늘날의 맥락 속에서 금융을 사유하는 것이 더 유용하다. 금융은 일정한 거리를 두고 공통적인 것을 수탈하며 통제를 행사한다.

이상이 맑스의 『경철 수고』에서 내가 주목한 첫 번째 대목에 대한 독해이다. 이제 그 요점들을 다시 정리해보자. 이 대목에서 맑스는 두 가지 소유형태 간의 투쟁(부동산 대 동산)과 토지 소유의 지배에서 산업자본의 지배로의 역사적 이행을 서술한다. 오늘날 우리 역시 두 가지 소유형태 간의 투쟁(물질적인 것 대 비물질적인 것, 희소한 것 대 복제가능한 것)을 경험하고 있다. 그리고 이 투쟁은 더 깊은 차원의 충돌, 즉 소유 자체와 공통적인 것 사이의 충돌을 드러낸다. 공통적인 것의 생산이 점점 더 자본주의 경제의 핵심이 되어가는데도 불구하고, 자본은 그 생산과정에 개입할 수 없으며 반대로 그 외부에 머무르면서 (금융 및 여타 메커니즘들을 통해) 가치를 지대형태로 수탈할 수밖에 없다. 그 결과 공통적인 것의 생산 및 생산성은 점점 더 자율적인 영역이 되어간다. 물론 여전히 착취당하고 통제당하지만, 이는 상대적으로 외적인 메커니즘들을 통해서 이뤄질 뿐이다. 맑스와 마찬가지로 나는 자본의 이런 발전이 그 자체로는 좋지 않다고 말하겠다. 비물질적 혹은 삶정치적 생산이 경향적으로 우세하게 됨에 따라 일련의 새롭고 더욱 혹독한 형태의 착취와 통제가 등장한다. 그러나 자본 자신의 발전이 자본으로부터의 해방을 위한 도구들을 제공한다는 점을, 특히 공통적인 것과 그 생산적인 회로들의 자율성을 증가시킨다는 점을 인식하는 것이 중요하다.

이는 내가 『경철 수고』에서 두 번째로 다루고자 하는 '사적 소유와 코뮤니즘'이라는 대목으로 이어진다. 공통적인 것이라는 관념을 통해 우리는 맑스가 이 대목에서 코뮤니즘이라는 말로 의미하고자 했던 바를 더 잘 이해할 수 있다. "코뮤니즘은 사적 소유가 지양된 상태의 적극적 표현이다"[13]라고 썼을 때 맑스는 이 구절에 '적극적 표현'이라는 문구를 포함시켜, 코뮤니즘을 그 개념에 대한 잘못되거나 오염된 생각에서 구별해낸다. 맑스의 주장에 따르면, 조야한 코뮤니즘은 사적 소유를 일반화하고 공동체 전체로 확장함으로써 그것을 보편적 사적 소유로서 영속화시킬 뿐이다. 물론 이 말은 모순어법이다. 사적 소유가 보편적이라면, 즉 공동체 전체로 확장되어 있다면, 그것은 더 이상 정말로 사적인 것이 아니다. 내가 보기에 맑스는 조야한 코뮤니즘에서 소유의 사적인 성격을 벗겨내더라도 소유 그 자체는 남는다는 점을 강조하려는 듯하다. 이와 달리 올바르게 파악된 코뮤니즘은 사적 소유의 지양일 뿐만 아니라 소유 자체의 지양이다. "사적 소유가 우리를 너무나 우둔하고 너무나 일면적으로 만들어버렸기 때문에, 한 대상은 우리가 그것을 가지고 있을 때에야 비로소 **우리의 것**이 된다."[14] 우리가 어떤 것을 소유하고 있지 않을 때 그것이 우리의 것이라 함은 무슨 의미일까? 우리 자신과 우리 세계를 소유물이 아닌 것으로 여긴다는 것은 무슨 의미일까? 이것을 이해하지 못할 정도로 사적 소유는 우리를 바보로 만들어버린 것일까? 여기서 맑스는 공통적인 것을 찾고 있다. 공통적인 것의 사용을 특징짓는 자유로운 접근과 공유는 소유관계 외부에 있으며 그것과 대립한다. 우리는 너무나 우둔해져서 세계를 사적인 것 아니면 공적인 것으로밖에 인식할 수 없다. 우리는 공통적인 것을 보지 못하게 됐다.

---

13) Marx, ibid., pp.345~346. [『경제학-철학 수고』, 124쪽]

14) Marx, ibid., p.351. [『경제학-철학 수고』, 133~134쪽]

맑스는 약 이십 년 뒤 『자본』 제1권에서 코뮤니즘을 자본의 부정적 변증법의 결과로 정의하면서, (소유의 지양으로서의) 공통적인 것에 대한 생각이라고 할 만한 것을 갖게 된다.

자본주의적 생산양식으로부터 생겨난 자본주의적 전유양식, 즉 자본주의적 사적 소유는 자신의 노동에 입각한 개인적 사적 소유의 첫 번째 부정이다. 그러나 자본주의적 생산은 자연과정의 필연성에 따라 자기 자신의 부정을 낳는다. 이것은 부정의 부정이다. 이 부정의 부정은 사적 소유를 부활시키는 것이 아니라, 자본주의 시대의 성과 — 즉 협력과 토지 및 (노동 자체를 통해 생산된) 생산수단의 공동점 유 — 에 입각한 개인적 소유를 확립한다.[15]

자본주의의 발전은 필연적으로 협력과 공통적인 것이 점점 더 중심적인 역할을 하게 되는 상황을 낳는데, 이는 다시 자본주의적 생산양식을 전복하기 위한 도구를 제공하며 이후의 사회와 생산양식, 즉 공통적인 것의 코뮤니즘을 위한 토대를 구성한다.

그러나 『자본』의 이 구절에서, 그 변증법적인 구성방식은 제쳐두더라도 맑스가 언급하고 있는 공통적인 것("협력과 토지 및 생산수단의 공동 점유")이 주로 물질적 요소, 즉 공통적으로 된 부동적·동적형태의 소유물이라는 점은 만족스럽지 못한 부분이다. 다시 말해서 이런 맑스의 정식은 오늘날 자본주의적 생산의 지배적 형태를 포착

---

15) Karl Marx, *Capital*, vol.1, trans. Ben Fowkes, London: Penguin, 1976, p.929. [김수행 옮김, 『자본론』(제1권/하), 비봉출판사, 2001, 1050쪽.]

하지 못한다. 그러나 우리가 초기의 『경철 수고』로 되돌아가되 청년 맑스의 휴머니즘을 걸러낸다면, 우리는 비물질적 측면, 아니 더 정확하게는 삶정치적 측면을 강조하는 코뮤니즘 및 공통적인 것에 대한 정의를 발견할 수 있다. 먼저 코뮤니즘의 정의를 살펴보자. 맑스는 코뮤니즘에 대한 조야한 관념들을 걸어내고는 코뮤니즘을 다음과 같이 정의한다. "코뮤니즘은 인간 자신의 소외인 사적 소유의 적극적인 지양이며, 따라서 인간에 의한 그리고 인간을 위한 인간 본질의 진정한 전유이다. 그것은 인간의 사회적, 즉 인간적 존재로서의 자기 자신으로의 완전한 회복이다."[16] 여기서 맑스가 "인간에 의한 그리고 인간을 위한 인간 본질의 진정한 전유"라는 말로 의미하는 바는 무엇일까? 확실히 여기서 맑스는 전유라는 관념을 그것과 잘 어울리지 않는 맥락에 도입하면서 그것의 본래 용법과 배치되는 방식으로 사용하고 있다. 즉 전유 관념이 더 이상 사적 소유의 형태를 띤 객체의 전유가 아니라 우리 자신의 주체성, 우리의 인간적·사회적 관계의 전유라는 맥락에서 사용되는 것이다. 맑스는 이런 코뮤니즘적 전유, 비소유적 전유를 인간적 감각과 전면화된 창조적·생산적 능력으로 설명한다. "인간은 전면적인 방식으로 자신의 전면적인 본질을 전유"하는데, 맑스는 이를 "인간이 세계와 맺는 모든 인간적 관계, 즉 보고, 듣고, 냄새 맡고, 맛보고, 느끼고, 생각하고, 직관하고, 지각하고, 원하고, 행동하고, 사랑하기"의 관점에서 설명한다.[17] 여기서 '전유'라는 말은 오

---

16) Marx, "Economic and Philosophical Manuscripts," p.348. [『경제학-철학 수고』, 127쪽.]

17) Marx, ibid., p.351.[『경제학-철학 수고』, 133쪽.]

해를 불러일으킬 소지가 있다. 왜냐하면 맑스는 지금 기존의 어떤 것을 포획하는 것이 아니라 새로운 어떤 것을 창조하는 것에 관해 말하고 있기 때문이다. 이것은 주체성의 생산이자 새로운 감각의 생산이고, 그렇다면 실제로는 전유가 아니라 생산인 것이다. 다시 텍스트로 돌아가면 우리는 실제로 맑스가 이 점을 분명하게 제시하고 있음을 볼 수 있다. "사적 소유의 적극적인 지양이라는 전제 아래에서 인간은 인간을, 즉 자기 자신과 다른 사람들을 생산한다."[18] 이런 독해에 따르면 초기 수고에서 나타나는 코뮤니즘에 관한 맑스의 생각은 휴머니즘과는 거리가 멀다. 즉 미리 주어져 있는 혹은 영원한 인간 본질로의 회귀 같은 것과는 아무런 관련이 없는 것이다. 오히려 사적 소유의 지양에 조응하는 코뮤니즘의 적극적 내용은 인간에 의한 주체성의 자율적 생산, 인간에 의한 인간성의 생산, 즉 새로운 보기, 새로운 듣기, 새로운 생각하기, 새로운 사랑하기이다.

이런 논의는 현대 경제의 삶정치적 전환에 대한 분석으로 우리를 다시 데려간다. 산업생산의 맥락에서 맑스는 자본주의적 생산이 객체의 창조뿐만 아니라 주체의 창조까지 목표로 한다는 중요한 인식에 도달했다. "따라서 생산은 주체를 위한 객체를 창조할 뿐 아니라 객체를 위한 주체도 창조한다."[19] 그러나 삶정치적 생산의 맥락에서 주체성의 생산은 훨씬 더 직접적이 되며 그 강도도 높아진다. 실제로 몇몇 현대 경제학자들은 초기 수고들에서 맑스가 정식화한 주장

---

18) Marx, ibid., p.349. [『경제학-철학 수고』, 129쪽.]

19) Karl Marx, *Grundrisse: Foundations of the Critique of Political Economy*, trans. Martin Nicolaus, London: Penguin, 1973, p.92. [김호균 옮김, 『정치경제학 비판 요강』(1권), 그린비, 2007, 62쪽.]

과 매우 유사한 어휘들로 자본의 변형을 분석한다. 로베르 부아예는 "만약 어려움을 무릅쓰고라도 몇 십 년 뒤 출현할 모델에 관해 추측해야 한다면, 필시 우리는 **인간에 의한 인간의 생산**을 언급해야만 할 것이다"[20]라고 주장한다. 이와 유사하게 마라치 역시 현대 자본주의 생산의 이해를 "인간생성적 모델"로의 이동으로 이해한다. 고정자본이 된 살아 있는 존재들이 자본 변형의 중심에 자리하며, 삶형태의 생산이 부가가치의 기초가 되고 있다는 것이다. 이는 (일하는 과정에서 획득되기도 하지만 더욱 중요하게는 그 외부에서 축적되는) 인간의 능력, 자질, 지식, 정동 등을 활동시키는 것이 직접적으로 가치를 생산하게 되는 과정이다.[21] 이런 의미에서 두뇌와 마음이 행하는 노동의 변별적 특징 중 하나는 역설적이게도 생산의 **객체**가 실제로는 **주체**라는 점이다. 즉 이런 노동에서는, 예컨대 사회적 관계나 삶형태 등에 의해 규정되는 주체가 생산의 객체가 된다. 이런 사실은 적어도 오늘날의 생산형태를 **삶정치적**이라고 불러야 하는 이유를 분명하게 해준다. 오늘날 생산되는 것은 바로 삶형태들이기 때문이다.

이런 새로운 시각을 가지고 맑스로 돌아가면, 맑스의 작업에서 나타나는 자본 규정의 진전이 우리가 놓여 있는 삶정치적 맥락을 분석하는 데 중요한 단서가 된다는 것을 알 수 있다. 자본주의 사회에서 부가 일견 상품의 거대한 집적으로 나타난다 해도, 맑스에 따르면 자

---

20) Robert Boyer, *La croissance, début de siècle: De l'octet au gène*, Paris: Albin Michel, 2002, p.192.

21) Christian Marazzi, "Capitalismo digitale e modello antropogenetico di produzione," *Reinventare il lavoro*, ed. Jean-Louis La ville, Rome: Sapere 2000, 2005, pp.107~126.

본은 실제로는 잉여가치를 창조하는 과정이며 상품생산은 이 과정을 위한 하나의 계기일 뿐이다. 그러나 맑스는 이런 통찰을 더 진전시켜 자본이 본질적으로 **사회적 관계**라는 점을 발견했으며, 나아가 자본주의적 생산의 궁극적 대상은 상품이 아니라 사회적 관계 혹은 삶형태라는 것을 보여줬다. 삶정치적 생산의 관점에서 보면 냉장고와 자동차의 생산은, 냉장고 주위에 핵가족의 노동·젠더 관계를 만들어내거나 각자의 자동차 안에 고립된 채 함께 고속도로를 달리고 있는 개인들의 대중사회를 만들어내기 위한 중간 지점일 뿐이다.

나는 코뮤니즘에 대한 맑스의 정의와 오늘날 자본주의 경제의 삶정치적 전환이 일치하거나 근접해 있음을 강조했다. 양자 모두 인간에 의한 인간성의 생산, 인간에 의한 사회적 관계의 생산, 인간에 의한 삶형태의 생산을 향한다는 점에서 그렇다. 이 모든 것들은 공통적인 것의 맥락 안에 있다. 이 지점에서 이런 근접성을 내가 어떻게 생각하며 왜 그것이 중요하다고 생각하는지 설명할 필요가 있다. 하지만 그 전에 앞서 언급한 내용에 한 가지 요소를 덧붙이려 한다.

미셸 푸코는 "인간이 인간을 생산한다"l'homme produit l'homme(이는 맑스의 경우처럼 젠더적 구분을 담고 있는 정식이다)로 귀결되는 맑스 사유의 모든 낯섦과 풍부함을 잘 알고 있었다. 푸코는 맑스의 문구를 휴머니즘의 표현으로 이해해서는 안 된다고 주의를 준다. "내가 보기에 생산되어야 하는 것은 자연이 설계한 대로의 인간, 혹은 그 본성이 미리 정해 놓은 대로의 인간이 아닙니다. 우리가 생산해야 하는 것은 이제껏 존재한 적 없는 어떤 것이며, 우리는 그것이 어떤 것일지 알 수 없습니다." 또한 푸코는 이를 그저 경제적 생산의 연장으로 생각하는 통상적인 이해에 대해서도 경고한다. "인간에 의한 인간의 생산이 가치생산, 부의 생산, 경제적으로 유용한 대상의 생산과 같은 방식으로 이뤄진다고 생각하는 사람들에게 나는 동의하지 않습니다. 오히려 그것은 우리의 현재 모습을 부수는 것이자 지금과는 완전히 다른 어떤 것을 창조하는 것으로, 한마디로 말해 총체적 혁신입니다."[22] 다시 말해서 우리는 생산하는 주체와 생산된 객체라는 관점으로는 인간에 의한 인간의 생산을 이해할 수 없다. 생산자와 생산물 모두가 주체이다. 즉 인간이 생산하고 인간이 생산된다. 푸코는 분명 이런 상황의 폭발력, 즉 삶정치적 과정은 사회적 관계로서의 자본의 재생산에 국한되지 않고 자본을 파괴하고 전적으로 새로운 어떤 것을 창조해낼 수 있는 자율적 과정을 위한 잠재력을 보여준다는 사실을 (완전히 이해한 것 같진 않지만) 감지한다. 삶정치적 생산이 착취와 자본주의적 통제의 새로운 메커니즘을 함축하고 있다는 것은 분명하다. 하지만 우리는 푸코의 직관을 따라 삶정치적 생산이, 특히 자본주의적 관계의 한계를 넘어서 끊임없이 공통적인 것으로 돌아가는 방식을 통해, 노동에 점점 더 큰 자율성을 부여하고 해방의 기획에 유용한 도구와 무기를 제공하고 있다는 점 또한 알아야만 한다.

이제 우리는 코뮤니즘의 이념과 오늘날의 자본주의적 생산이 근접해 있다는 인식의 핵심을 이해할 수 있다. 이는 자본주의적 발전이 코뮤니즘을 만들어내고 있다거나 삶정치적 생산이 즉각적이며 직접적으로 해방을 가져다준다는 것이 아니다. 반대로 이런 인식은 자본

---

22) Duccio Trombadori, "Entretien avec M. F.," *Dits et écrits*, vol.4: 1980~88, Paris: Gallimard, 1994, p.74; *Remarks on Marx: Conversations with Duccio Trombadori*, New York: Semiotext(e), 1991, pp.121~122. [이승철 옮김, 『푸코의 맑스』, 갈무리, 2004, 118쪽.]

주의적 생산에서 공통적인 것(아이디어, 정동, 사회적 관계, 삶형태의 생산)이 점점 더 중심 위치를 차지함에 따라 코뮤니즘적 기획을 위한 조건과 무기가 출현하고 있음을 의미한다. 다시 말해서 자본은 자본 자신의 무덤을 파는 자들을 만들어내고 있다.[23]

나는 이 글에서 두 가지 주요 논점을 밀어붙이고자 했다. 첫 번째는 정치경제학 비판이 필요하다는 호소, 더 정확히 말하면 그 어떤 코뮤니즘적 기획도 정치경제학 비판에서 출발하지 않으면 안 된다는 주장이었다. 정치경제학 비판에 입각한 분석은 자본구성뿐 아니라 계급구성에 대한 조사를 수행함으로써, 즉 일터 안팎에서, 그리고 임금노동 관계 안팎에서 사람들이 어떻게 무엇을 생산하는지, 어떤 조건 아래서 생산하는지 등을 물음으로써 역사적 시기들을 구분하는

---

23) 이 지점에서 공통적인 것에 대한 이런 경제적 논의와 자크 랑시에르의 정치학에서 공통적인 것이 기능하는 방식 사이의 관계를 연구해보는 것은 흥미로울 것이다. 랑시에르는 "우리가 이익과 손해의 균형을 맞추는 것을 멈추고 그 대신 공통적인 것의 몫을 나누는 데 관심을 가지는 바로 그때 정치는 시작된다"라고 말한다. 랑시에르의 관념에 따르면 공통적인 것은 파르타주 (partage), 즉 분할, 분배, 공유의 과정이 일어나는 중심적이며 아마도 유일한 지형이다. 랑시에르는 계속해서 이렇게 말한다. "정치는 공통적인 것이 활동하는 장, 그리하여 끊임없이 계쟁(係爭)이 일어날 수밖에 없는 장이며, 그것들을 다 합쳐도 결코 전체와 같을 수 없는 분파들, 자격부여들, 권리들일 따름인 몫들 사이의 관계이다." Jacques Rancière, *Disagreement: Politics and Philosophy*, trans. Julie Rose, Minneapolis: University of Minnesota Press, 1999, pp.5, 14. 내가 이 글에서 사유한 바와 같은 코뮤니즘만이 공통적인 것의 파르타주라는 랑시에르의 정치 관념과 어울리는 유일한 형태인 것 같다. 나는 「공통적인 것의 생산과 분배」라는 글에서 공통적인 것이 랑시에르의 사유에서 수행하는 역할을 간략하게 분석한 바 있다. Michael Hardt, "Produc -tion and Distribution of the Common: A Few Questions for the Artist" *Open: Cahier on Art and the Public Domain*, no.16, 2009, pp.20~31.

데 도움을 주고 현 시기의 새로움들을 드러내준다. 그리고 이 모든 것들은 공통적인 것의 중심성이 증대되고 있음을 보여준다.

두 번째는 정치경제학 비판을 소유에 대한 비판으로까지 확장시키는 것이다. 구체적으로 말하면 코뮤니즘은 소유의 지양에 의해서만이 아니라 또한 공통적인 것의 긍정에 의해서, 즉 열려 있고 자율적인 삶정치적 생산의 긍정과 자치적이고 연속적인 새로운 인간성의 창조에 의해서 규정된다. 매우 큰 틀에서 보면 코뮤니즘에 있어 공통적인 것은 자본주의에서 사적 소유가 가지는 의미, 그리고 사회주의에서 국가 소유가 가지는 의미와 같다.

이 두 가지 점들, 즉 자본주의적 생산이 점점 더 공통적인 것에 의존하게 된다는 것과 공통적인 것의 자율이 코뮤니즘의 핵심이라는 것을 한데 모아보면, 코뮤니즘 기획의 조건과 무기를 손에 넣을 가능성이 오늘날 그 어느 때보다 크다는 것을 알 수 있다. 이제 우리에게 남은 과제는 이를 조직하는 것이다.

2 공통적인 것에 대한 다섯 가지 테제*

지지 로제로

바로 지금이 **공통적인 것**을 논의하기 위한 적기라고 확언할 수는 없다. 일 년 전이라면 시기상조였을 것이고, 일 년 후라면 너무 늦을 것이라는 식으로 말이다. 그러나 공통적인 것의 문제는 역사적 맥락 속에서 논의되어야 한다. 즉 이 문제를 오늘날 노동과 자본의 사회적 관계가 처한 위기를 비롯해 그 관계의 변형 안에 위치시켜야 한다. 나의 분석은 몇몇 학자들이 '인지자본주의'[1]라고 부르는 문제틀로부터 시작된다. 인지자본주의는 이 분석을 진전시켜가기 위한 도구적 개념이다. 나는 이 용어를 둘러싼 논쟁에는 그다지 흥미가 없지만 용어 자체에 대해 간략히 설명해둘 필요는 있을 것이다. 인지자본주의는 이른바 육체노동의 소멸을 가리키는 것이 아니다. 또한 그것은 예컨

---

* Gigi Roggero, "Five Theses on the Common," *Rethinking Marxism*, vol.22, no.3, July 2010, pp.357~373. 이탈리아어판도 번역에 참조했다. "Cinque tesi sul comune," *Comune, comunità, comunismo: Teorie e pratiche dentro e oltre la crisi*, a cura di Anna Curcio, Verona: Ombre corte, 2011.

1) *Capitalismo cognitivo: Conoscenza e finanza nell'epoca postfordista*, a cura di Carlo Vercellone, Roma: Manifestolibri, 2006.

대 지식경제나 창의경제 같은 범주들의 동의어도 아니다. 중심부에는 '포스트포드주의'를, 주변부에는 '포드주의'를 놓는 식의 접근법[2]과는 반대로, 여기서 나는 노동시장에서 각각의 노동자들이 겪는 개별화 과정과 노동의 인지화라는 더욱 포괄적인 과정 사이에서 발생하는 긴장에 주목한다. 이는 우리로 하여금 전지구적 수준에서의 위계화·착취형태뿐 아니라 산 노동의 현대적 구성 안에서 사유하고 행동할 수 있도록 해주는 이정표가 되어준다.

공통적인 것을 역사적 맥락 속에서 논의한다는 것은 방법론의 문제이다. 내가 보기에 모든 공통적인 지식의 생산은 상황적 지식의 생산이다. 달리 말해서 나는 맑스나 다른 혁명적 사상가들이 공통적인 것에 관해 실제로 무엇을 말했는가를 탐구하는 죽은 문헌학에는 관심이 없다. 오히려 나의 관심은 이 사상가들이 지금, 현재의 역사적 국면에서 우리에게 무엇을 말해줄 수 있는가를 묻는 것이다. 이 점을 출발점으로 삼아 나는 현대 자본주의의 축적형태와 위기가 공통적인 것의 생산과 빚어내고 있는 충돌을 분석하고자 한다. 문헌학과 정치를 대립시키려는 것이 아니다. 내가 제안하는 것은 맑스를 비롯한 투사적 이론가들에 대한 독해를 그들의 전략적·전술적 목표에 입각해 역사적 국면 안에 놓지 않는다면 살아 있는 문헌학이 존재할 수 없다는 점이다. 그리고 그런 전략·전술을 우리 자신의 전장戰場으로 번역하는 과정이 있어야만 한다는 점이다.

---

2) David Harvey, *The Condition of Postmodernity: An Enquiry into the Origins of Cultural Changes*, Cambridge: Blackwell, 1989. [구동회·박영민 옮김, 『포스트모더니티의 조건』, 한울, 2009.]

마리오 트론티는 이렇게 말했다. "지식은 투쟁에서 나온다. 진정으로 증오하는 자만이 진정으로 안다."[3] 오페라이스모*와 맑스는 지식은 편향적**이며 지식생산은 부분적으로 근본적 충돌로부터 나온다는 혁명적 관점을 견지한다. 질 들뢰즈의 말을 사용하면 우리는 **사유의 학파**와 **사유의 운동**을 구분해야만 한다. 사유의 학파는 학문적, 훈육적, 이론적 장의 경계들을 유지하기 위해 만들어지고 방어되는 범주들의 집합이다. 이런 식으로 오늘날 전지구적 대학은 사유를 탈정치화하며 산 지식을 추상적 지식으로 환원한다.[4] 반면 사유의 운동

---

3) Mario Tronti, *Operai e capitale*, Torino: Einaudi, 1966.

* '오페라이스모'에 대한 자세한 설명은 본서 86쪽의 내용을 참조하라.

** partial. '보편적'(universal)과 맞짝을 이루는 이 말은 흔히 '부분적'으로 옮겨진다. '보편적'이 개별적인 것 모두에 두루 해당됨이라는 어떤 속성을 가리킨다면, partial은 전체가 아니라 전체의 특정 부분들과만 관련되어 있음을 지칭한다. 그런데 이 글의 맥락에서 이 단어는 조금 다르게 사용된다. 저자에 따르면 사회에 대한 '보편적' 이해관계란 허구일 뿐이며 'partial'한 이해관계만이 존재한다. 왜냐하면 적대와 투쟁의 관점에서 사회를 바라보면, 적대하고 있는 모든 계급들에게 동일한 이해관계란 존재할 수 없기 때문이다. 이런 관점에서 보면 지식 역시 'partial'할 뿐인데, 사회가 적대적인 부분들로 나뉘어 있는 한, 사회 전체에 대한 지식은 역설적으로 그 부분들과 그것들을 나누고 있는 경계선에 대한 앎에 다름 아니기 때문이다. 저자는 바로 이렇게 적대와 투쟁의 관점에서 지식, 주체, 반란들의 'partiality'를 강조한다. 따라서 'partial'은 어떤 것이 지닌 '부분'의 성격을 강조하는 데 사용되기보다는, 적대적 관계 속에서 다른 것과 투쟁하고 있는 그 '계급적' 성격을 드러내는 데 사용된다. 이런 점에서 비록 우리말에서 다소 부정적으로 사용되긴 하지만 '편향성'이 이 글의 맥락에서는 번역어로서 더 적절하다 판단했다. 따라서 'partial'은 '편향적'으로, 'partiality'는 '편향성'으로, 'partialities'는 '편향적 부분들'로 옮긴다.

4) The Edu-factory Collective, *Toward a Global Autonomous University: Cognitive Labor, the Production of Knowledge, and Exodus from the Education Factory*, New York: Autonomedia, 2009.

은 실재를 해석하기 위한 도구이자 지식의 정치경제학 안에서, 또 그
것에 대항해 행동하기 위한 도구로서 범주들을 사용하고자 한다. 사
유의 운동은 산 노동의 구성에 내재적이며 운동으로서의 연구와 **공
동 연구**에 입각해 있는 이론적 실천이다.[5] 다른 말로 하자면 오직 편
향적 태도를 취할 때에야 전체를 이해하고 또 변형하는 것이, 즉 공
통적인 것을 조직하는 것이 가능해진다.

| 테제 1: 공통적인 것은 이중적인 위상을 가지고 있다 |

지식이 생산의 중심적인 원천이자 수단이 되면 축적의 형태들이 변
한다. 맑스에게서도 지식은 산 노동과 죽은 노동의 관계에 있어서 결
정적인 것이었는데, 자본으로의 대상화로 인해 지식은 노동자로부터
철저하게 분리됐다. 산 노동이 갖고 있던 지식이 자동화된 기계체제
로 통합됨에 따라 노동은 자신의 능력과 노하우를 빼앗기게 됐다.[6]
산 노동과 죽은 노동의 이런 고전적인 관계는 오늘날 **산 지식과 죽은
지식**의 관계가 되는 경향이 있다.[7] 즉 산 지식이라는 범주는 오늘날
의 생산과정에서 과학과 지식이 중심적인 역할을 한다는 것을 의미

5) Gigi Roggero, Guido Borio, and Francesca Pozzi, "Conricerca as Political
Action," *Utopian Pedagogy: Radical Experiments against Neoliberal Globaliza-
tion*, ed. Mark Coté, Richard J. F. Day, and Greig de Peuter, Toronto: Univer-
sity of Toronto Press, 2007, pp.163~185.

6) Karl Marx, *Grundrisse: Foundations of the Critique of Political Economy*, trans.
Martin Nicolaus, New York: Vintage, 1973. [김호균 옮김, 『정치경제학 비판 요
강』(1권), 그린비, 2007.]

7) Gigi Roggero, *La produzione del sapere vivo: Crisi dell'università e trasforma-
zione del lavoro tra le due sponde dell'Atlantico*, Verona: Ombre corte, 2009.

할 뿐 아니라, 무엇보다 그것들이 직접적으로 사회화되며 산 노동에 통합되어 있다는 것을 의미한다.[8] 이런 인지노동의 구성은 대중교육을 위한 투쟁, 그리고 포드주의적 공장과 임금노동이라는 굴레로부터의 탈주를 통해 이뤄졌다.[9] 이 과정에서 인지노동자는 한편으로는 생산적 노동자의 범주로 환원되며, 다른 한편으로는 자동기계 체제로부터 자율적이 되는 경향이 있다. 이는 일반지성이 더 이상 죽은 노동으로 (혹은 적어도 고정된 노동시간이 부과되는 방식으로는) 대상화되지 않는 상황을 야기한다. 즉 지식은 더 이상 완전히 기계로 이전될 수 없으며 노동자로부터 분리될 수 없다. 노동자가 고정자본의 여러 요소들을 자신 안에 통합함에 따라 이전의 대상화 과정은 이제 전복된다. 노동자는 기계를 끊임없이 생산하고 재생산하며, 그것에 생명을 불어넣고 재생시킨다. 이와 동시에 사회적인 산 지식의 영원한 초과는 계속해서 죽은 노동/지식으로부터 달아난다.

이런 구도 속에서, 산 노동/지식을 추상적인 노동/지식으로 환원시킬 필요성(즉 가치 법칙의 객관적 위기에도 불구하고 노동을 측정해야 한다는 정언명령)으로 인해 자본은 완전히 인위적으로 시간 단위를 부과할 수밖에 없다. 맑스의 말을 빌리면 그것은 "사느냐 죽느냐의 문제"이다. 가치 법칙은 사라지는 것이 아니라 직접적으로 적나라한 착취의 척도, 즉 잉여가치 법칙이 된다. 이런 상황에서 자본은

---

8) Ronano Alquati, "L'Università e la formazione: l'incorporamento del sapere sociale nel lavoro vivo," *Aut-Aut*, no.154, luglio-agosto 1976.

9) 베르첼로네가 편집한 『인지자본주의』를 참조하라(앞의 각주 1번)[또한 다음의 책도 참조. Yann Moulier-Boutang, *Le capitalisme cognitif: La nouvelle grande transformation*, Paris: Éditions Amsterdam, 2007.]

"소유격이 지닌 두 가지 의미 모두에서"* 주체성 생산의 가치를 **포획**해야만 한다. 다시 말해서 "주체성을, 즉 특정한 주체적 태도(숙련되어 있으면서도 온순한 노동계급)를 생산하는 것의 가치와, 주체성이 지닌 생산적 힘, 부를 생산해내는 주체성의 능력의 가치" 모두를 포획해야만 한다.[10] 이런 점에서 공통적인 것은 협력 개념의 단순한 복제물에 불과한 것이 아니다. 그것은 협력의 원천인 동시에 그 산물이고, 산 노동이 구성되는 장소이자 그 자율성이 발현되는 과정이며, 주체성이 생산되는 평면이자 사회적 부가 생산되는 평면이다. 오늘날 주체성 생산의 평면이 **곧** 사회적 부의 생산이라는 바로 이런 사실로 인해, 자본이 협력의 순환과정을 '위에서' 조직하는 것은 더욱더 불가능해진다. 자본의 축적 행위, 즉 산 노동/지식에 의해 공통적으로 생산되는 가치의 포획은 점점 더 '아래에서,' 즉 이 순환의 평면에서 발생한다. 이런 관점에서 보면 금융화란 체제가 자신이 측정할 수 없는 것에 가치를 부과해야만 하는 상황에서 자본주의적 축적을 행하기 위한, 비록 왜곡됐지만 실제적이고 구체적인 형태라고 생각할 수 있다. 『이코노미스트』와 긴밀한 몇몇 사람들의 말을 빌리면, 금융화는 '자본의 코뮤니즘,' 즉 공통적인 것의 포획이다.

지금까지 논의한 공통적인 것의 맥락에서 보면 고전적인 이윤과 지대의 구별은 상당히 문제적인 것이 된다. 대규모의 협력이 자본의

---

* 곧 언급되지만 "주체성 생산의 가치"(the value of the production of subjectivity)라는 표현에서 두 번째의 'of'가 두 가지 의미를 가질 수 있음을, 즉 주체성이 생산의 대상일 수도 있고 주체일 수도 있음을 염두에 둔 말이다.

10) Jason Read, *The Micro-Politics of Capital: Marx and the Prehistory of the Present*, Albany: State University of New York Press, 2003.

직접적인 조직화 과정 없이 발생하며 자본이 바로 이런 협력을 전유하는 지금과 같은 때에, 이윤과 지대는 유사한 성격을 갖기 때문이다. 오늘날 지대는 산 노동의 자율적 생산을 포획하는 자본주의적 명령의 형식이다. 그렇다고 자본이 단지 기생충에 불과하다는 것은 아니다. 자본은 이런 포획을 조직해야만 하기 때문이다. 이 점을 잘 보여주는 사례로, 기업이 활용하는 '쿨 헌터'**를 들 수 있다. 1920년 대에 헨리 포드는 이렇게 말했다. "어떤 차든 사시오. 그것이 검은색 T형 포드라면." 이 말은 욕구를 '위에서' 만들어내려는 자본가의 꿈(비록 이뤄질 수 없는 꿈일지라도)을 단적으로 보여준다. 이와는 반대로 오늘날 쿨 헌터는 자율적인 삶형태와 주체적 표현들을 포획하면서 '아래에서' 활약한다. '중심'은 공통적인 것의 생산적 활력을 포획하기 위해서 '주변'으로 향해야 한다.[11]

이런 분석을 통해 우리는 인터넷과 네트워크에 관한 연구들에서 종종 제기되곤 하는 다음과 같은 질문에 답할 수 있다. 신자유주의 학자들은 지식 생산과 관련해 도대체 왜 자본비판적 이론가들과 활동가들이 강조하는 특성들(자유로운 협력, 비非소유 전략의 중심성, 수평적인 공유 등)을 찬양하는가? 이와 관련해 요차이 벤클러는 웹에서 일어나고 있는 협력적·자기조직적 실천들에 대한 서술에서 출발해,

---

** cool hunter. 기업에게 돈을 받아 활동하는 일반 소비자들로, 자신의 소비 내역과 최신 시장정보·유행 등을 (사냥해) 기업에 제공한다. 기업은 이들의 정보를 통해 시장 추이를 파악하고, 제품 개발·마케팅에 적극 활용한다.

11) 여기서 '위에서'(upstream)라는 말은 자본에 의해서, 그리고 자본을 통해 사회적 협력을 조직하는 것을 의미한다. 이와 달리 '아래에서'(downstream)는 자본주의적 관계들 안의 자율적 부분들에 이미 존재하는 사회적 협력에 대한 자본주의적 포획을 조직하는 것을 의미한다.

공통재*에 기반을 둔 수평적 생산이 등장하고 있다는 가설을 제시한다.[12] 벤클러는 지적소유권에 기반한 체제에서 점점 더 개방적인 사회적 네트워크에 기반하는 체제로의 이동을 그린다. 벤클러의 분석에 따르면 공통재는 자본주의에 치명적인 위협이 될 수도 있는 동시에 자본주의의 강력한 원천이 될 수도 있다. 따라서 공통재를 사적 소유로 묶어두는 장치인 지적소유권은 생산력의 자율적인 힘뿐만 아니라 그것의 혁신마저 봉쇄할 위험이 있으며, 바로 이런 사실로 인해 자본주의는 '소유(권) 없는 자본주의'가 되는 경향이 있다는 것이다. 우리는 웹 2.0뿐만 아니라 구글과 마이크로소프트의 충돌이나 IBM과 리눅스의 제휴 같은 사례에서도 이런 경향을 볼 수 있다. 그러나 설령 자본이 겉으로나마 소유를 포기할 수 있는 것처럼 보인다 할지라도, 결코 명령을 포기할 수는 없다. 그리고 우리는 이 명령이 오늘날 일종의 자본주의적인 '공통적인 것의 권리'에 기반한다고 말할 수 있는데, 이 '공통적인 것의 권리'는 사적인 것과 공적인 것의 전통적 관계를 넘어서며 오늘날 규범들의 중심축으로 기능한다.

---

* 이 글을 비롯해 본서에서는 공통적인 것(the common)과 공통재(commons)가 혼용되고 있다. 역사적으로 'commons'라는 단어는 공유지를 지칭하는 말이었다. 그러나 본서에 실린 글들이 공유하고 있는 맥락에서는 단지 토지와 같은 자연환경에만 국한되지 않고 지성의 협력을 통해 생산되는 비물질적 생산물까지 통칭한다. 이 점에서 'commons'는 'the common'의 동의어에 가깝다고 할 수 있다. 그러나 'the common'이 구체적인 생산물뿐만 아니라 사적인 것(the private)과 공적인 것(the public)의 구분을 넘어서는 하나의 개념으로서 제시되고 있다는 점을 고려해 번역어를 달리 하고자 했다. 그리하여 'commons'를 '공통적인 재화'라는 의미의 '공통재'로 번역했다.

12) Yochai Benkler, *The Wealth of Networks: How Social Production Transforms Markets and Freedom*, New Haven: Yale University Press, 2006.

여러 소프트웨어 기업들과 휴대폰 제조사들의 온라인 고객지원을 하나의 사례로 들어보자. 널리 알려진 '정보사회'의 용어법에 따르면, 그것은 '소비자'나 '프로슈머'**의 '자유로운' '오픈소스' 협력에 기반을 둔다. 이런 프로슈머의 협력은 노동력 고용비용을 0으로 만드는 것을 지향하는데, 그 비용은 사실상 고객에게 전가된다. 이런 점에서 무료 소프트웨어는 무상 노동을 의미한다. 즉 프로슈머는 사실상 임금 없는 노동자이다. 프로슈머가 작성한 글을 통제하는 사람들만이 유일하게 임금을 받는 노동자들인데, 이는 자본주의가 명령을 포기할 수 없음을 잘 보여준다. 자본주의는 명령을 내릴 수 없다면 어떤 것도 할 수 없기 때문이다. 이런 맥락에서 자본은 이제 명령을 재조직하고 협력을 '아래에서' 통치하려는 목적으로, 지적소유권과 불안정성을 통해 산 노동의 생산적 활력을 끊임없이 봉쇄하도록 강제된다. 이는 현대적으로 표현된 생산력과 생산관계의 모순이며 현대적 위기, 즉 '자본의 코뮤니즘'이 지닌 위기의 기초이다.[13] 따라서 자본은 사회적 협력을 '위에서' 조직할 수 없기 때문에, 단순히 사회적 협력의 위험한 힘을 봉쇄하고 협력의 가치를 반동적으로 포획하는 일에 만족하는 것으로 머물 수밖에 없다. 오늘날 자본은 산 노동의 활력이라는 '악'을 저지하는 억제자katéchon의 형상을 띤다.

** prosumer. '생산자'(producer)와 '소비자'(consumer)의 합성어로, 소비자가 통상적인 소비 행위뿐 아니라 제품개발·유통과정 등에까지 참여하는 '생산적 소비자'로 거듭나는 현상을 가리킨다.

13) *Crisi dell'economia globale: Mercati finanziari, lotte sociali e nuovi scenari politici*, a cura di Andrea Fumagalli e Sandro Mezzadra, Verona: Ombre corte, 2009. [정성철 옮김,『전지구적 경제 위기: 금융시장, 사회적 투쟁, 그리고 새로운 정치의 시나리오』, 도서출판 난장, 근간.]

지금까지 묘사한 노동의 변형과 자본주의적 축적의 맥락에서 공통적인 것은 이중적 위상을 지닌다. 공통적인 것은 한편으로는 생산의 형식이자 새로운 사회적 관계의 원천이며, 다른 한편으로는 산 지식이 생산하는 것이자 자본이 착취하는 것이다. 자율과 예속, 자기 가치화와 수탈 사이의 이런 긴장이 **이행**의 형태를 규정한다. 이 이행은 한 단계에서 다른 단계로 넘어가는 직선적 이행이기보다는 다양한 생산 패러다임들이 경합하는 열려 있는 과정이다. 온갖 다채로운 사회적 투쟁들이 '비춰주는' 전장 속에서 상이한 힘들, 상이한 가능성들, 상이한 시간성들이 서로 갈등하는 그런 과정 말이다. 인지자본주의로의 이런 이행은 **시초 축적**을, 즉 (맑스의 말을 빌리면) 노동자들을 생산수단과 노동 실현의 조건으로부터 분리시키는 과정을 다시 처음부터 반복한다.[14] 오늘날의 생산수단은 토지가 아니라 지식이며, 인지자본주의의 시초 축적은 산 노동을 공통적인 것의 생산으로부터 분리하고 있다. 자신의 이전 역사를 끊임없이 재도입하는 것이 인지자본주의의 시간성인 것이다. 그러나 이런 항구적 이행은 하나의 단절, 즉 코뮤니즘 및 공통적인 것의 생산의 자율적 조직화가 실현될 수 있는 가능성 또한 끊임없이 열어젖힌다.

| **테제 2: 공통적인 것은 자연재가 아니다** |

국제적인 토론에서 공통적인 것은 통상 **복수형**(즉, the commons)으로 지칭된다. 대개의 경우 공통적인 것은 (물, 땅, 환경, 영토뿐만 아니

---

14) Sandro Mezzadra, *La condizione postcoloniale: Storia e politica nel presente globale*, Verona: Ombre corte, 2008.

라 정보와 지식까지 포함하는) 자연에 존재하는 어떤 것과 동일시된다. 공통적인 것을 이런 식으로 해석하는 대표적 이론가로는 '거대한 전환'에 대한 분석으로 유명한 칼 폴라니를 들 수 있다.[15] 폴라니에 따르면 자본주의는 자기조절적 시장의 팽창과 이에 맞서 경제에 대한 통제력을 재확립하려는 사회의 자기방어 사이의 긴장의 선을 따라 발전한다. 즉 전환은 경제적 자유주의와 사회적 보호주의 사이에서, 공리주의적 원리들과 공동체주의적 유대 사이에서, 상품화와 자연물들(즉 공통재)의 방어 사이에서 일어나는 갈등을 전제한다. 이런 구도 속에서 자본은 비인간적 '유토피아'로, 즉 그것이 없었더라면 자연스럽게 자기조절될 사회를 전유하려는 '외부'로 묘사된다. 결론적으로 자본은 사회적 관계가 아니라 자기조절적인 규범으로부터의 일탈이자 역사적 우연이 된다. 따라서 거대한 전환은 수단으로서의 경제와 목적으로서의 사회의 투쟁을 의미한다.

폴라니의 관점에서 보면 적대의 핵심 장소는 시장과 상품화이지 착취나 사회적 생산관계가 아니다. 근래에 들어 이런 '폴라니주의적' 입장들을 여러 사회운동들, (예컨대 네트워크와 관련된 분야의) 활동가들, 비판적 학자들 사이에서 자주 볼 수 있다. 이들은 투쟁의 지형이 정보의 독점을 주장하는 측과 (자유주의나 신자유주의적 입장을 포함해) 지식의 자유로운 유통을 옹호하는 측의 충돌로 이뤄져 있다고 본다. 이런 관점에 따르면, 예를 들어 웹 2.0은 '해커 윤리'와 '무정

---

15) Karl Polanyi, *The Great Transformation: The Political and Economic Origins of Our Time*, Boston: Beacon, 1944. [홍기빈 옮김, 『거대한 전환: 우리 시대의 정치·경제적 기원』, 도서출판 길, 2011.]

부적 자본주의'가 맺은 동맹의 증서이다. 하지만 이들은 정보 독점과 지적소유권에 맞서 '가상현실의 공동체'를 방어하는 것이 착취관계를 지속시키는 일이 될 수도 있음을 이해하지 못한다.

공통적인 것과 관련한 우리의 과제는 그 초점을 소유관계에서 생산관계로 이동시키는 것이다. 대다수의 폴라니주의 학자들은 '문화'와 '인류학적 공통재'의 중요성을 칭송하는 한편, 생산양식 개념을 중심에 두는 맑스와 오페라이스모의 관점을 '경제주의'의 한 형태로 이해한다.16) 그러나 정작 '경제주의적'인 것은 생산양식 개념과 노동에 대한 그들의 해석이다. 폴라니주의 학자들에게 자본은 사회적 관계가 아니라 사회가 통제해야 하는 여러 행위자들 중 하나가 된다. 하지만 최근 수십 년 동안 일어난 노동과 생산의 물질적 전환을 분석한다면, 우리는 '문화'와 '인류학,' 즉 삶형태들과 주체성의 표현들이 끊임없이 포획되고 가치화된다고 말할 수 있을 것이다. 더 이상 생산관계의 외부란 없다. 생산관계는 포획과 착취의 장소이지만, 또한 저항과 해방의 터전이기도 하다. 생산관계는 공통적인 것의 생산의 이중적 위상이 드러나는 장소인 것이다.

공통적인 것에 대한 폴라니주의자들의 해석에 따르면, 주체는 개인과 사회이다. 바로 이들이 자본과 상품화의 외부적 침입에 맞서 오염되지 않은 인류학적이고 자연적인 공간을 보존한다. [폴라니주의자들에게 있어서] 개인의 개념은 근대 계몽주의가 말하던 보편적 주체

---

16) Marco Revelli, *Oltre il Novecento: La politica, le ideologie e le insidie del lavoro*, Torino: Einaudi, 2001; Carlo Formenti, *Cybersoviet: Utopie postdemo -cratiche e nuovi media*, Milano: Raffaello Cortina Editore, 2008.

의 연장선상에 있으며, 사회의 개념은 유기적 전체의 연장선상에 있다. 즉 둘 다 파국의 위험에 맞서 인류를 보존해야 한다는 일반적 이해관계를 담지하고 있는 것이다. 그리하여 예컨대 해커 윤리와 무정부적 자본주의의 동맹이 깨지는 경우, 혹은 전자가 후자에 포획되는 경우, 폴라니주의자들은 국가라는 골치 아픈 유령을 불러낸다. 폴라니주의자들에게 국가는 '경제'에 맞서 '사회'를 보장하는 자이며, 나아가 스스로를 보호하지 못하는 무능한 사회를 대신해 등장하는 자이다. 이런 구도로 보면 공동체는 자신의 정체성, 자신의 신화적 공통재를 전지구적 자본주의화의 침입에서 보호해야만 한다. 즉 공동체는 이 공통재를 자본과 상품들로부터 보호해야 할 뿐 아니라 이주노동자들과 그들의 노동의 유입으로부터도 보호해야만 하는 것이다. 결국 정치는 부정적 유토피아가 되고 최악을 피하기 위한 규범적 기획, 즉 억제자의 정치가 된다. 이제 관건은 공통적인 것의 활력을 조직하는 것이 아니라 그 힘을 제한하고 '성장을 억제'하는 것이다. 그러나 사실상 자본주의적 발전 자체가 성장과 성장억제의 과정으로 이뤄져 있다. 이 점을 이해하지 못함으로써 폴라니주의자들은 희소성의 원리에 근거해 공통재를 지식생산의 풍부하고 풍요로운 특성과 첨예하게 대립하는 사법적 개념의 거울 이미지로 만든다. 이런 접근법과는 반대로 우리는 맑스를 따라 이렇게 말해야 할 것이다. 한계는, 희소하다고 가정된 공통재가 아니라 바로 자본이다.

내가 보기에 인지자본주의 시대에 지식의 탈자연화는 일종의 정언명령과도 같다. 지식이 공통적인 것은 이미 존재하는 자연적 초과물이기 때문이 아니라 산 노동과 그 생산에서 구체화되기 때문이라는 점을 인식해야만 한다. 단적으로 '생명자본'(즉 생명공학의 사회적 관계들 안에서 작동하는 자본주의적 가치화 과정17))에 의해 전유된 삶도 전혀 자연적인 것이 아니다. 특허권의 대상은 게놈 자체나 신체의 특정 부분이 아니라 이런 요소들에 대한 지식의 생산이다. 생명산업에서 지식과 데이터를 통한 가치화는 삶의 생산이라는 수준에서 발생한다. 이렇게 게놈은 정보의 배열을 통해 창출된 삶의 추상이며, 이 추상은 금융화 과정에서 일어나는 화폐의 추상과 결합된다. 그리고 이 두 가지 추상의 결합이 산 노동의 생산을 포획함으로써 '자본의 공통적인 것'을 형성한다. 그러므로 오늘날의 가치화 과정에서는 이 결합이 지적소유권 체계 자체보다 더 중요하다.

이런 관점에서 보면 산 노동이 유일하게 방어해야 할 것은, 자신이 계속해서 생산하고 재생산하는 자율적 협력과 공통적인 것뿐이다. 또한 일견 자연적 공통재처럼 보이는 것에도 자연적인 부분이란 없다. 왜냐하면 공통재들은 산 노동의 자율과 자본주의적 명령이 맺는 관계에 의해 결정되는 긴장의 평면 위에서 끊임없이 생산되고 규정되기 때문이다. 이런 점에서 우리는 노동자운동의 역사 속에서 상이한 두 가지 유형의 저항을 구별해낼 수 있다는 비버리 실버18)의 주장에 동의할 수 없다. 실버는 폴라니식의 저항과 맑스식의 저항을 구별해내는데, 실버가 보기에 폴라니식 투쟁은 수탈 및 프롤레타리아트화 과정과 이 과정에 저항하는 노동자들의 대응 사이를 왔다갔

---

17) Kaushik Sunder Rajan, *Biocapital: The Constitution of Postgenomic Life*, Durham,: Duke University Press, 2006.

18) Beverly J. Silver, *Forces of Labor: Workers' Movement and Globalization since 1870,* New York: Cambridge University Press, 2003. [백승욱·윤상우·안정옥 옮김, 『노동의 힘: 1870년 이후의 노동자운동과 세계화』, 그린비, 2005.]

다하는 진자운동을 특징으로 한다. 그리고 맑스식 투쟁은 착취관계로부터 벗어나기 위한 연속적 단계의 운동으로 이해된다. 하지만 인지자본주의 아래에서는 지식의 수탈에 맞선 저항이 곧바로 착취관계에 맞서는 투쟁이 된다는 점을 인식해야만 한다. 왜냐하면 이런 저항은 자본주의적 포획에 맞서 공통적인 것의 (인지적) 생산을 집단적으로 통제하는 문제를 제기하기 때문이다.

| 테제 3: 공통적인 것은 보편적인 것이 아니다. 그것은 계급 개념이다 |

공통적인 것과 공통재에 대한 다양한 해석들에는 주체성의 문제가 함축되어 있다. 사회, 공동체, 개인, '프로슈머' 같은 주체는 모두 자본과 상업화로부터 인간성을 보호하고자 하는 보편적 주체라는 관념을 서로 다른 방식으로 재도입한다. 이는 맑스가 노동력 개념을 통해 파열시키고자 했던 바로 그것, 즉 보편적 주체를 다시 합성해내려는 시도이다. 맑스주의 및 사회주의 전통들 또한 계급을 일반적 이해관계의 담지자로 설정함으로써 보편적인 것의 새로운 형상을 재도입했다. 이와 달리 오페라이스모는 맑스를 따라 다시 한 번 이 계급이라는 주체를 분리해낸다. 오페라이스모의 주장에 따르면, 노동계급은 자본주의적 관계 안에서 그에 대항해 구성된 편향적 주체이기 때문에 인간의 보편적 운명에 관심이 있을 수 없다. 추상적인 일자는 적대하는 두 편향적 부분들로 나뉜다. 곧 힘을 실행하고자 하는 활력인 노동계급과 그 활력을 착취하는 힘인 자본으로 말이다. 전자는 주인이고 후자는 노예이다. 그러나 이들 사이에 변증법적 지양의 가능성은 없다. 필연적으로 보편적 주체를 필요로 하는 변증법은 노동자들의 편향적 반란과 투쟁 속에서 죽음을 맞이한다.

공통적인 것의 문제를 계급적대 안에 위치시킬 때 우리는 계급을 사회학적이거나 객관적인 이미지로 생각해서는 안 된다. 계급은 투쟁 외부에 존재하지 않기 때문이다. 트론티의 말을 상기해보면 "계급투쟁 없이 계급은 없다."[19] 이와 유사하게 루이 알튀세르는 말년에, 투쟁은 계급이 구성된 뒤에 도래하는 것으로 생각되어서는 안 되며 오히려 투쟁이 계급 분할의 구성요소라고 주장했다.[20] 이런 생각에 기초해 우리는 **계급구성**이라는 범주를 사용할 수 있을 것이다. 오페라이스모에서 이 범주는 착취관계의 물질적 구조와 적대적 주체화 과정 사이의 갈등 관계를 가리킨다.[21] 오페라이스모 활동가들은 노동력의 자본주의적 배치·위계화에 기반한 과정인 **기술적 구성**과, 계급을 자율적 주체로 구성하는 과정인 **정치적 구성**을 구별했다. 여기에는 노동이 갖고 있었던 근원적 통일성이 자본에 의해 분업화되고 소외됐기 때문에 그것을 재조직해야 한다는 식의 생각이 없으며, 즉자적 계급과 대자적 계급을 재통합하기 위해 드러나야 하는 의식성 같은 개념도 존재하지 않는다. 계급은 그 주체적 형성의 물질적이고 우발적인 역사적 조건에 앞서 존재하지 않기 때문에 기술적 구성과 정치적 구성 사이에는 균형도 변증법적 전도도 있을 수 없다. 주체성의

19) Mario Tronti, "Classe," *Lessico Marxiano*, a cura di Alisa del Re, et al., Roma: Manifestolbri, 2008, pp.65~76.

20) Louis Althusser, *Sul materialismo aleatorio*, trad. Vittorio Morfino e Luca Pinzolo. Milano: Mimesis. 2006. [서관모 옮김, 『맑스주의 철학: 우발성의 유물론을 위하여』, 중원문화사, 2010.]

21) Steve Wright, *Storming Heaven: Class Composition and Struggle in Italian Autonomist Marxism*, London: Pluto, 2002.

생산은 투쟁을 위한 가능 조건일 뿐만 아니라 바로 그 투쟁 속에 그 성패가 걸려 있는 것이기도 하다.

오페라이스모는 포드주의적 공장의 시공간적 조직과 그에 따른 포드주의적 노동자라는 구체적 형상을 중심으로 하는 매우 특수한 맥락 속에서 이 범주(즉 계급의 기술적·정치적 구성)를 구축했다. 그런데 산 노동의 구성이 지난 40년 동안 전지구적 투쟁에 의해 크게 변형됐기 때문에 오늘날 우리는 이 범주를 근본적으로 다시 살펴봐야 한다. 이를 위해서 특히 두 구성 사이의 관계가 오늘날 어떻게 근본적으로 달라졌는지를 고찰해야 한다.

반복컨대 이제 더 이상 자본의 외부란 없으며 배제와 포함의 변증법도 없다. 우리는 자본주의 관계 안에서 그에 대항해 계급이 형성되는 새로운 시공간적 평면에 서 있다. 산 노동의 구성은 본질적으로 이질적이다. 그것은 보편적인 것으로 환원할 수 없는 차이들에 대한 긍정에 기반을 두기 때문이다.[22] 자본은 '차별적 포함'의 과정을 통해 노동력의 이런 이질성을 명령한다. 그런데 오직 자본만이 산 노동의 차이들을 구성할 수 있는가? 그 이질성 때문에 산 노동이 스스로를 자율적 주체로서 공통적으로 구성할 수 없다는 것인가? 공통적인 것이 생산체계에 중심이 되어가고 있는 조건에서 계급 개념을 다시 사유하며 내가 제기하고자 하는 질문은 바로 이것이다.

---

22) 여기에서 내가 염두에 두고 있는 것은 보편주의에 대한 역사주의적 해석, 즉 보편주의 개념에 대한 근대의 주류적 해석이다. 그러나 우리는 공통적인 것이 편향성과 보편성 사이의 비-이행적 관계와 관련되어 있다고 말할 수 있다. 곧 보편적인 것이 편향적 부분들을 결정하는 것이 아니라, 편향적 부분들의 반란이 지속적으로 새로운 보편주의를 창조한다.

특이성들이 민족, 젠더, 공동체, 영토, 직업, 사회적 집단 등과 같이 그 기원이나 속성으로 상상된 범주들 안에 고정될 때, 차이들은 이접적 방식으로 절합된다. 바로 이것이 인지노동 시장에서 분할과 차별적 포함의 메커니즘을 떠받치고 있는 것, 앞서 제시한 오페라이스모의 고전적 범주를 다시 사용해 말하자면, 새로운 기술적 구성이다. 즉 기술적 구성이란 특정한 정치적 구성에 의해 규정된, 산 노동을 통치할 수 없는 위기에 대한 자본의 대응이다. 이 위계 자체를 문제 삼지 않으면 특별한 '입장들'과 차이들에 대한 인정의 요구는 정체성의 정치로 변질될 위험이 있다. 이와 반대로 우리는 자본의 차별적 포함의 메커니즘을 통해 그 시민권을 부여받은 저 '입장들'로부터 우리 자신을 '탈정체화'하는 과정으로 정치적 구성을 재규정할 수 있을 것이다.[23] 이는 저 기술적 구성과 재구성을, 공통적인 것의 생산을 본질로 하는 힘의 계열 안에서 해체하는 것이다. 그리고 이런 힘의 계열은 다름 아닌 계급이다. 이런 의미에서 우리는 존재로서의 계급이 아니라 **생성**되는 것으로서의 계급에 대해 말할 수 있다.

그러나 기술적 구성과 정치적 구성 사이의 이런 불일치가 이 두 범주들이 분리되어 있음을 시사하는 것은 아니다. 이 두 범주는 다양한 형태의 주체성과 자본주의적 가치화 메커니즘들이 조성하는 긴장 속에서 부단히 형성되고 있는 열린 과정들이다. 따라서 저 기술적 구성이 자본주의적 지배만으로 구성되는 것은 아니다. 오히려 그것은 충돌하는 힘의 스냅 사진이며 전복의 가능성이 항상 존재한다. 이와

---

23) Jacques Rancière, *Disagreement: Politics and Philosophy*, trans. Julie Rose, Minneapolis: University of Minnesota Press, 1999.

마찬가지로 정치적 구성이 정체성의 정치라는 새로운 울타리나 조합주의적 입장의 외부에 있다고 생각해서도 안 된다. 기술적 구성뿐 아니라 정치적 구성 또한 공통적인 것의 생산을 둘러싼 투쟁들에 의해 결정되는 힘의 새로운 영역을 표시하기 때문이다. 따라서 문제의 핵심은 이 두 과정들 사이의 개방적이면서 전도가능한 관계를 오늘날의 상황 속으로 가져와 역사적으로 결정하는 것이다. 한편으로 이 관계는 포드주의적 공장에 기반을 둔, 노동-자본 관계의 시공간적 선형성이 종말을 맞게 됨에 따라 더욱 복잡해진다. 다른 한편으로 이 관계는 이제 산 노동의 자율과 자본주의적 예속, 공통적인 것의 생산과 자본주의적 포획 사이의 투쟁에 의해서 특징지어진다.

이런 관점을 취하면, 우리는 기술적 구성이 부분적으로는 정치적 구성과 겹치고 또 부분적으로는 그것과 근본적으로 구별됨을 알 수 있다. 공통적인 것의 자율적 조직을 '자본의 코뮤니즘'과 가깝게 만들기도 하고 멀게 만들기도 하면서 말이다. 이런 요소들 간의 전도 가능성이 변증법적 전복을 함축하지는 않는다. 오히려 그 전도 가능성은 산 노동의 활력의 조직화에 내재되어 있는, 단절의 가능성과 근본적으로 새로운 계열의 발전 가능성을 지시한다.

특이성들의 강력한 발전과 자율성은 계급 없는 사회의 결과가 아니라 적대적 사회관계 속에서 구성되는 것이다. 편향성에 대한 긍정이 편향적 부분들이 공통적인 것으로 결합할 수 없음을 함의하는 것은 아니다. 오히려 그것은 산 노동의 구성에 있어서 핵심적인 특징이다. 사실상 공통적인 것은 특이성과 다양성 사이의 새로운 관계를 수립하는 것인데, 이 새로운 관계는 공허한 보편성과는 달리 차이들을 추상적 주체(자유주의에서의 개인이나 사회주의에서의 집단 같이, 국가와의 특정한 관계에 의해 뒷받침되는 주체)로 환원하지 않는다. 특이성은 그 차이를 지우지 않고서도 다른 특이성들과 더불어 구성될 수 있다. 요컨대 우리가 제안하는 것은 본성이 아니라 다양성, 개별성이 아니라 특이성, 보편적인 것이 아니라 공통적인 것이다.

테제 4: 공통적인 것은 유토피아가 아니다. 공통적인 것은 사적인 것과 공적인 것의 변증법 너머에서 적대의 새로운 시간성에 의해 정의된다

이제 금융화는 더 이상 경제학자들이 전통적으로 그것에 부여했던 역할에 머무르지 않는다. 오늘날 금융화는 자본주의적 순환 전체에 침투해 있다. 금융은 실물경제와 구별되거나 그것과 대립하지 않는데, 왜냐하면 자본주의적 축적이 공통적인 것의 포획에 기반하게 될 때 금융은 실물경제가 되기 때문이다. 이와 마찬가지로 전통적인 자본주의적 순환 도식 또한 인지노동과 전지구적 자본주의라는 새로운 시공간 안에서 산산조각난다. 지난 15년 간 점점 더 빠른 속도로 연이어 일어난 위기들, 예컨대 동남아시아 시장의 붕괴, 나스닥의 폭락, 서브프라임 위기 등이 이를 잘 보여준다. 위기는 더 이상 자본 순환의 한 국면이 아니라, 자본주의적 발전의 항구적 조건이다.

우리는 『자본』 제3권의 맑스를 따라서 '자본의 코뮤니즘'을 "자본주의적 생산양식의 한계 안에서 사적 소유로서의 자본의 폐지"[24]라고 정의할 수 있다. 이런 관점에서 '자본의 코뮤니즘'은 자본주의라는 동전의 양면을 이루는 공적인 것과 사적인 것의 변증법을 넘어

---

24) Karl Marx, *Capital*, vol.3, trans. David Fernbach, New York: Penguin, 1991, p.567. [김수행 옮김, 『자본론』(제3권/상), 비봉출판사, 2004, 542쪽.]

자본주의적 코뮤니즘, 혹은 자본의 코뮤니즘

맑스는 언젠가 '자본주의적 코뮤니즘'(Kapitalistischer Kommunismus)에 대해 말한 적이 있다. "상이한 생산 영역에 투자되고 상이하게 구성된 자본량들 사이의 경쟁이 추구하는 것은 자본주의적 코뮤니즘일세. 즉 각 생산 영역에서 움직이는 자본량은 각자가 사회적 자본 전체를 형성하는 데서 차지한 비율에 따라 총잉여가치 중 그만큼을 몫으로 가져가야 한다는 것이지"(맑스가 엥겔스에게 보낸 1868년 4월 30일자 편지, 『맑스-엥겔스 전집』, 32권).

원래 자본주의 사회에서 이윤이 개별 자본에 평등하게 분배되는 경향(평균이윤율)을 가리키는 것이었던 이 언급은 『자본』 제3권에서 신용제도 및 주식회사의 형성과 관련해 다른 방식으로 되풀이된다. 요컨대 자본 자체의 존립을 가능케 한 사적 소유가 자본 스스로에 의해 폐지되어가는 경향, 혹은 "스스로를 지양하는 모순"을 지칭하게 되는 것이다("주식합자 제도는 자본주의 체제 자체의 토대 위에서 자본주의적 사적 산업을 폐지하는 것이다").

이런 맑스의 분석에 근거해 자율주의 전통의 이론가들은 오늘날 금융자본의 역할을 다양하게 해석하고 있다. 특히 네그리와 하트는 금융자본의 횡포를 비판하면서도 금융자본의 또 다른 얼굴, 즉 '미래를 가리키는 공통적인 얼굴'을 강조한다. "우리 미래의 생산성의 확장적 공통되기와 그것을 통제하는 점점 더 협소한 엘리트 집단 사이의 모순"을 극단화시키는 금융자본은 분명치 않기는 하지만 도래할 다중의 코뮤니즘을 가리킨다는 것이다.

한편 오늘날 대중매체들에서 사용될 때 '자본의 코뮤니즘'은 자본주의의 원칙을 거스르는 행위를 지칭한다. 가령 경제 위기의 주범인 금융기관들의 파산을 구제하기 위해 막대한 국고보조금을 쏟아붓는 정부나, 인도주의와 사회적 책임을 내세우며 개인 재산을 아낌없이 기부하는 이른바 박애자본주의의 주도자들을 언급할 때 이 표현이 사용되기도 한다.

선다. 종종 **법인화**로 언급되고 있는 오늘날 대학의 변형을 하나의 사례로 검토해보자. 법인화가 전개되면서 공적인 것과 사적인 것이 뒤섞이고 있다고 할 수 있는데, 이에 관해서 우리는 특히 미국을 참조할 수 있다. 미국에서 국공립 대학은 사적 기금을 조성하는 데 반해 사립 대학은 끊임없이 주정부 기금과 연방 기금을 받는다. 이와 달리 이탈리아에서는 역설적이게도 국공립 대학체계에 내재한 일종의 '봉건적 성향'에 의해 법인화가 이뤄졌다. 하지만 이 봉건적 성향이 법인화 달성을 향한 이탈리아 특유의 방식인 한에서 위의 두 요소는 모순되지 않는다. 이 두 사례에서 우리는 법인화가 단순히 사적 기금의 국공립 대학 지배나 대학의 법적 지위만을 가리키는 것이 아니라는 점을 분명히 해야 한다. 법인화는 대학 자체가 기업이 됐다는 사실을 보여준다. 이제 대학은 비용편익 계산, 수익 논리, 투입량·산출량에 입각해 교육·지식시장에서 경쟁하고 있다. 이런 맥락에서 (대학에서 다국적 생명공학 기업에 이르는) 지식기업들은 전지구적 교육·지식시장의 위계에서 핵심 행위자로 등장하고 있다.[25] 이렇게 법인화는 공적인 것과 사적인 것의 이분법의 해체를 보여준다.

이와 연관된 것으로서 **부채** 문제를 생각해보자. 부채는 현대 위기의 진원지이자 '지식경제'와 금융화의 긴밀한 뒤얽힘을 보여주는 훌륭한 사례이다. 점점 더 비싸지는 대학 등록금이 고전적인 배제 메커니즘으로의 회귀를 가리킨다고 생각한다면 잘못이다. 더 신중하게 분석해보면 대학 등록금과 대학 입학률이 동반 상승하고 있다는 점

---

25) 기업적 수단과 논리의 공공 부문 도입을 정당화하고자 했던 신(新)공공관리 이론 또한 이런 맥락에서 이해할 수 있다.

이 드러난다. 부채시스템은 임금을 실제로 받기도 전에 노동력 임금을 낮추는 장치이다. 교육과 지식은 축소될 수 없는 사회적 욕구이기 때문에 이런 사회적 재화를 금융화하는 것은 이 재화에 대한 욕구를 개인화하는 방법이자 공통적으로 생산되는 것의 포획을 용이하게 해주는 방법이다. 하지만 금융화는 또한 현대 자본주의의 항구적 허약성을 나타내는 징후이기도 하다. 실제로 채무 불이행의 증가는 전지구적 경제 위기를 야기한 핵심적 원인들 가운데 하나이다.

자본의 코뮤니즘으로서의 금융화가 사적인 것과 공적인 것 사이의 근대적 변증법을 극복하는 것이라면, 대학의 법인화에 맞서는 운동이 공적 모델을 방어하는 것일 수는 없다.[26] 법인화에 대한 반대는 공적인 것과 사적인 것, 국가와 기업이라는 양자택일을 어떻게 넘어설 것인지를 문제로 제기해야 한다. 즉 운동은 자본의 역사적 발전을 거스르는 것이 아니라, 바로 그 속에서 대안을 제시해야 한다. 공적인 것에 대한 호소는 실로 시민사회라는 형상의 복원과 소위 일반 이익에 기초하는데, 이는 차이들(특히 계급 간 차이)을 보편성의 공허한 이미지로 환원할 수밖에 없다. 이런 식으로 공적인 것을 되찾는 것은 국가를 되돌리는 것, 즉 상상된 기원으로서의 통일성을 초월적으로 재구성하는 것이며, 특히 근대적 주권 형상에 상응하는 통일성을 초월적으로 재구성하는 것을 의미한다. 이에 반해 공통적인 것은

---

26) 공적인 것은 신자유주의적 자본에 의해서뿐만 아니라 사회적·정치적 운동에 의해서도 위기에 처했다. 사실 이탈리아의 온다아노말라(Onda Anomala)를 비롯한 초국적 학생운동이 내건 "네 위기의 대가를 우리가 대신 치르지 않겠다"라는 구호는 "국공립 대학의 위기의 대가를 우리가 대신 치르지 않겠다"는 뜻이기도 하다(www.edu-factory.org). 본서 78쪽의 내용도 참조하라.

과거에 대한 향수를 전혀 갖고 있지 않다. 오히려 공통적인 것은 산 노동의 협력에, 즉 집단적 생산의 풍요로움에 내재하는 공동의 결정이자 조직화이다. 맑스의 말을 상기하자면, "노동계급은 단순히 기존의 국가 기구[즉 공적인 것]를 접수할 수 없었다."[27] 그러나 "모든 혁명은 이런 기구를 분쇄하는 대신 오히려 완성시켰다."[28]

사적인 것에 맞서 공적인 것에 호소하려는 이런 환상을 넘어서 적대의 새로운 특질을 식별해내기 위해 나는 전지구적 자본의 변형들 가운데 특히 시간성의 문제를 강조하고자 한다. 오늘날 시간의 성격은 양가적이다. 한편으로 이 시간성에서는 일종의 끝없는 현재로 무너져 내리는 붕괴가 일어나는데, 이 끝없는 현재에서는 삶의 불안정성이 현재 속에서 살아남기 위해 삶의 방식을 계속 재발명하도록 우리를 강제하면서 '경험공간'을 해체한다.[29] 다른 한편 이 시간성은 더 이상 직선적인 역사주의적 서술의 흔적을 찾아볼 수 없는 새로운 공간을 열어젖힌다. 사실상 이렇게 역사를 현재에서 무한히 계속 열어젖히며 과거와 미래의 규범적 관계를 더욱 빠르게 붕괴시키는 것은 다름 아닌 새로운 산 노동의 구성을 둘러싼 갈등과 요구이다.

---

27) Karl Marx, *The Civil War in France*, Peking: Foreign Languages Publishing House, 1966. [안효상 옮김, 「프랑스에서의 내전」, 『칼 맑스·프리드리히 엥겔스 저작 선집』(4권), 박종철출판사, 1992, 61쪽.]

28) Karl Marx, *The Eighteenth Brumaire of Louis Bonaparte*, New York: International Publishers, 1963. [최인호 옮김, 「루이 보나빠르뜨의 브뤼메르 18일」, 『칼 맑스·프리드리히 엥겔스 저작 선집』(2권), 박종철출판사, 1991, 381쪽.]

29) Reinhart Koselleck, *Futures Past: On the Semantics of Historical Time*, trad. Keith Tribe, New York: Columbia University Press, 2004. [한철 옮김, 『지나간 미래』, 문학동네, 1998. 특히 14장(「경험공간과 기대지평」)을 참조하라.]

이를 더욱 면밀히 살펴보자. 역사주의 내에서 과거에 대해 부여된 불변의 가치 못지않게, 미래에 대한 수동적 열망과 그것의 운명이 진보적이라는 믿음(가톨릭과 사회주의 전통이 공유하는 종말론적 관점에 응축된 믿음) 역시 기존 제도를 안정화·보존하는 데 복무했다. 이것과 "묵시록적 기대의 반복적 구조"[30] 사이에는 명백한 유사성이 존재한다. 즉 무한히 유예되는 세계의 종말과 미래의 태양은 자유를 둘러싼 현재의 갈등과 요구를 무력화한다. 따라서 향수는 과거에 대한 것이든 미래에 대한 것이든 공히 반동적이 될 위험이 있으며, 그렇지 않더라도 별 효력을 발휘하지 못한다. 이에 반해 새로운 시간성 속에서 정치는 마침내 새로운 특질을 갖게 된다. 수많은 포스트식민주의 학자들은 시간성과 정치의 이런 관계를 이미 역사주의적 사유에 대한 급진적 도전의 장으로 규정해왔다.[31] 이들에 따르면 역사주의적 사유는 '서발턴' 주체들을 '역사의 대기실'에 가두는 전통적인 진보적 시간 모델에 기초한다. 정치의 유일한 형태는 대의제 형태뿐이라고 생각하는 사람들의 레토릭인 이런 전前정치적 또는 비非정치적 '단계'를, 주체성의 시간이자 그 정치적 구성의 시간인 '지금'의 반란이 일거에 뚫고 나아간다. '아직 오지 않은 것'들을 기다릴 필요 없이, 행동할 때가 목적론적으로 도래하기를 기다릴 필요 없이, 그리고 자신의 행동을 대표자들이나 국가주권에 위임하도록 강요당하지 않고서도, 오늘날 산 노동의 형상들은 현재에 대한 결정의 충만함 속

---

30) Reinhart Koselleck, *Futures Past*, p.265. [『지나간 미래』, 401쪽.]

31) Dipesh Chakrabarty, *Provincializing Europe: Postcolonial Thought and Historical Difference*, Princeton: Princeton University Press, 2000.

에서 미래의 부재를 전복할 준비가 되어 있다. 이렇게 산 노동의 형상들이 미래와 현재의 규범적 관계를 깨뜨리는 가운데 의식의 마지막 관념론적 잔여물들 또한 사라진다. 사회적 변형은 더 이상 역사적 필연성 및 의식의 직선적인 진보가 아니다. 사회적 변형은 산 노동의 자율과 자본주의적 포획 사이의 긴장을 따라 일어나는 주체성과 공통적인 것의 생산에 완전히 내재적이다. 따라서 공통적인 것은 유토피아가 아니다. 공통적인 것은 아직 존재하지 않는, 혹은 장래에 존재할 어떤 장소가 아니다. 공통적인 것은 지금, 여기에 존재하며 해방을 위해 분투한다. 이런 맥락에서 우리가 '사건'이라고 칭하는 것은 결코 어떤 기원이 아니다. 기원이 있다면, 그것은 역사를 만드는 현재의 힘이자 그 현재의 조직화이다. 이는 주체와 과정 없이, 달리 말해 몸과 갈등과 활력이 탈각된 채로 추상적·형이상학적 코뮤니즘의 신학적 사건을 꿈꾸는 (알랭 바디우나 슬라보예 지젝 같은) 현대의 몇몇 급진적 철학자들과는 전혀 다른 길을 가는 것이다.

| 테제 5: 공통적인 것의 제도는 코뮤니즘의 새로운 이론과 실천이다 |

우리가 처한 새로운 맥락으로 인해, 다시 생각해봐야 할 오페라이스모의 또 다른 핵심 범주가 있다. 바로 **경향**tendency이다. 더 엄밀하게 말하면, 이 범주를 다시 사유해야 할 뿐 아니라 그 방법론 또한 혁신해야 한다. 경향은 산 노동의 구성과 특이한 시간성이 가지는 이질성의 틀 속에서 비진보주의적 가능성들의 장을 확인하는 것이다. 자본은 자신의 기원(이른바 시초 축적)을 끊임없이 반복하기 위해 이런 이질성을 포획한다. 발터 벤야민의 용어로 말하면 자본은 매일매일 산 노동이 협력하는 "이질적이며 충만한 시간"을 자본주의적 가치의 "균질하며 텅 빈 시간"으로 "번역"해야 한다.32) 벤야민과 유사하게 산드로 메차드라는 사카이 나오키가 고안한 '균질언어적 번역'homolingual translation과 '이언어적 번역'heterolingual translation 사이의 구분을 정치적 도구로 사용할 것을 제안한다.33) 균질언어적 번역에서 발화 주체는 타인이 쓰는 언어뿐 아니라 자신이 사용하는 언어의 안정성과 동질성을 전제한다. 이 발화 주체는 서로의 차이들을 인정하지만, 동시에 그 차이들을 상상된 기원으로서의 공동체로 돌린다. 이런 번역 형태는 발화자 언어의 권위와 주권을 재긍정하는 재현이자 매개로 기능한다. 이와 대조적으로 이언어적 번역에서는 대화의 모든 참여자들이 자신들의 모국어와 관계없이 모두 이방인임이 하나의 출발점으로 전제되며, 이를 통해 유동적 주체들의 횡단적 언어가 생산된다. 이언어적 번역에서 차이들은 오직 공통적인 과정 속에서만 구성된다. 따라서 언어는 단순히 수단이 아니라 그 자체가 관건이 된다.

그러므로 공통적인 것은 항상 번역을 통해 혹은 두 번역 사이의 긴장 속에서 조직된다. 즉 산 노동/지식을 추상적 노동/지식으로 환원하는 균질언어적 번역과 산 노동의 환원불가능한 다양성 속에서 계급구성을 가능케 하는 이언어적 번역 사이의 긴장 속에서 공통적인 것이 구성되는 것이다. 어떤 의미에서 투쟁들의 이질성이 투쟁들의 소통이라는 관념을 진부한 것으로 만들지도 모른다. 하지만 이는

---

32) Walter Benjamin, *Angelus Novus: Saggi e frammenti*, trad. R. Solmi. Torino: Einaudi. 1995. [최성만 옮김, 「역사의 개념에 대하여」, 『역사의 개념에 대하여/폭력비판을 위하여/초현실주의 외』, 도서출판 길, 2008.]

33) Sandro Mezzadra, *La condizione postcoloniale: Storia e politica nel presente globale*, Verona: Ombre corte, 2008.

투쟁의 구성이 불가능하다는 것을 의미하지는 않는다. 반대로 구성은 새로운 언어, 즉 공통의 언어로의 번역과정에서 발생한다. 차이들 자체가 적대로 이어지는 것은 아니다. 차이들은 정체성, 추상적 기원으로 환원될 때, 그리하여 차이로서만 말해질 때 자본주의 발전의 동력이 된다. 이런 방식으로 차이들은 성공적으로 분산되고 길들여져 자본주의 기계에 의해 축적되고, 다시 가치의 언어로 번역된다.[34] 산 노동의 자율이라는 정치적 구성을 위한 공간을 열어젖히는 것은 바로 자본주의적 번역을 중단시키는 것이다. 달리 말해 우리의 과제는 역사주의적 서술로부터 역사적 유물론을 근본적으로 분리해내는 것이다. 자본주의적 발전에 대한 비판은 비자본적 공간에 대한 탐색이 아니다.[35] 오히려 그 비판은 산 노동의 협력이라는 자율적 활력에 기반을 둔다. 경향의 방법을 재혁신하기 위해서는 계급투쟁이라는 원칙을 놓지 말아야 한다. 만약 경향을 새로운 성좌를 구성하는 불연속적 지점들의 연쇄로 정의한다면, 경향의 '일반적 조명'[36]과 그것이 전개되는 평면은 공통적인 것의 생산 속에 존재하는 계급적대와 다양한 번역 장치들에 의해 결정된다.

이런 맥락에서 자율과 포획 사이의 적대적 관계로부터 이제 우리는 공통적인 것의 제도화라는 문제를 제기해야 한다. 물론 이 제도

---

34) Chandra Talpade Mohanty, *Feminism without Borders: Decolonizing Theory, Practicing Solidarity*, Durham: Duke University Press, 2003. [문현아 옮김, 『경계 없는 페미니즘』, 여성문화이론연구소, 2005.]

35) Kalyan K. Sanyal, *Rethinking Capitalist Development: Primitive Accumulation, Governmentality and Post-Colonial Capitalism*, New York: Routledge, 2007.

36) Marx, *Grundrisse*, p.107. [『정치경제학 비판 요강』(1권), 78쪽.]

화는 착취관계의 침입에 맞서 자신을 봉쇄한 자유로운 공동체로, 즉 어떤 '행복한 섬'으로 이해되어서는 안 된다. 현대 자본주의에서 더 이상 외부란 존재하지 않기 때문이다. 오히려 공통적인 것의 제도화는 산 노동/지식의 자율 및 저항의 조직화이며, 사회적 협력 속에서 명령과 방향을 집단적으로 결정하고 자본주의적 포획을 분쇄하면서 공통적 규범을 생산하는 능력이다. 이런 제도화는 위기와 결정, 구성적 과정과 구체적인 정치적 형태, 사건과 조직화된 응고물, 자본주의적 포획의 분쇄와 공통적 생산 사이의 (직선적이거나 변증법적인 것이 아니라 이질적이며 충만한) 새로운 시간적 관계를 구현한다. 널리 알려진 앨버트 허시먼의 범주를 사용하자면, '빠져나옴'과 '목소리를 냄'은 더 이상 상호배타적 선택지가 아니다.[37]* 이제 빠져나옴은 적대적 사회관계에 내재하며, 목소리를 내는 일은 공통적인 것의 생산을 촉진하고 방어한다. 공통적인 것의 제도는 산 노동의 구성과 시간성에 기초하기 때문에 자신의 전복에 계속 열려 있다. 공통적인 것의 제도는 하나의 기원이 아니라 생성 중인 것의 조직화이다.

나는 이 문제를 학생운동 안에서 나타났던 두 가지 사례를 통해 살펴보고자 한다. 첫 번째 예는 민족학, 여성학, 성소수자 연구의 부

---

37) Albert O. Hirschman, *Exit, Voice, and Loyalty: Responses to Decline in Firms, Organizations, and States*, Cambridge: Harvard University Press, 1970. [강명구 옮김, 『떠날 것인가 남을 것인가』, 나남출판, 2005.]

* 허시먼의 주장에 따르면, 어떤 조직의 구성원은 자신이 속한 조직이 쇠퇴해 가고 있거나 자신에게 도움이 되지 않는다는 것이 분명해질 때 두 가지 반응을 보일 수 있다. 하나는 그 조직을 '빠져나오는 것'(exit)이며, 다른 하나는 '목소리를 내는 것'(voice), 즉 조직에 대한 불만사항이나 욕구, 제안 등을 제출하면서 그 조직을 개선시키려 하는 것이다.

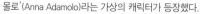

"우리의 미래를 삭감하지 않겠다"(non taglierete il nostro futuro)

'온다아노말라'(Onda Anomala)는 원래 '이상파랑'(異常波浪), 즉 여러 파장과 파고를 가진 파도가 예기치 못하게 중첩되어 발생하는 비정상적으로 높은 파도를 뜻한다. 2008년 가을부터 이듬해 가을까지 근 1년 동안 이탈리아 전역을 봉기의 물결로 휩쓴 학생들이 이 명칭으로 자신들의 운동을 지칭한 뒤로 온다아노말라는 새로운 투쟁주기를 재개한 유럽, 더 나아가 전 세계 학생운동을 통칭하는 대명사 중 하나가 됐다.

모든 것은 2008년 8월 6일 당시 교육장관이던 젤미니(Mariastella Gelmini, 1973~)가 이른바 '법안 133'(젤미니법)을 공표하면서 시작됐다. 이 법안은 향후 5년 간 80억 유로(약 13조 원)의 교육예산을 삭감하고, 초등학교·중학교 교원을 감축하는 등의 내용을 골자로 하는 것이었다. 게다가 이 법안의 열외 학급 운영안(이탈리아어를 습득할 때까지 외국인 노동자나 이민자의 자녀들을 따로 분리해 교육하는 정책)은 인종차별 논란까지 빚었다.

10월 3일 고등학생들이 거리로 쏟아져 나오며 시작된 반-젤미니법 시위는 10월 6일 피렌체대학교의 학생들이 대학 본부를 점거하면서 전국으로 확산되어 1백만 명 이상이 참여하는 대규모 시위로 발전했다. 그리고 언젠가부터 이 시위의 참가자들은 스스로를 '온다아노말라'라고 부르기 시작했다. 시위가 한창이던 11월 14일에는 온라인상에 '안나 아다몰로'(Anna Adamolo)라는 가상의 캐릭터가 등장했다.

'온다아노말라'의 철자 순서를 재조합해 만든 이름을 지닌 이 캐릭터는 정부 당국의 교육장관 젤미니를 대체하는 '파도의 장관'(Ministro Onda)으로서 운동의 대변인 역할을 했다. 온다아노말라의 대의에 동조하는 사람들은 각자가 이용하는 SNS에서 이 캐릭터를 활용해 자유롭게 자신의 생각을 피력할 수 있었다.

비록 젤미니법의 발효를 막지는 못했지만 온다아노말라의 구호와 대의는 아직까지도 세계 전역에서 등장하는 새로운 학생운동의 물결과 공명하고 있다.

상, 그리고 특히 흑인학의 부상이다. 포스트식민주의 연구가 반식민주의 투쟁의 맥락 속에서 발생했던 것과 마찬가지로, 이 연구들은 모두 1960년대와 1970년대에 있었던 운동들에 그 뿌리를 두고 있다.[38] 흑인학이 대학과 고등교육의 대중화 과정만을 보여준 것은 아니었다. 흑인학은 대학 안에서, 그리고 대학에 맞서 흑인 공동체와 학생들의 집단적인 자율성이 급진적으로 긍정된 것이기도 했다. 그렇지만 이 자율성은 지식 생산에 대한 제도적 형태의 통제를 거쳐서 표현됐다. 이제 권력은 억압을 넘어 포섭의 수단으로 배치된 것이다. 이런 점은 1960년대 말 포드재단이 사용한 전략에서도 잘 드러난다.[39] 포드재단이 쓴 전략은 인종차별 폐지를 옹호했던 지도적 인물들을 지원할 목적으로 흑인학에 막대한 기금을 제공하는 한편, 더욱 급진적으로 흑인 인권운동을 벌였던 투사들은 주변화하는 것이었다. 우리는 이 사례를 통해 자본주의적 제도화란 공통적인 것의 제도를 포획하고 길들이는 형태임을 잘 알 수 있다.

나머지 사례로는 이탈리아의 학생운동 온다아노말라를 들 수 있다. 이 운동은 공립 대학의 수호 같은 문제에 묶여 있지 않으며, 오히려 최근의 '자기교육' 경험에 기초해 새로운 대학을 구축하는 일이나, 온다아노말라가 유통시킨 대안적 용어를 빌리면,[40] 대학의 '자기개

---

38) Mohanty, *Feminism without Borders*, p.197. [『경계 없는 페미니즘』, 298쪽.]

39) Noliwe M. Rooks, *White Money/Black Power: The Surprising History of African American Studies and the Crisis of Race in Higher Education*, Boston: Beacon, 2006. [특히 4장(「백인과 흑인의 흑인학」)을 참조하라.]

40) The Edu-factory Collective, "Introduction: All Power to Self-Education!," *Toward a Global Autonomous University*, pp.0~15.

혁'과 관련해 전개되고 있다. 이 운동은 자신의 요구를 정부나 국회 등에 호소하지 않으며 급진적 요구를 유화시키려는 개혁주의적 움직임을 보이지도 않는다. 오히려 이 운동은 바로 지금, 여기에서 자율을 구축하기 위한 여러 급진적 요구들을 조직하고 있다.

흑인학의 사례에서와 마찬가지로 '대항 지식'과 자기교육의 경험 역시 자본의 포획으로부터 자유롭지 않다.[41] 실제로 대학의 협치와 지식의 정치경제학은 이런 포섭에 의존해 자신을 유지한다. 달리 말하면 협치는 배제의 문제가 아니라 오히려 가장 비판적이며 급진적인 부분들을 길들이는 문제이다. 자본주의적 협치는 사실 공통적인 것을 포획하는 제도적 형태라고 볼 수 있다. 이런 관점에서 보면 협치에 앞서 저항이 존재한다. 즉 협치는 완벽한 통제에 기초해 있지 않다. 오히려 구조적으로 자신의 적이 지닌 창조적 활력에 의지할 수밖에 없다는 점에서 협치는 영속적인 위기 속에서 재생산되며 끝없이 역전 가능한 열린 과정이 된다.

지금까지의 논의를 요약해보자. 근대에 공적인 것은 우리 모두가 생산했지만 우리 중 누구에게도 속하지 않고 국가에 귀속됐다. 공통적인 것의 제도는 우리 모두가 생산한 것을 집단적으로 전유하는 조직적 힘이다. 따라서 베르첼로네의 말처럼 어떤 점에서는 금융을 모방해야 한다. 즉 우리는 국가와 기업을 '인질'로 잡을 수 있는 방법을 찾아야 한다.[42] 공적인 것과 사적인 것의 자본주의적 변증법 안에 얼어붙은 사회적 부와 그 원천, 힘을 어떻게 하면 집단적으로 재전유할

---

41) Chandra Talpade Mohanty, "On Race and Voice: Challenges for Liberal Education in the 1990s," *Cultural Critique*, no.14, Winter 1990, pp.179~208.

수 있을까? 이는 '새로운 복지'를 구축하는 문제이며 자본주의적 지대에 의해 포획된 것들의 재전유를 수반할 것이다. 학생운동들에서 이 문제가 중심 주제가 되고 있는 것은 우연이 아니다.

이제 우리는 생산력과 생산관계의 모순을 반변증법적인 방식으로 재규정할 수 있다. 공통적인 것이 사회관계의 중심이 될 때, 미셸 푸코가 제시한 착취를 둘러싼 투쟁과 주체화를 둘러싼 투쟁의 구별은 재정식화되어야 한다. 공통적인 것의 관점에서 보면 주체성의 생산을 둘러싼 투쟁은 착취에 대항하는 투쟁이기도 하기 때문이다. 그리고 이를 통해 자유를 유물론적 방식으로 새롭게 사유하는 것이 가능해진다. 자유가 특이성과 공통적인 것이 맺는 관계 안에서 구현될 때, 산 노동의 활력의 생산을 집단적으로 관리하는 것 속에서 구현될 때, 그때에야 비로소 자유는 착취에 대한 근본적 비판이 될 수 있다. 이것은 자본주의적 발전을 파괴함으로써 새로운 생성, 즉 새로운 경향을 위한 길을 여는 생산력의 자유이며, 편향적이기 때문에 공통적인 자유이다. 하지만 '자본주의적인 공통적인 것'과 교환가치를 파괴한다고 해서 '공통재'라는 신화적 관념이 담고 있는 사용가치로 반드시 회귀해야 하는 것은 아니다. 오히려 이런 파괴는 새로운 사회적 관계의 구축을 의미한다. 그리고 그 과정에서 공통적인 것에 기반하고 그것에 의해 끊임없이 구성되는 자유와 평등이 급진적으로 재발명된다. 따라서 맑스의 언급을 바꿔 말하자면, 공통적인 것은 사적인

---

42) Carlo Vercellone, "Crisi della legge del valore e divenire rendita del profitto: Appunti sulla crisi sistemica del capitalismo cognitivo," *Crisi dell'economia globale*, ibid., pp.71~99.

것과 공적인 것의 자본주의적 변증법을 넘어선, 개인적 소유의 "기초로서의 집단적 점유"[43]이다. 사적인 것과 공적인 것의 자본주의적 변증법 너머에는 **공통적인 것**을 **공유**할 **권리**가 존재한다.

지난 30년 동안 산 노동의 새로운 주체들이 지닌 수동성에 대해 끊임없이 이야기해온 사람들에게는 이런 정치적 **승부걸기**가 지나치게 비현실적으로 보일지도 모른다. 이 비판자들은 산 노동의 새로운 주체들이 '독백적 사고'에, 즉 대적할 자 없는 신자유주의적 자본주의의 전체주의적 측면에 의해 지배당한다고 주장해왔다. 전지구적 운동들의 여파가 지속되고 있고 전지구적 위기가 시작되고 있는 지금, 이런 평가는 더 이상 합당하지 않다. 신자유주의는 끝났다. 이 말은 신자유주의 정치의 효과가 사라졌다는 의미가 아니라, 그런 효과가 더 이상 일관된 체계를 구성할 수 없다는 의미이다. 이것[현재의 위기]은 자본주의의 위기이다. 주류 언론, 저명한 경제학자들, 심지어 중도 성향의 정부들까지도 매일 이 사실을 공개적으로 인정하고 있다. 이런 상황에서 바로 이 동일한 인물들이 20년 전만 해도 '역사의 종말'을 공언했다는 것을 떠올리기란 쉽지 않다.

외견상으로 보이는 주체들의 수동성과 관련해서는 맑스가 엥겔스에게 보낸 1851년 12월 9일자 편지를 상기해보는 것도 좋을 것이다.[44] 루이 보나파르트에 맞서지 못한 파리 사람들의 "어리석고 유치한" 행동을 통탄하는 엥겔스에게 맑스는 이렇게 답한다. "프롤레타리

43) Karl Marx, *Capital*, vol.1, trans. Ben Fowkes, London: Penguin, 1976, p.196.
   [김수행 옮김, 『자본론』(제1권/하), 비봉출판사, 2001, 1050쪽.]
44) Karl Marx e Friedrich Engels, *Carteggio Marx-Engels*, vol.1, trad. M. A. Manacorda, Roma: Edizioni Rinascita, 1950.

아트는 자신의 힘을 비축한 것이라네." 맑스에 따르면 프롤레타리아트는, 결국 부르주아지의 힘을 강화시키고 그들과 군대를 결탁시켜 노동자들에게 두 번째 패배를 안겨줄 것이 뻔한 그런 봉기에 가담하기를 피한 것이다. 1950~60년대에 오페라이스모 활동가들이 훗날 사회적 노동자들이 될 주체들의 이른바 소외와 통합에서 저항의 잠재력을 발견했던 것처럼, 우리도 오늘날 산 노동의 주체들이 외견상으로 보여주는 수동성 속에서 역전 가능성의 줄기를 발견해야 한다. 새로운 코뮤니즘 이론과 실천을 구축하려면 지성의 낙관주의와 함께 출발해 공통적인 것의 새로운 언어를 배워야만 한다.

3 공통적인 것, 보편성, 코뮤니즘에 대하여*
에티엔 발리바르·안토니오 네그리

| 기획 의도 | 이 대담을 기획했을 때 우리**는 맑스주의 전통 속에서 역동적으로 활동하고 있는 두 경향들 간에 대화가 오갈 수 있기를 기대했다. 우리는 이 경향들을 자율주의적 맑스주의와 알튀세르적 맑스주의라고 명명하지만, 그렇다고 그것들을 각각 단일하거나 상호배타적인 유파로 다루려는 것은 아니다. 또한 우리는 안토니오 네그리

---

* 이 대담은 2009년 4월 9~10일 미국의 듀크대학교에서 열린 심포지엄 "공통적인 것과 코뮌의 형태들: 대안적인 사회적 상상들"(The Common and Forms of the Commune: Alternative Social Imaginaries)의 기조 발표로, 안토니오 네그리는 화상통신을 통해 참여했다. 심포지엄 이후 발리바르와 네그리는 수차례의 검토를 거쳐 본래 내용을 수정·보완해 지면으로 발표했다. "On the Common, Universality, and Communism: A Conversation between Étienne Balibar and Antonio Negri," *Rethinking Marxism*, vol.22, no.3, trans. Arianna Bove, July 2010, pp.312~328. 이탈리아어판도 번역에 참조했다. "Comune, universalità e comunismo: Una conversazione tra Étienne Balibar e Antonio Negri," *Comune, comunità, comunismo: Teorie e pratiche dentro e oltre la crisi*, a cura di Anna Curcio, Verona: Ombre corte, 2011.

** 이 대담의 기획과 진행을 맡은 것은 안나 쿠르초(Anna Curcio, 1971~)와 제렌 외즈셀추크(Ceren Özselçuk, 1973~)이다.

'오페라이스모'와 '포스트-오페라이스모'(혹은 자율주의)

하나의 '운동'이자 '이론'으로서의 '오페라이스모'(operaismo)는 1961년 창간된 『붉은 노트』(Quaderni rossi)를 중심으로 시작됐다. 이 잡지에 집결한 젊은 지식인들과 활동가들은 당대의 기술혁신과 노동의 재조직화가 노동계급에 끼친 영향을 분석하는 동시에 이탈리아 공산당의 우경화에 맞서 노동계급의 혁명적 역량을 재확인하는 작업에 착수했다.

이들은 "자본의 공격에 맞서 노동계급이 투쟁한다"는 기존 인식을 뒤집었다. 즉, 오히려 능동적인 것은 노동계급이고 자본이 수동적이라는 것이다. 가령 자본이 역사적으로 행해 온 기술적 발전(기계화)과 정치적 발전(공장 입법)은 모두 노동계급의 투쟁에 대한 자본의 반응이었다는 것이다. 노동계급의 투쟁이 자본의 생산 재구조화에 선행할 뿐만 아니라 그 틀을 규정한다는 것이 오페라이스모, 즉 노동자주의의 핵심 테제였다.

이후 오페라이스모의 사상은 『붉은 노트』에서 분리된 잡지 『노동계급』(Classe operaia, 1964~67)을 중심으로 비판적으로 확장되며, 1968~69년에 폭발한 노동운동・학생운동의 경험과 결합되어 등장한 '노동자의 힘'(Potere Operaio) 같은 비의회좌파 단체들의 활동을 통해 널리 확산된다. 한편 '노동자의 힘'은 전위당 노선과 대중운동 노선을 놓고 1973년에 갈라지게 되는데, 이때 네그리의 주도로 탄생한 그룹이 '노동자의 자율'(Autonomia Operaia)이다. 국내에 통상 '자율주의'로 알려진 것은 이 '노동자의 자율'과 직간접적으로 관련을 맺은 이론가들(특히 네그리)의 사상이다. 그러나 『노동계급』과의 연속성에 주목하는 연구자들은 이 잡지를 중심으로 활동한 이론가들(특히 마리오 트론티)의 사상 역시 '자율주의'로 분류한다. 실제로 노동거부, 사회적 공장, 계급구성, 투쟁주기 등 자율주의의 상당수 핵심 개념들은 『노동계급』을 통해 처음 제기됐다고 할 수 있다.

와 에티엔 발리바르를 내적으로 매우 다양한 흐름을 지니고 있는 이 전통들의 대표자로 상정하지도 않는다. 발리바르는 언젠가 이렇게 말한 적이 있다. "저는 알튀세르 학파의 대표자가 아닙니다. 통일된 독트린으로서의 알튀세르 학파란 한 번도 존재한 적이 없기 때문입니다." 우리는 발리바르의 통찰을 공유하며, 이 운동들 각각이 전개되는 가운데 서로 교차되는 측면뿐 아니라 그 내적 다양성도 인식하고 있다. 오늘날 우리에게 이 전통들을 의미 있게 만드는 것은 그 전통들이 제기한 문제틀과 아이디어일 뿐 아니라 그것들이 품고 있는 아직 실현되지 않은 가능성이다. 그 전통들이 제기한 문제틀과 아이디어는 저마다의 내적 긴장관계를 비롯해 늘상 변하는 현재와의 관계 속에 부단히 놓일 때 비로소 구현되고 증식될 수 있다.

이 대담의 중심 주제는 **코뮤니즘**이다. 자율주의적 전통과 알튀세르적 전통에 서 있는 이론가들은 코뮌-주의commnue-ism에 대한 포괄적 고찰들을 오랫동안 풍부하게 전개해왔다. 그리고 이들은 공동체에 대해 비본질주의적으로 생각할 수 있는 길을, 즉 동일한 본질이나 역사적 필연성 혹은 양자 모두에 대해 충성을 강요하지 않는 공동체를 생각할 수 있는 길을 열어주기도 했다. 게다가 코뮤니즘에 대한 이들의 재평가는 서로 공유하는 공통의 이름들(맑스의 정치경제학 비판, 스피노자의 존재론, G. W. F. 헤겔의 역사주의에 대한 비판)을 경유해왔다. 그럼에도 불구하고 이 두 전통이 코뮌-주의를 그려내는 방식에는 확실히 곱씹어볼 만한 생산적 분기점이 있다. 우리의 의도는 이들의 공통 지반과 분기점 모두를 탐구하는 것이다.

네그리가 마이클 하트와 함께 쓴 최근 저작을 보면 코뮤니즘은 **공통적인 것**의 존재론에 기반해 사유된다.[1] 공통적인 것은 사회적 협력의 전제이자 산물이며, 현대 자본주의에서 생산력의 패러다임이 비물질적 생산으로 변해감에 따라, 그리고 (정동적 노동, 창조적 노동, 더 일반적으로는 점점 더 사회화되는 지식과 소통의 생산 같은) 새로운 노동형태가 두드러지게 됨에 따라 확장되는 사회적 협력의 잠재력이다. 공통적인 것은 노동과 삶, 생산과 재생산, 물질과 비물질이라는 기존의 구분을 허물어뜨리는 사회화 형태를 나타낸다.

최근 저작에서 발리바르와 일부 알튀세르주의자들은, 실현 **불가능**하지만 정치를 위해서는 **필수적인 보편성**이라는 역설적 이념과의 관계 속에서 코뮤니즘, 그리고 코뮤니즘과 관련된 사회적 해방의 개념들을 사유한다. 공동체주의와 상품물신주의 같은 거짓 보편주의에 대항해 이 역설적 보편자는 모든 구성체의 내적 한계를 전제하는 동시에 정치화한다. 발리바르는 이 '이상적 보편자'에게 **평등자유**^{égaliberté}라는 이름을 붙였다. 평등자유의 원리는 평등과 자유가 분리 불가능하다고 말함으로써 담론의 한계를 문제삼고 권리의 해방적 잠재력을 현재 그것이 행사되는 수준 너머로 확장시킨다.[2]

---

1) Michael Hardt and Antonio Negri, *Empire*, Cambridge: Harvard University Press, 2001. [윤수종 옮김, 『제국』, 이학사, 2002]; *Multitude: War and Democracy in the Age of Empire*, New York: Penguin, 2005. [조정환·정남영·서창현 옮김, 『다중: 제국이 지배하는 시대의 전쟁과 민주주의』, 세종서적, 2008]; *Common-wealth*, Cambridge: Harvard University Press, 2009.

2) Étienne Balibar, *Masses, Classes, Ideas: Studies on Politics and Philosophy Before and After Marx*, trans. James Swenson, New York: Routledge, 1994; *Politics and the Other Scene*, trans. Christine Jones, James Swenson, and Chris Turner, New York: Verso, 2002. 또한 발리바르의 최근 저서도 참조하라. *La proposition de l'égaliberté*, Paris: PUF, 2010; *Citoyen Sujet et autres essais d'anthropologie philosophique*, Paris: PUF, 2011.

우리는 우리가 처한 국면에서, 더 구체적으로 말하면 현재의 전지구적 경제 위기라는 맥락에서, 네그리와 발리바르의 사유가 가지고 있는 이론적이고 정치적인 함의를 탐구해 코뮤니즘을 어떻게 이해하고 실천할 것인가를 모색하고자 한다. 오늘날의 위기에는 특히 흥미로운 두 가지 측면이 있다. 첫째, 현재의 위기는 금융화 과정이 얼마나 사회체를 식민화해왔는가를 드러낸다. 둘째, 이 위기에 대응해 제국이 응답을 고안해내기 시작했는데, 그 응답은 케인즈주의적 수요 관리에 크게 의거하고 뉴딜을 준거점으로 삼으면서 녹색 (포스트)포드주의를 열망하는 형태를 띤다. 우리가 제시한 두 질문은 위기의 이런 두 측면을 출발점으로 삼고 있다. 이 두 질문들로 네그리와 발리바르의 대담을 시작해보자.

첫 번째 질문

『다중』에서 제기되고 『공통체』에서 더욱 발전된 주장이 있습니다. 현재와 미래의 사회적 협력과 산 노동의 가치는 화폐를 통해 동질화되고 추상화에 종속되며 자본에 의해 수탈되는데, 이 과정을 규정하고 구현하는 것이 금융화라는 주장이죠. 그런데 이 금융화 과정을 떠받치고 있는 어떤 주체적 측면이 있음을 지적해두고 싶습니다. 소멸하는 복지국가의 대체물인 신자유주의적 금융화 과정은 개인들이 자신의 소비와 은퇴 계획의 관리자가 되고, 스스로를 인간자본으로 운영하는 기업가가 되도록 요구합니다. 금융화가 주체적 측면에 의해서도 떠받쳐지고 있다는 이 사실 앞에서 **공통적인 것**을 생산하는 정동·욕망·협력형태 등과 자본주의적 협력을 재생산하는 정동·욕망·협력형태 등을 어떻게 구별할 수 있을까요? 이런 의미에서 공통적인 것의 생산에서 (공통적인 것의 존재론을 넘어) 윤리가 수행할 역할이 있지 않을까요? 코뮤니즘을 그런 윤리의 이름으로 생각할 수 있을까요? 그리고 사유화와 개별화 과정이 복지국가를 대체하는 상황에서, 우리가 국가와 공적인 것의 관계를 다시 생각하거나 그 너머를 생각하는 데 있어 공통적인 것이라는 이념이 어떤 역할을 할 수 있을까요?

두 번째 질문

오늘날의 위기에 대한 응답이 케인즈적 수요관리 정책에 의거하게 되면서, 평등에 대한 담론이 평등에 보수적인 반대파와 자유주의적 찬성파 모두에 의해 공적 영역에서 구체화되기 시작했습니다. 게다가 고삐 풀린 사적 소유의 추구를 규제하라는 요구의 목소리가 보수적 도덕주의자들과 자유주의적 인본주의자들 모두에게서 나오기 시작했습니다. 평등과 규제에 대한 이런 주장은 결국 분배와 안정에 입각한 특정 체제를 뒷받침하는 듯합니다. 물론 이런 체제가 인종, 젠더, 계급, 민족, 섹슈얼리티 등에 기초해 역사적으로 중층결정된 사회적 위계와 '내적 배제'의 체제를 폐지하리라는 보장은 없습니다. 이 국면에서 우리는 어떤 정치적 요구들을 통해 **평등자유**의 해방적 잠재력을 확장하고 강화할 수 있을까요? 이런 요구들은 복지국가의 형태 아래 공적인 것을 이루고 있는 저 사회적 권리들과 어떤 식으로 연속적 혹은 불연속적 관계를 맺게 될까요? 우리는 평등자유를 케인즈적 실용주의, 권리, 도덕이라는 지평 너머로, 즉 자본주의적 자유민주주의 너머로 밀어붙이는 계급투쟁의 보완물로서 코뮤니즘을 생각할 수 있을까요?

안토니오 네그리와 에티엔 발리바르의 대담

안토니오 네그리 질문의 핵심으로 바로 들어가려면 다중 개념을 구성하는 요소들 중에서 두 가지를 구별할 필요가 있습니다. 한편으로는 노동력으로 간주된 특이한 주체, 즉 사회적 생산을 수행하는 산 노동이 있습니다. 그리고 다른 한편으로는 시민권을 기반으로 하는 정치질서 안에서 그 정체성이 식별되는 종속된 개인이 있죠. 이 둘은 실제 현실에서는 중첩되어 작용하기 때문에 구별될 수 없습니다. 그러나 금융화 위기라는 현 단계에서, 그리고 이 위기 상황 속에서 출현하는 투쟁과정에서, 우리는 이 구별을 통해 하트와 제가 제기한 문제들과 발리바르가 제기한 문제들을 다룰 수 있습니다. 물론 하트와 제가 오페라이스모의 흐름 전체를 대표한다고 주장하는 것은 아닙니다. 발리바르도 알튀세르적 전통과 자신을 구별하려고 합니다.

두 번째 형상, 즉 시민적·정치적 질서에 종속된 개인의 형상에서부터 논의를 시작해보죠. 이런 개인이 평등자유의 관계 속에 놓일 수 있는 것은 그 개인이 사법 그리고/혹은 헌법이라는 계기의 물질적 조건으로서, '현실화되지 않은' 불안정하고 불만족스러운 긴장으로서 전제되는 한에서입니다. 그런데 평등자유를 '실현될 수는 없으나 민주적이고 진보적인 정치에 필수적인 보편성'이라고 정의하는 데 깔려 있는 역설은, 평등 및 자유의 영역에만 관련되는 것은 아닙니다. 그 역설은 자본주의적 사회질서의 정치경제적 영역과도 관련됩니다. 이 영역은 '임금'과 연관된 것으로 냉혹하게 규정되는데, 이는 일반적으로 소득이 자본주의적 사회관계에 직간접적으로 참여하는 조건이라고 간주되기 때문입니다. 다시 말해서 시민의 형상은 삶정치적인 복지질서에 역사적으로 통합되어 있는 것입니다.

이런 시민의 형상을 노동자의 형상과 연결시켜주는 것은 둘 모두 '필요임금'이라는 척도, 즉 생산과 생존에 필수적인 욕구 충족이라는 저 역사적 척도에 종속되어 있다는 사실입니다. 따라서 이런 욕구의 척도/양이라는 규정이 우리로 하여금 문제의 핵심으로 곧장 들어갈 수 있게 합니다. 우리는 일정한 수준의 '필요임금'만이 충족시킬 수 있는 욕구의 양을 유지하거나 증가시키거나 정치적으로 가늠하거나 혹은 변화시키는 문제를 이런 규정에서 시작해 제기하는 것이 어떻게 가능한지를 물을 필요가 있습니다.

우리는 현재 노동력이 기술적으로 변형되고 생산이 고도로 사회화되어감에 따라 이 문제의 조건이 변해왔다는 점을 알고 있습니다. 산 노동은 점점 더 비물질적이고 협력적으로 되어가고 있으며, 생산의 사회화는 노동이 창출해낸 가치가 이제는 화폐와 금융의 수준에서만 포획될 수 있을 정도로 진행된 상태입니다. 이제 중요한 것은 노동일의 길이에 대한 분석이 아니라 금융의 법칙에 대한 분석입니다. 이런 상황에서는 상대적 임금의 규칙들을 전복하는 **경제적 투쟁**이 곧 복지국가에서 소득의 금융적 분배를 지배하는 규칙들을 전복하는 **사회정치적 투쟁**이 됩니다. 그래서 자유와 평등의 획득에도 비용이 듭니다. 자유와 평등은 독립적 가치들이지만 항상 구체적으로 규정된 경제적 기반을 가지고 있습니다. 노동이 지적인 성격을 갖게 되면서 자유가 노동에 필수불가결하게 됩니다. 이와 마찬가지로 노동이 협력적이 되면서 평등이 노동의 특질이 됩니다. 오늘날 자유 없는 그리고/혹은 평등 없는 생산적 노동이 있을 수 없습니다.

"이제 중요한 것은 금융의 법칙에 대한 분석입니다. 임금과 복지 일반의 수준에 머물러서는 현대 자본의 세계, 즉 자본의 코뮤니즘에 대한 대안을 찾을 수 없는 것입니다"(안토니오 네그리)

　　이런 점에서 [발리바르가 말하는] 평등자유론의 관점에서는 '공통적인 것'과 '자본의 코뮤니즘'을 구분하는 것이 더 이상 중요한 문제로 다가오지 않을 수 있습니다. 다시 말해서, 특이성에 의해 구성되고 **다중 만들기**에 의해 생산되는 윤리·정치적인 것 전체와 사회적·인지적으로 생산되어 자본으로 축적되는 가치 전체를 구분하는 것이 더 이상 중요하지 않을 수 있습니다. 이런 맥락에서는 더 높은 수준의 임금을 확보하려는 모든 행동과 금융자본에 준거하는 모든 행동이 오로지 교환가치와, 그리고 오로지 상품과 관계가 있을 뿐입니다. 따라서 평등자유론의 관점에서 금융의 문제에 접근하거나 그것에 준거해 정치경제학의 문제를 다루는 것은 교환가치의 내부에서 나오는, 완전히 상품의 문제 내부에서 나오는 제안을 넘어설 수 없습니다. 이렇게 임금과 복지 일반의 수준에 머물러서는 현대 자본의 세계, 즉 자본의 코뮤니즘에 대한 대안을 찾을 수 없는 것입니다.

그러나 노동력의 현재적 성격, 즉 노동력의 특수한 기술적·정치적 구성을 고려하면서 이 문제를 살펴본다면, 다중 만들기에 참여하는 존재로서의 노동자에 관해 이야기를 시작할 수 있습니다.

우리는 새로운 생산적 주체의 형상이 등장했음을 주장할 수 있습니다. 이 새로운 주체는 자신이 관여하는 협력의 형태에 대해, 그리고 자신이 작동시키는 노동력의 인지적·지적·관계적·정동적 물질성의 복합체에 대해 상대적 자율성을 획득한 주체입니다. 이런 지형 위에서 노동 및 인간의 재생산 활동의 공통되기와 연관된 특수한 **초과**가 출현하기 시작하는데, 바로 이것이 자율적 생산에 내재하고 있는 주체성을 소외시키기 어렵게 만들거나 그런 생산의 결과로 나오는 초과 생산물을 수탈하기 어렵게 만듭니다.

이 지점에서 우리는 더 깊이 성찰할 필요가 있습니다. 우리의 전제는 자본이 언제나 불변적 요소와 가변적 요소, 죽은 요소와 살아 있는 요소 사이의 관계라는 것, 그리고 이런 관계가 자본의 입장에서는 언제나 변증법적이라는 것입니다. 자본은 자신을 유지하기 위해 이런 대립적 관계의 활력을 빨아먹음으로써 그것을 통일성으로 환원시켜야 합니다. 이제 우리가 해야 할 일은 이런 자본관계가 파괴될 수 있는 것인지, 자본의 종합을 구성하는 요소들이 분리될 수 있는 것인지를 질문하는 것입니다. 자본이 위기에 봉착할 때마다 이런 파열과 분리가 뚜렷이 드러나지만 자본은 이 과정을 재구성합니다. 산 노동의 새로운 구조가, 노동력의 새로운 기술적 구성 및 다중 만들기가, 그리고 그에 따라 새롭게 이뤄질 수 있는 정치적 구성이 이제는 자본의 기술적·정치적 구조를 결정적으로 열어놓을 수 있을까요? 과연 자본관계를 파괴할 수 있을까요?

우리는 '공통'되기와 '자본의 코뮤니즘'이 서로 동질적이지 않다는 점에 주목할 때, 그러니까 특이성의 다중 만들기와 금융자본 형태의 전지구적 지배가 서로 동질적이지 않다는 점에 주목할 때 비로소 이 물음에 대답할 수 있을 것입니다.

'자본의 코뮤니즘'에 입각할 경우에는 단지 교환가치의 영역 안에서 움직일 가능성만을, 즉 필요임금을 위한 투쟁만을 볼 수 있습니다. 이런 투쟁은 교환가치의 영역 안에서 파열을 낳을 수 있지만, 가치의 본성은 동일한 것으로 남습니다. 여전히 교환가치인 것이죠. 임금 혹은 복지가 우리 요구의 목표인 경우, 상품과 통화는 기존의 성격 그대로 재분배될 수 있습니다. 이런 투쟁은 가치 교환의 동학 안에, 즉 교환가치의 동학 안에 완전히 함몰되어 있습니다.

[현재의 위기 속에서] 발생한 파열이 **존재론적으로** 중요해지는 유일한 지점은, 앞서 말했듯이 그 파열이 노동력의 새로운 형상과 관련되는 경우, 즉 노동의 새로운 협력적 성격을 고양하는 생산적 관계·정동·언어·소통의 수준에서 초과를 생산하는 노동력을 부각시키는 경우뿐입니다. 이로부터 출현하는 것이 바로 공통적인 것이며, 여기서 파열은 교환가치를 새로운 가치로 전환시키는 방향을 향해 진행되고, 복지 수준에서도 **인간을 위한 인간의 생산**을 수행하는 **생산양식**의 수립을 향해 진행되는 것입니다. 사회적 임금과 시민 소득은 더 이상 수량이 아니라, 자본관계의 파괴를 향해 한 걸음 더 나아간 지점이자 노동의 자율이 가진 활력을 나타내는 이미지입니다. 저는 여기에 발리바르가 말한 것과 같은 평등자유 과정과의 유사성이 존재한다고 보지만, 문제는 인간을 위한 인간의 생산이라는 형상과 생산구조의 발본적 변화라는 형상을 움켜잡는 것입니다.

"네그리는 코뮤니즘을, 제가 보기에 완전히 형이상학적인 또 다른 극단으로 밀어붙였습니다. 그리고 그런 관점에 설 때 놓치게 되는 것은 바로 정치입니다"(에티엔 발리바르)

에티엔 발리바르 평등자유의 문제는 조금 뒤에 다루겠습니다. 저는 항상 제 생각을 설명하고 방어하는 데 약간 불편함을 느낍니다. 그러나 결국 지식인이라면, 더 정확히 말해 사회참여적 지식인이라면 그렇게 해야만 하겠죠. 그래서 네그리의 비판에 응답하기는 할 것입니다. 저는 네그리의 비판을 완전히 이해하고 있습니다. 그러나 지금 당장은 네그리의 입장과 관련해 세 가지를 말하겠습니다.

첫째, 위기와 금융화 문제에서 다시 시작해보죠. 현재의 위기는 극심한 위기이자 전지구적인 위기입니다. 특정한, 가령 경제 메커니즘의 위기일뿐만 아니라, 아마도 거의 전 세계에 알려졌을 텐데, 브라질의 룰라 다 실바 대통령이 어떤 특집란에 쓴 것처럼* 우리가 살

---

* Luiz Inacio Lula da Silva, "Au-delà de la récession, nous sommes face à une crise de civilisation," *Le Monde*, 31 mars 2009, p.19.

고 있는 세계질서를 포함하는 문명의 위기이기도 하죠. 저는 진심으로 이 위기가 정말 보이는 그대로라면 우리로 하여금 기존의 정치적·이론적 범주들을 완전히 재고하고 수정하고 그 규모를 재조정하도록 만들 것이라 생각합니다. 비슷한 역사적 국면에서 늘 그랬듯이 말이죠. 특히 이론적·정치적 기획으로서의 맑스주의의 역사가 드라마틱하게 펼쳐지는 동안 몇 차례의 경우에 그랬습니다. 제 스승이자 친구인 알튀세르 식으로 말하면, 그때마다 우리는 기존 범주들을 가능한 한 명석하게 적용하고 활용해 그 국면을 사유해야 할 뿐만 아니라 국면의 제약 아래에서, 그리고 그 속에서 다시 사유하기 시작해야 합니다. 특히 이 위기의 전략적 차원들이 무엇인지를 규정해야 할 것입니다. 물론 우리는 각자 그것에 관해 추측을 하고 가설을 세우지만 사실 그것에 대해 잘 알지 못합니다. 그러므로 오늘날 우리가 대안에 대해 말할 수 있는 것들은 모두, 심지어 대안적인 언어들조차도 분명 완전히 재검토되어야 할 것입니다. 그것이 공통적인 것의 존재론과 전지구적인 혁명적 주체로서의 다중의 정치철학에 기초하든, 혹은 이것들 역시 '평등자유'에 포함될 수 있을 텐데, 비非배제적 시민권과 '민주화하는 민주주의'에 대한 어떤 생각에 기초하든 말이죠.

이제 두 번째와 세 번째 논점을 이야기해보죠. 네그리가 재차 강력히 제시한 생각과 입장에는 제가 보기에 적어도 두 가지의 굉장한 생각이 들어 있습니다. 그것은 실질적인 기여일 뿐만 아니라, 우리가 살고 있는 후기자본주의 시기의 대안을 생각하려는 시도에서 결정적인 요소들이기도 합니다. 상세하게 다루지는 않겠지만, 이 요소들을 간단히 살펴보겠습니다. 첫 번째 요소는 '구성권력'이라는 네그리의 생각입니다. 사실 이에 대해 우리는 약간 상이한 용어를 사용하고 있습니다. 그렇지만 실제로 역사적 유산, 즉 우리가 폭넓게 공유하고 있는 혁명적 전통을 추적해보면 제가 '평등자유'라는 용어로 말하고자 하는 바와 네그리가 '구성권력'이라는 용어로 말하고자 하는 바는 근본적으로 한 지점에서 만난다고 생각합니다. 저는 자본이 실제로 하나의 관계라는 생각에 전적으로 동의하는데, 그것은 네그리가 거듭 말했듯 투쟁만이, 즉 사회적 관계의 갈등적 성격만이 경제적인 것이든, 정치적인 것이든, 시민적인 것이든 제도들의 변형을 가져오며, 따라서 역사적 변화의 동력을 나타낸다는 생각과 관련이 있습니다. 물론 중요한 점은 구성된 것에 대해 구성적인 것 또는 반란적인 것이 갖는 이런 우선성만이 아닙니다. 그런 우선성이 있다고 해서 제도 및 구성된 권력의 필요성을 부정하는 것은 아닙니다. 그뿐만 아니라 어떤 확립된 공식 담론, 국가와 지배계급의 담론, 헤게모니적 담론이 투쟁의 물질성을 부정하고 그 물질성이 제거됐거나 주변화될 수밖에 없기 때문에 사실상 존재하지 않는다고 우리에게 확신시키기 위해 최선을 다하는 바로 그런 곳에서 그 물질성이 언제나 다시 출현한다는 점 또한 중요합니다. 역사의 추동력으로서의 반란과 구성권력이 거듭 출현하는 역사적, 문화적, 사회적 공간들의 범위와 폭은 정말로 매력적입니다. 만약 다중을 괄호로 남겨둔다면, 즉 다중을 현존하는 주체로 여기는 것이 아니라 이런 반란적 요소들의 가능한 합류라는 규제적 이념으로 여긴다면, 저는 일단 구성권력을 '다중'이라는 우산 아래 두는 데 그 어떤 어려움도 느끼지 못합니다.

　　네그리의 사유에서 중심적이라고 생각하는 두 번째 요소는 노동과 생산력에 관한 것입니다. 간단히 말해서 저는 네그리가 말하는 존재론적 필요조건을 버린 지 오래 됐습니다. 네그리와 저의 가장 큰 차이점은 바로 그것이죠. 즉 네그리는 정치적·역사적 변화를 위한 인간학적 토대로서 생산력에 유일성까지는 아니더라도 절대적 우선성을 부여합니다. [그러나] 생산력의 관점에서 수행한 분석으로 환원될 수 없는 여러 문화적·역사적 차원들이 있습니다. 우리가 살고 있는 사회에서 벌어지는 투쟁들에 관해 무언가를 이해하는 데 필요한 차원들 말입니다. 맑스 자신이 작업에 동원한 노동 개념은 너무 협소하며, 그런 관점으로는 지난 자본주의에서, 그리고 현재의 자본주의에서 일어난 노동형태의 발전을 설명하지 못한다는 네그리의 생각에는 동의합니다. 네그리는 이런 생각을 실제로 심리학, 사회학, 노동형태 분석, 최종적으로는 정치 이론을 결합한 여러 연구들에 기반해 전면에 부각시켰죠. 네그리는 맑스에게 주변적으로만 존재했던 어떤 것, 즉 물질적 노동과 지적 노동의 변증법, 노동의 개인주의적 측면과 협력적 측면 사이의 영원한 모순에서 이 변증법이 행하는 역할이 지니는 중요성을 재차 주장했습니다. 무엇보다 노동이 지적·육체적일 뿐만 아니라 정동적인 차원을 가지고 있으며, 바로 그런 이유로 노동이 공통적인 것을 구축하거나 파괴하는 모든 사회적 감정과 본질적으로 연결되어 있다는 점을 상기시켰습니다. 이 모든 것들을 통해, 정말로 네그리는 맑스가 지녔던, 협소하고 아마도 공리주의적일지도 모르는 노동에 대한 관점을 혁신했던 것입니다. 이제 저는 이 두 가지가 절대적으로 필연적이라고 생각하며, 제 자신이 말하는 모든 것에서 이 점을 잊거나 부정하지 않으려고 노력할 것입니다.

　마지막으로 한 가지만 더 간단히 말해보도록 하겠습니다. 제가 문제삼는 것은 네그리가 이 모든 문제들을 존재론적으로 이해한다는 점입니다. 네그리는 심지어 생산적 동물로서의 인간이라는 규정을 둘러싼 존재론적 차원과 그 일방성을 강하게 밀어붙임으로써 코뮤니즘을 노동의 점진적 사회화의 텔로스로 보는 군더더기 없는 서사를 재개할 수 있었습니다. 네그리는 코뮤니즘을, 제가 보기에 완전히 형이상학적인 또 다른 극단으로 밀어붙였습니다. 그리고 그런 관점에 설 때 놓치게 되는 것은 바로 정치입니다. 오래된 알튀세르주의 풍으로 말한 것이니 네그리도 이 말에 별로 놀라지는 않을 것입니다 (웃음). 아무튼 모든 것이 존재론적 틀에 의해 이미 결정되어 있는 곳에서는 정치가 존재할 수 없습니다. 다시 말해서 거기에 정치의 불확실성이란 존재할 수 없습니다. 경제적 현상이나 현대 정치의 이데올로기적 차원에 뿌리를 두고 있는 정치적 갈등과 위기의 우발적 성격 또한 존재할 수 없습니다. 종교는 어디에 있으며, 민족주의는 어디에 있습니까? 우리가 살고 있는 역사적 순간에 일어나는 모든 전환에 크게 작용할, 그리고 그런 전환이 노동의 미래주의적 차원으로서 불가항력적으로 출현하는 공통적인 것과 '자본의 코뮤니즘' 사이의 단순한 양자택일로 환원되지 않도록 만들 모든 이데올로기적 담론과 실천은 어디에 있습니까? '자본의 코뮤니즘'이란 제가 경애해 마지않는 아름다운 모순어법이지만, 하나의 국면이 가진 복합성에 관해서는 아무것도 말해주지 않습니다.

네그리 우선 저는 역사적 유물론이 협소한 존재론이나 결정론, 혹은 목적론이라고 생각하지 않습니다. 역사적 유물론과 그것의 존재론적 조건에 우연, 클리나멘, 대안적 주체성의 생산, 양태들의 우발적 연결 등을 포함시켜야 한다고 생각합니다. 스피노자적 존재론이 유물론의 지평을 통합하고 그것에 일정한 특질을 부여합니다.

둘째, 『제국』에서 하트를 비롯한 다른 많은 동지들과 더불어 시작했던 것과 같이 노동에 관해 이야기할 때 저는 정치적 차원이 축소된다기보다는 오히려 고양된다는 느낌을 받습니다. 노동이 삶정치적으로 되는 한 자유와 평등은 인간의 생산적 활동 안에 있습니다. 그것이 경제적 활동이든 정치적 활동이든 간에 말입니다.

셋째, 정치적인 것은 단순히 사회적 협력의 상부구조가 아닙니다. 정치적인 것은 시장가치와 다르면서 동시에 시장가치의 명령과 척도를 초과하고 넘어서는 가치들에 의해 혁신됩니다.

정치의 문제를 활짝 열어젖히기 위해, 특히 주권과 통치의 위기라는 문제로 돌아가봅시다. 주권과 통치의 이런 위기 속에서 '구성권력'을 표현하는 것이 가능해집니다. 이를 위해서는 하트와 제가 지난 10여 년 넘게 해오고 있는 바와 같이, 자유주의적인 것이든 사회주의적인 것이든 간에 자본주의적 시민성과 전지구적 조직화의 문제들을 새로운 제안들과 대면하게 만들 필요가 있습니다. 지금까지 이야기한 것이 유의미하다면, **공통적인 것**이 자본주의 사회에서의 이윤과 명령의 지배에 대항하는 새로운 **사용가치**라고 말할 때 우리는 현재의 정치적 위기를 엄밀한 의미에서 명백히 정치적인 위기로, 통치와 주권, 전형적인 근대 정치의 위기로 이해하게 됩니다. 이 자리에서 제국 시대 주권의 위기와 변형이라는 문제로 되돌아가는 일은 피하고 싶습니다. 다른 곳에서 이미 자세히 이야기한 바 있으니 말입니다. 그러나 통치의 위기 및 그것의 근대적 형상과 관련해서 말하자면, 국가 행정이 근본적으로 달라졌다는 것은 분명합니다. 국가 행정은 법으로부터 내려오는 획일적이고 조직적인 결정체계라기보다는 다수 주체들 사이에서 이뤄지는 결정, 계약, 협정의 역동적이고 다원적이며 비조직적인 체계입니다. **협치**가 통치를 대체해가고 있는 것입니다. 정치학의 지평에서 엄밀히 말하면 우리는 정치경제학에서 발견했던 것과 동일한 대안을 확인하게 됩니다. 정치경제학 비판과 정치학 비판이 나란히 놓이는 것이죠. 언제나 형식과학으로서, 특정 체계에 대한 정합적 인식을 확립하는 것으로서 나타나는 사법적 권리의 관점에서 문제를 고찰해도 우리는 동일한 난점들에 직면하게 됩니다. [오늘날에는] 통치가 주권에 대한 사법적 정당화에서 벗어날 뿐만 아니라, 협치와 행정 역시 입헌적 권리 그리고/혹은 행정적 권리로부터 일정한 거리를 두는 것입니다. 분명히 해둬야 할 점은, 이런 변화들이 일어나는 것은 도처에서 사법적 질서나 행정적 질서에 저항하거나 그것을 대체하는 잉여가 존재하기 때문이라는 사실입니다. 통치는 언제나 이런 움직임에 종속되어 있습니다. 당신이 선거에서 압도적인 표차로 상대를 이기더라도 협치에 의해 주어지는 선택항들에 똑같이 종속되게 될 것입니다. 미국의 현 대통령 버락 오바마가 보여주듯이, 이런 사례는 무수히 많으며 오늘날의 입헌적 통치의 경험들도 여기에 포함될 수 있을 것입니다. 이 지점에서 중요한 것은 이런 잉여와 대안적 기획들이 주권과 자본주의적 통치의 갱신된 구조들 내부로 새롭게 포섭되느냐, 아니면 이 모순들이 구성권력을 위한 공간을 만들어내는 기초가 되느냐를 이해하는 것입니다. 마오쩌둥과 같이 우리는 '하나가 나뉘어 둘이 된다'一分爲二고 말하고 있는 것입니다. 마오쩌둥의 말을 참조하는 것은 명백히 아이러니입니다. 그러나 장 보댕에서 칼 슈미트에 이르기까지 근대 전체에 걸쳐 제안됐고, 지금도 여전히 제안되고 있는 정치신학적 일자一者라는 관념이 지닌 보잘 것 없는 아이러니를 생각한다면, 그것은 여전히 유효합니다.

지금까지의 이야기는 가설에 지나지 않습니다. 당분간 우리는 자본주의적 명령이 발전과 위기의 새로운 조건 아래에서 내적 균형을 재구축해낼 수 있을 것인가, 아니면 새로운 공통적 전망과 새로운 자유 및 평등의 형상을 찾고 있는 주체들이 공통적인 것에 대한 자본 통치의 구조에 맞설 수 있는 **제도들**을 수립해낼 수 있을 것인가를 알아갈 필요가 있습니다. 우리는 제국의 층위에서 주권이 행사되는 기존의 방식들이 약화되어감에 따라 개방됐던 다른 공간들뿐 아니라 협치의 영역에 존재하는 일종의 제도적 이원성을 어느 정도 정확하게 식별하고 확인할 수 있습니다. 우리는 이 이원성을 첨예하게 만들고, 위기를 이루는 이런 관계의 한쪽 편, 즉 공통적인 것의 요구라는 편에만 잉여를 축적해야 할 것입니다.

발리바르 '공통적'이라는 범주 자체의 용법에 대한 인식론적 고찰로 이야기를 시작해보고자 합니다. 그리고 [이 대담의 기획자인] 안나와 제렌이 공통적인 것과 코뮤니즘에 대한 이 논쟁에서 제 고유의 주장이라고 매우 후하게 정리해준 것에 대해 분명히 해야 할 필요가 있다는 생각이 듭니다. 그런데 지금 이야기하려는 점에 대해 네그리와 제가 생각이 다르지는 않을 것 같습니다. 어떤 의미에서는 우리 모두 이 점에 동의할 것입니다. 네그리가 '자본의 코뮤니즘'이라는 도발적인 정식을 사용하고 있다는 것이 정확히 이를 보여주죠. 가장 먼저 고려해야 하는 것은 '공통적인 것'이 제가 프랑스어로 '다의성'équivocité 혹은 다의적 의미들이라고 부르곤 하는 것을 포괄하는 범주라는 사실입니다. 즉 다양한 의미들과 활용들뿐만 아니라 반대되는 의미들 사이의 항구적인 긴장상태 역시 포괄하고 있는 것이죠.

그리고 저는 공통적인 것에 관해 고찰하고자 한다면 따라야 할 적어도 세 가지의 방향이 있다고 봅니다. 이것들은 결코 어느 하나로 환원될 수 없습니다. 그 가운데 하나는 '보편성' 및 '보편적인 것'이라는 주제와 관계가 있습니다. 과거에 저는 보편적인 것이라는 관념 자체가 외연적으로나 내포적으로나 내적으로 분할되어 서로 갈등하고 있다고 주장한 바 있습니다. 무엇보다 특히 서구에서 이 관념은 두 가지 경향 사이에서 갈팡질팡하고 있는데, 하나는 개인이 가진 보편화될 수 있는 권리라는 이념을 중심으로 하면서 시장의 특정한 동질성이나 시장을 지배하는 등가관계들의 특정 시스템과 연결되어 있는 매우 강력한 철학적·정치적 전통이고, 다른 하나는 보편적인 것을 좀 더 분화된 방식으로 따르며 변증법적인 방식으로 다시 생각하려는 주장과 시도입니다. 바로 이것이 '특이성들의 보편적인 것'이라는 문제 전체입니다. 이 특이성들은 궁극적으로 어떤 심원하고도 난해한 인간학적 차이들, 즉 성, 인종, 문화, 건강과 질병의 대립, 그리고 정상성과 비정상성의 문제 전체에 뿌리를 내리고 있습니다. 요약하자면 바로 이곳이 공통적인 것에 관한 고찰이 진행되어야 할 본질적인 차원이라고 생각합니다. 거칠게 말하자면 인간학적 차이들의 관점에서 보편적인 것 자체를 다시 사유하자는 것이죠.

이런 의미에서 본질적으로 규제적 이념, 항구적인 아포리아로 남아 있는 보편적인 것이 공적 제도들의 체계 혹은 국가를 건설하는 기획과 직접적으로 일치할 가능성은 거의 없습니다. 또한 우리가 알고 있는 다양한 형태들, 예컨대 민족적·종교적·혁명적 형태를 띠는 사회적 관계들의 공동체주의적 차원을 촉진하는 문제와도 직접적으로 일치할 가능성이 거의 없죠. 이 두 문제는 공적인 것, 시민적인 것

과 관련되어 있습니다. 그것이 국가와 동일시되든 국가주의적 차원
에 비판적인 것이든 말입니다. 둘 다 각자 나름대로 중요하죠. 만약
우리 사회에 어떤 국가도, 어떤 공동체주의적 차원도 존재하지 않는
다면 어떤 권리도 존재할 수 없을 것입니다. 반복컨대 저로서는 공동
체들 밖에서 사람들이 어떻게 살아갈 수 있을지 알 수 없지만, 문제
는 이런 공동체들이 서로 공존할 수 없을 만큼 상이하며, 따라서 이
들 중 어떤 것도 다른 것으로 환원될 수 없다는 점입니다.

제 생각에 코뮤니즘은 공통적인 것에 대한 고찰이 나아가야 할 세
번째 방향이자 가장 난해한 방향입니다. 코뮤니즘이 여러분들이 말
하고 있는 윤리적 수준, 또는 아마도 좀 더 깊게 논리적 수준에서만
다뤄진다면, 그것은 제가 버리지도 않고 포기하지도 않을 관념이자
이름입니다. 그러나 코뮤니즘의 문제는 그것이 가치절하되고 비난받
고 있다는 점뿐만이 아닙니다. 지난 20세기의 역사에 의해 심원한 곳
에서부터 동요되고 내적으로 파괴됐다는 것, 그리하여 오늘날 코뮤
니즘을 둘러싼 일체의 담론은 착취와 다양한 형태의 압제에 대한, 결
국 자본주의에 대한 대안의 관점에서 정식화되는 동시에 역사적으로
코뮤니즘이 실현됐던 바로서의 **대안에 대한 대안**의 관점에서 정식화되
어야만 한다는 것, 그것 역시 코뮤니즘의 문제입니다. 그것이 얼마나
왜곡됐든 간에 맑스의 개념들에 기초한 코뮤니즘 기획이 결국 자신
의 정반대로 귀착되고 말았던 이유를 이 담론이 이해하지 못한다면,
그것은 아무것도 만들어내지 못하거나 또 한번 우리를 더욱 나쁜 것
으로 이끌 것입니다. 레닌과 스탈린이 나쁜 사람들이었기 때문이거
나 마오쩌둥이 인민들을 속인 기만적 지배자였기 때문에 그랬던 것
이 아닙니다. 문제는, 왜 대중들 혹은 '다중들'이 코뮤니즘을 그런 식

으로 이해했으며 이로써 왜 한때 해방운동으로 생각됐지만 결국 지옥길로 판명된 것에 새로운 방향을 부여할 수 없는 무능력한 처지에 처했는가입니다. 따라서 오늘날 코뮤니즘은 대안에 대한 대안이어야만 합니다. 그리고 우리 둘 다 바로 이런 관점에서 코뮤니즘에 관해 다시 사유하고 있는 것입니다. 네그리는 나름의 방식으로, 그러니까 기독교적 영감으로 돌아가 이런 작업을 벌이고 있습니다. 더 정확히 말하면 프란체스코 수도회적인 영감인데 이것은 역사상 위대한 '코뮤니즘'의 하나인 가난, 사랑, 우애의 코뮤니즘입니다. 그리고 저는 맑스 이전의 급진적인 부르주아적 혹은 시민적 형태의 코뮤니즘, 즉 '평등자유'의 코뮤니즘으로 돌아가 이 일을 하고 있는 것이죠. 물론 그것은 시장의 코뮤니즘이 아닙니다. 그것은 수평파의 코뮤니즘이며, 루이 블랑키와 프랑수아-노엘 바뵈프의 코뮤니즘입니다. 그것은 사회주의와 혼합된 맑스의 코뮤니즘 이전에 존재했던 코뮤니즘의 정치적 이념입니다. 우리 둘 모두가 오늘날의 세계에서 공통적인 것이라는 이념이 갖는 다의성을 비판적인 방식으로 다루길 희망하면서 진행하고 있는 것이 이런 작업입니다. 공통적인 것에 대한 고찰이 관심을 가져야만 하는 세 가지 차원을 다시 한번 정리해보죠. 첫째로 앞으로 우리가 마주칠 보편성의 문제가 있습니다. 둘째로 국가 너머에 존재하지만 필연적으로 시민권과 권리들 너머에 있지는 않은 어떤 공적 영역의 문제가 있습니다. 셋째로 공동체들과 그것들의 상호 양립불가능성을 어떻게 다뤄야 할 것인가의 문제가 있습니다.

네그리 발리바르가 논의를 정리하기 위해 제시한 세 가지 제안들은 우리가 집중해야 할 문제들을 정확하게 다루고 있습니다.

첫 번째로 보편적인 특질을 모색하는 것과 관련해서, 우리는 보편적인 것을 구축하는 구체적 과정과 '공통관념'common notion의 구성에 관한 스피노자적 지평으로 돌아가야 합니다. 인식론적 문제와 존재론적 문제는 밀접한 관계를 유지해야 합니다. 저는 여기서 자크 데리다가 『맑스의 유령들』에서 제시한 아포리아,3) '실제로는 아포리아가 아닌' 아포리아를 말하고 있는 것입니다.

두 번째는 발리바르의 두 번째 제안과 관련된 것입니다. 여기서 중요한 것은 권리 및 시민권의 원리들을 국가 너머에 있는 영역에 귀속시키는 방식으로 배제하는 것이 아니라, 그 원리들을 산 노동의 새로운 권리들과 긴밀하게 결합시키는 것입니다. 이런 결합이 일어나지 않는다면 시민권의 권리들, 즉 평등자유는 실패할 것입니다.

끝으로 앞서 발리바르가 제기한 세 번째 문제에서 중심적인 것은 다중 만들기와 공통적인 것의 구축인데, 이는 매개라는 변증법적 관점에서뿐만 아니라 구성적이고 윤리-정치적인 관점에서도 그렇습니다. 발리바르가 제기한 문제는 아주 어려운 것입니다. 그것은 다름 아닌 사회적 갈등과 그 해결이라는 문제입니다. 사회적 갈등의 연장선을 그어보면 항상 내전이라는 가설로 이어지는데, 발리바르가 제기한 문제는 바로 이런 연장선상에서 취해져야 합니다. 우리가 논의했듯이, 협치와 그 내적 구체화에 대한 현실주의적 규정이 우리를 한걸음 더 나아가도록 도와줄 수 있을 것입니다.

---

3) Jacques Derrida, *Spectres de Marx: L'état de la dette, le travail du deuil et la nouvelle Internationale*, Paris: Galilée, 1993. [진태원 옮김, 『마르크스의 유령들』, 이제이북스, 2007.]

그러나 저는 우리가 이 문제를 해결하는 데 있어서 맑스주의 이전에 존재했던 사회주의 그리고/혹은 코뮤니즘의 이념들이나 유토피아들이 혁명적 맑스주의에 의해 고무된 운동들과의 대면이라는 사건보다 더 많은 도움을 줄 것이라고는 생각하지 않습니다. 맑스주의와 잘 종합된 민주주의적 급진주의가 공통적인 것의 제도들이 구축될 토대로서 전제될 때조차도, 착취에 대한 저항은, 그리고 자유와 평등을 구축하는 과정에서 발생하는 폭력의 행사는 여전히 필요할 것입니다. 로자 룩셈부르크가 말했듯이, 억압받는 자들의 민주주의를 구축하는 일이 평화주의와 항상 일치하는 것은 아니죠.

결론적으로 말해 최근의 경제 위기는 자본주의의 지배를 극복하는 일이 우리가 기대했던 것보다 더 쉬울 수 있음을 나타냅니다. 따라서 협치의 균형이 깨지거나 전복될 수도 있으며, '다중의 공통적인 것'이 '자본의 코뮤니즘'에 대해 우위를 차지할 수도 있습니다. 이런 상황은 비극적인 것이 아니라, 위기에 대한 민주적 해결일 것입니다. 이 문제를 다루는 정치학자들의 99%가 독재와 사회주의, 즉 스탈린주의의 위협에 비명을 지를 것이 분명하지만 말이죠. 그러나 이것은 독재가 아닙니다. 이것은 이제까지 종속되어 있었던 한 극이 지배적이었던 다른 극에 대해 갖는 헤게모니일 뿐입니다. 당연히 그 어느 누구도 통치를, 아니 더 정확히 말해 협치의 균형을 독점할 수 없으며 모두가 민주적인 통치를 보장해야 합니다.

지금껏 정치학이 자본주의적 통치에 대해 광범위하게 논의해왔으므로, 저는 그에 맞서 발리바르의 세 번째 제안을 보충함으로써 **공통적인 것의 새로운 제도들**에 관한 논의를 발전시킬 것을 제안합니다. 예를 들어 헤겔의 『법철학』을 비판하는 것에서 시작하면 충분할 것입니다. 가족, 시민사회, 국가에 관한 탁월한 세 장으로 이뤄진 이 책에서 헤겔은 객관적이고 부르주아적이며 공적인 정신의 제도들을 구체화하고 있습니다. 저는 공통적인 것의 관점에서 몇 가지를 제안합니다. 먼저 교육, 재생산, 상속의 영역에서 정체성의 도구로 기능하고 있는 저 끔찍한 것, 그러니까 가족의 미래와 그것의 붕괴 가능성에 관해 경제 상황을 직시하면서 비판적으로 논의해봅시다. 그 다음으로 더욱 적절하고 행복한 형태의 부부 및 자녀 관계를 스케치해봅시다. 그리고 시장과 기업이 아니라 사회적 생산과 그 민주적 조직화에 관해 이야기합시다. 길드, 조합, '일반적 계급들'이 아니라 커뮤니케이션 네트워크와 복지의 조직화에 관해 말입니다. 마지막으로 소유에 입각한 개인주의, 은행들, 금융의 코뮤니즘 대신 새로운 형태의 **인간에 의한 인간의 생산**에 관해 생각해봅시다. 이 모든 것은 더 이상 공적 혹은 사적 권리가 아닌 새로운 형태의 공통적 권리를 구성적으로 제안해내고 그것의 실행을 상상하는 데 이르기까지 수행되어야 합니다. 저는 이것이야말로 많은 사람들이 논의하고 발전시켜야 할 거대한 기획이라고 생각합니다.

발리바르 네그리가 말한 것 속에는 정교하게 응답되어야 할 많은 것들이 있군요! 저는 우리들 사이의 합류점과 분기점에 대해 네그리가 주의 깊게 진술한 내용을 따라갈 텐데, 이는 우리의 논의를 지속하기에 적절한 요소들입니다. 이것이 사실상 '공통적인' 지적 작업의 한 형태겠죠. 제게는 앞으로 이어가고 싶은, 그리고 우리가 맑스를 읽고 현대의 사건들을 해석함에 있어 암묵적으로 전제하는 가정들에 비추어 재검토했으면 하는 다섯 개의 주된 문제들이 있습니다.

(1) 첫 번째로 네그리가 아이러니컬하게도 마오쩌둥에게서 다시 취한 "하나가 나뉘어 둘이 된다"라는 변증법적 명제가 있습니다. 내재적인 비판의 가능성도, 역사에 의해 산출되는 모순들을 첨예하게 하고 그 모순들에 반작용하는 정치도, 집단적 경험에 의해 생성되는 힘들의 해방도 이런 명제 없이는 있을 수 없습니다. 우리는 저 일반적인 원리에 동의합니다. 우리 둘 다 맑스를 바탕으로 작업하고 있다는 점을 고려하면 어떤 의미에서 이는 그리 놀라운 일이 아닙니다. 그러나 확실히 이 원리를 이해하는 방식은 다양합니다. 그 방식들 중 하나는 사법적·정치적 '주권' 개념, 혹은 내전으로서의 계급투쟁이라는 문제틀 안에서 일어나는 주권의 역전, 즉 프롤레타리아 독재에 뿌리를 두고 있습니다. 그것은 거의 끝없이 계속되는 '이행 국면'을 특징짓는 '이중권력'이라는 생각에서 정점에 달합니다. 우리는 더 이상 이런 관점에서 생각하지 않습니다. 그리고 저는 왜 이것이 지난날 발생한 '공산주의 혁명들'의 파국적 결과와 분리될 수 없는지를 이해하는 데 오랜 시간이 걸렸음을 인정해야 하겠습니다. 또 다른 방식은 필경 그 자체로는 그리 간단하지 않을, '분기'라는 생각입니다. 저는 몇 년 전에 맑스의 '재생산' 분석에 대한 새로운 독해에 기초해 그 생각을 발전시켰습니다. 그리고 제가 보기에 그것은 네그리와 하트가 '공통적인 것'의 생산과 '자본의 코뮤니즘' 사이의 대립이라고 말하는 것과 친화성이 없지 않습니다. 그렇지만 이 모방적 대립관계에 대해서는 더 많은 논의가 필요합니다.

(2) 앞의 논의는 맑스주의자라면 아주 매력적으로 느낄 만한 네그리 이론의 또 다른 지점으로 자연스럽게 이어집니다. 사회적 노동 과정을 통해 생산되며 양적이 아니라 질적인, 그런데도 금융자본에

의해 양적으로 전유되는 초과 혹은 잉여에 대한 네그리의 서술로 말입니다. 알다시피 네그리는 이 생각을 산업혁명 이후에 나타나는 협력의 효과에 대한 맑스의 서술에서 끌어오지만, 전유의 주체 자리에 생산자본 대신 금융자본을 위치시킵니다. 한편으로 네그리는 이렇게 해서 생산과정이 상품을 '생산'할 뿐 아니라 사회적 생산관계를 '재생산'한다는 맑스의 또 다른 생각을 초과적인 것에 대한 생각과 융합할 수 있었습니다. 이 둘을 융합하면, 현대 자본주의의 발전 국면에서는 노동과정 속에서 재생산된 '관계들'이 사실상 더 이상 자본주의적이지 않고 이미 '코뮤니즘적'이라거나 그 관계들이 **공통재**를 재창조한다는 생각을 낳게 됩니다. 다른 한편으로 이것은 금융자본의 주기와 동향들이 **직접적으로** 노동과정을 명령하는 오늘날, 금융자본의 기능은 노동과정의 **조직화**가 아니라 노동과정의 결과에 대한 **약탈**과 그 행위자들에 대한 정치적 제약일 뿐이라는 생각을 가져옵니다. 이와 비슷한 생각이 하트의 논문* 속에서 훌륭하게 전개됐죠. 오늘날 금융자본의 축적은 **이윤**보다는 **지대**에 가까우며, 그리하여 집단적 '산 노동'에 **외부적**이라는 생각이 그것입니다. 저는 이 생각이, 하트와 네그리가 맑스의 '산 노동' 개념과 푸코의 '삶정치' 개념을 연결하기 위해 삶 개념을 사용할 때 아주 애매해진다고 생각합니다. **삶**은 정치적 계기가 유기적으로 포함되는 생산의 전全과정이 가진 내재성을 나타내는 **존재론적** 범주로 간주되는 동시에 '죽은 것,' 혹은 인위적인 것, 억압적인 것, 권력의 간섭 등과 '산 것' 사이의 이원적 대립을 승인하는

---

* Michael Hardt, "The Common in Communism," *Rethinking Marxism*, vol.22, no.3, July 2010, pp.346~356. [본서 1장(「공통적인 것과 코뮤니즘」), 25~47쪽.]

윤리적 범주로도 여겨집니다. 저는 누구도 이런 '삶' 개념 속에 있는 이데올로기적 긴장을 완화할 수 없으리라고 봅니다.

(3) 저는 생산의 조직화에 **직접적으로 정치적인 요소**가 있으며, 이것은 투쟁과 폭력의 요소이기도 하다는 생각을 별반 어려움 없이 받아들입니다. 어려워하기는커녕 앞서 얘기했듯이, 이런 생각이 오페라이스모 전통의 가장 값지고 반박할 수 없는 유산들 중 하나라고 생각합니다. 그러므로 저는 노동과정과 국가의 정치적 개입 사이에는 그 어떤 '거리'도 없으며, 그것들이 직접적으로 상호작용한다는 생각에도 아무런 반대 의견이 없습니다. 이것은 토대와 상부구조라는 건축학적 은유나 시민사회와 국가를 가르는 헤겔적 구별의 유산에서 벗어나 있는 맑스의 구절들에서 찾아볼 수 있는 것이기도 합니다. 이런 생각은 네그리처럼 생산과정이 더 이상 '공장'이나 '작업장' 같은 공간에 갇히지 않는다는 사실을 강조할 때 더 중요해집니다. 현대판 '선대제'先貸制 같은 일이 일어나고 있는데, 이것 역시 (산) 노동의 범주를 상당한 정도로 확장시킵니다. 그러나 제가 "네그리에게는 정치가 없다"고 말할 때 저는 다른 측면을 염두에 두고 있습니다. 네그리의 철학은 '사회'를 **생산적 유기체**로 환원하며, 모든 인간학적 관계 및 차이를 인간 노동의 작용으로 이해하는 입장의 극단적인, 그렇기 때문에 스펙터클한 형태로 보입니다. 네그리의 관점에서는 당연히 '산 노동'이 그 자체로 아주 복잡한 하나의 현실이 되며, 사실상 인간적인 모든 것이 '산 노동'으로 총체화됩니다. 그래서인지 **사회주의 대 코뮤니즘**이라는 낡은 문제틀에 관해 네그리가 갖는 태도는 아주 이상해집니다. 네그리는 가혹하게, 그리고 제 견해로는 올바르게, 코뮤니즘을 향한 '사회주의의 이행'이라는 생각을 비판합니다. "굿바이, 미스

터 사회주의!" 하지만 네그리는 코뮤니즘 혹은 공통적인 것의 출현이 '생산력의 사회화'에서 기인하며 그 '최종' 단계가 물질노동에 대한 비물질노동의 우선성을 통해, 정동적 차원이 생산적 활동으로 재통합되는 것을 통해 달성된다는 생각을 극단으로 밀어붙입니다. 저는 이런 생각에 강하게 반대하며, 바로 이에 기초해 네그리에게 암묵적인 '목적론'이 있다고 언급한 것입니다. 성/젠더, 정상적/병적, 문화적/인종적 등과 같은 모든 인간학적 차이들이 '노동,' 혹은 더 윤리적인 용어로는 '인간에 의한 인간의 생산' 내부의 차이들로 환원될 수 있다고 생각하는 것은 제가 보기에 경험적으로 틀렸을 뿐 아니라 이론적으로도 해롭습니다. 인간학적 차이들이 실제로 늘 상호개입한다는 점을 인정하더라도, 저는 그런 차이들이 이질적인 것으로 남는다고 생각합니다. 즉 여기에는 행위자들의 본질적인 복수성 혹은 알튀세르의 용어로는 **중층결정**이 있습니다. 토대와 상부구조의 중층결정이라기보다는 사회적 관계들 자체의 중층결정 말입니다. 이런 이유로 저는 '정치'를 갈등의 요소와 연관시킬 뿐 아니라, 투쟁들의 **다양성**, 해방적 가치들의 **다양성**, 집단적 행위자들의 **다양성**과 연관시킵니다. 가령 '사회적 생산자'는 아무리 중요하더라도 다양한 행위자들 중 하나일 뿐이죠. 사실 네그리 자신도 포함하는 오늘날의 급진파가 맑스 이전의 코뮤니즘 모델들로 '회귀한다'고 제가 생각하는 이유 중 하나가 이것입니다. 그 회귀는 공통적인 것의 문제를 노동의 존재론·목적론적 절대주의로부터 해방시키는 방법이기도 합니다. 그리고 정말이지 저는 '평등자유'가 교환가치 논리의 표현이라는 점에 동의하지 않습니다. 그런 관점은 부르주아 혁명 전통과 거리를 둔 채 그것을 환원주의적으로 이해했던 맑스의 견해와 상통합니다.

(4) 이것은 **제도**라는 논점을 둘러싼, 그리고 제가 '분기' 모델이라고 부른 것과 제도가 맺는 관계를 둘러싼 흥미로운 대립으로 우리를 인도합니다. 저는 코뮤니스트가 '제안들'을 내놓아야 한다는 생각, 즉 '반작용적' 힘 혹은 심지어 '저항하는' 힘으로서뿐만 아니라 창조적인 힘으로서 나타나야 한다는 생각과 함께, 이런 제안들이 **대안적 제도들**을 다뤄야 한다는 생각 역시 기꺼이 받아들입니다. 제도를 강조하는 것, 그리고 정치의 제도적 차원을 '인위주의적' 시각으로부터 분리시키는 것은 아마도 들뢰즈를 통해 흄에게서 얻은 바일 것입니다.* 하지만 여기에는 스피노자적·루소적 차원도 있습니다. 전통적으로 맑스주의는 제도의 딜레마, 예컨대 참여냐 대의[제]냐 같은 딜레마에 거의 제대로 대처할 수 없었습니다. 심지어 그 딜레마들이 맑스주의 고유의 정치적 경험, 즉 '당,' '사회운동,' '평의회' 등에서 핵심 역할을 할 때도 그랬습니다. 분명 이 모든 것은 코뮤니즘과 민주주의의 문제들을 재통합하는 것과 관련된 문제입니다. 이 점은 저도, 네그리도, 자크 랑시에르 같은 다른 사람들도 함께 지지하는 바이죠. 다음으로, 협치에 관한 제도적 문제와 자본주의적 정치공간을 구축하는 과정에서 협치가 '주권'을 대체하는 경향이 있습니다. 따라서 지구화가 산출한 변화에 대한 해석 및 신자유주의적 협치와 다중의 협치 사이의 잠재적 분기 역시 문제시됩니다. 이때 다중의 협치는 네그리에게 본질적으로 다중의 자기조직화이거나 자기제도화일텐데, 이

---

* Gilles Deleuze, *Empirisme et subjectivité: Essai sur la nature humaine selon Hume*, Paris: PUF, 1953. [한정헌·정유경 옮김, 『경험주의와 주체성: 흄에 따른 인간본성에 관한 시론』, 도서출판 난장, 2012.]

생각은 코르넬리우스 카스토리아디스의 생각과 과연 얼마나 다른 것일까요? 우리는 분명 협치와 '통치성'에 대해 철저히 토론해야 합니다. 저는 현재 정치적인 것의 형상이 변하고 있으며, 케인즈주의적인 복지국가에 의해서 극대화됐던 국민국가의 역할이 영토보다는 네트워크에 기초한 또 다른 구조들에 의해 도전받고 있다는 생각에 동의합니다. 하지만 금융적·초국적 협치가 제국주의적 국가권력보다 딱히 덜 폭력적인 것은 아니라 할지언정 적어도 코뮤니즘의 제도에 더 유리한 조건일 것이며, 금융 위기가 그것을 입증해줄 것이라는 네그리의 생각에는 놀랐습니다. 다중의 잠재적 자율성에 대한 형이상학이 다시 한 번 구체적 분석보다 우선합니다. 제가 보기에 이런 형태의 협치의 도입과 그에 상응하는, 이제 모든 곳에 만연해 있는 기술관료적 담론은 국가의 정치적 중심성과 그것의 '영토화하는 기능'을 제대로 일소하지 못한 것 같습니다. 위기는 이것을 입증하기도 하죠. 그뿐만 아니라 신자유주의적 협치가 개인성을 자본관계 아래로 '실질적으로 포섭하는' 형태를 발전시키는 데까지 이르렀다고 생각되는데, 여기에는 심리적 차원도 있습니다. 정확히 말해 '자발적 예속'을 유발하는 것이죠. 그래서 정말로 저는 코뮤니즘 정치가 이전 어느 때보다 더 쉬워졌거나 더 자발적으로 됐다고 보지 않습니다. 그랬으면 좋겠지만 사실은 정반대입니다. 코뮤니즘 정치는 **더 어려워졌습니다.** 어쨌든 이는 '공통적인 것'에 대한 담론이 부질없는 기대처럼 보이길 원치 않는다면 반드시 대처해야 할 극심한 내적 모순입니다.

(5) 끝으로 이 '지구화된' 세계에서 민주적 힘들 혹은 반자본주의적 운동들에 대해 이야기할 때 다음과 같은 물음을 우리가 계속 생각해보면 좋겠습니다. '코뮤니즘이란 무엇인가?'가 아니라 '누가 코뮤

니스트인가?'라는 물음을 말입니다. 즉 코뮤니즘은 어떻게 정의되는가, 그것은 존재론적으로 어떻게 근거지어지는가, 무엇이 그 물질적 또는 비물질적 기반인가가 아니라 **코뮤니스트들은 어디에 있는가, 그들은 무엇을 하고 있는가**를 묻자는 것이죠.『공산주의 선언』의 마지막 부분이 코뮤니즘을 정의하는 데 바쳐지지 않고, 누가 코뮤니스트인가에 대한, 즉 코뮤니스트들이 '다른 반대파들'과 어떻게 구별되며 그들이 무엇을 지지하고 옹호하는가에 대한 '실용적' 응답을 하는 데 바쳐져 있다는 사실을 상기시킬 수밖에 없군요. 이는 여러 측면에서 보건대 코뮤니즘에 대한 맑스의 서술 방식에 있어 가장 **정치적인** 대목입니다. 이론적 문제들을 철저히 규명하지는 않지만 말이죠. 또한 그것은 본질적으로 '공통적인 것'이 정치적 실천의 결실이며 특수한 역사적 종합 국면에, 혹은 '시대적 차이' 속에 위치함을 보여줍니다. 특히 맑스가 '공산주의당'이 당의 고유한 의제를 제시하기보다는 지배질서에 대항하는 모든 '운동들'의 가능한 연합을 드러낸다는 사실을 강조한 것에서 이 점을 알 수 있습니다. 제가 보기에 이런 태도는, '현실 사회주의'의 파국 너머에서 코뮤니즘을 부활시키는 일에 대한 우리의 최근 논의와 관련해 본받을 만한 것입니다. 물론 실천적 관점에서 코뮤니스트가 반드시 **코뮤니즘이라는 이름**이 사용되는 곳에 있는 것은 아닙니다. 또한 우리는 맑스가 이런 정치의 두 가지 핵심적 차원으로 지칭한 것, 즉 소유에 대한 비판과 국제주의적 태도를 우리가 어떻게 재정식화할 것인가에 대해 성찰할 수 있습니다. 맑스에게 이 두 차원의 결합은 프롤레타리아트의 상황에 근거한 것이었습니다만, 이제 우리에게는 아주 문제적인 것이 됐으며, 우리가 저항해야 할 착취와 억압의 형태를 규정하기에는 너무 좁은 틀이 됐습니다. 소유에 대한 비판 너머에는 생활수단을 '공유하는' 양식이자 삶의 주체적 차원들을 인격의 '개인적' 극과 '집단적' 극으로 분배하는 양식을 발명하는 것에 관한 문제가 존재합니다. 이 두 극 모두 필수적입니다. 바로 이 지점에서 '평등자유'라는 이념이 중요해집니다. 그리고 국제주의 너머에는, 즉 민족주의, 부족주의, 인종주의, 종교적 적대의 뿌리와 씨름하지 않은 낡은 범세계주의적 이상의 반복 너머에는 새로운 범세계주의, 특히 문화들 간의 충돌을 상호이해 및 변형의 힘으로 바꾸는 범세계주의를 창조하는 문제가 존재합니다. 맑스가 그런 '이데올로기들'은 프롤레타리아트에게 더 이상 문제가 되지 않는다고 생각했기 때문에 [저 낡은 국제주의는] 민족주의, 부족주의, 인종주의, 종교적 적대의 뿌리와 씨름하지 않았죠. 저는 '코뮤니스트'란, 그들이 스스로를 어떻게 부르건 간에, 전적으로 별개라고 할 수 없는 이런 목표들에 실천적으로 기여하는 사람들이라고 말하고 싶습니다.

네그리 발리바르의 결론에 관해 간략하게 논평하는 것으로 제 결론을 대신할까 합니다.

(1) 발리바르의 해석은 옳습니다. "하나가 나뉘어 둘이 된다"는 마오쩌둥의 테제는 변증법적이지 않습니다. 그것은 **분기**입니다. 길은 우리가 걷는 길일 뿐 아니라 객관적으로 갈라지는 방향이기도 합니다. 오늘날의 상황은 비물질적·인지적·정동적 노동이 산출하는 **잉여**의 축적에 의해 결정되기 때문에, 자본은 자신의 명령과 노동력의 자율적 발전 사이의 고정된 종합을 이뤄내기가 더 어려워집니다.

(2) 이 논점에 대한 발리바르의 입장은 옳은 것 같습니다. 그러나 우리는 그것을 모순으로 보기보다는 하나의 조건으로 간주해야 합

니다. 삶은 모든 인간의 사건이 펼쳐지는 **존재론적** 기층입니다. 삶은 모든 행동의 **내재성**이자 모든 가치가 **출현**하는 장소입니다. 산다는 것은 선good입니다. 그것은 윤리적 목표입니다. 적은 삶으로부터 활력을 빼앗아 그것을 죽음에 되돌려주는 일체의 것으로 나타나며, 그런 것으로 이뤄져 있습니다. 삶은 선이고, 악은 삶-아닌-것입니다. 이런 긍정에는 스피노자적인 무언가가 있다고 생각합니다.

(3) 발리바르가 지적한 대로입니다. 확실히 사회는 **생산적 시너지** productive synergy입니다. 자본주의적 책략과 삶에 가해지는 자본주의적 조작이 생산적 힘들을 통제하고, 틀지우고, 봉쇄할수록 사회는 더욱더 강력해집니다. 그러나 그런 사실에도 불구하고 삶에 대한 자본의 이런 침탈은 일종의 생산적 관계, 더 정확히 말하자면 **적대적 관계**입니다. 이 침탈은 사회적 관계들의 적대성을 제거하는 것이 아니라 오히려 증가시킵니다. 겉으로 드러나 보이는 정치적 대립이 전혀 존재하지 않을 때, 이런 적대가 보이지 않는다고 반박하는 것은 쉬운 일일 것입니다. 그러나 우리는 적대를 하나의 가능성으로, 경향으로, 그리고 어떤 해체적 사건이 일어날 수 있음을 미리 경고하는 힘들의 축적으로 이해합니다. 자본주의의 지배 능력이 확대되어가는 와중에도, 자본주의의 착취에 대항하는 노동력의 원초적이고 근본적인 저항과 활력을 중심으로 인간의 **다른 활동들**, 이를테면 식민지 지배에 대항하는 활동, 성적 지배에 대항하는 활동 등이 적대적 형상을 띠는 행동들로서 스스로를 저항의 조건에 놓는다는 점을 강조할 필요가 있습니다. 그리고 노동력의 그런 활동은 결국 저항을 선택하게 되죠. 만약 평등자유가 저항하는 주체성을 재구성하는 경향으로서 실천 속에서 펼쳐진다면, 이는 즐거운 소식이 될 것입니다.

(4) 주체들은 분기를 연장시키는 탈주선을 따라 스스로를 **제도들**로 조직합니다. 삶정치적 영역에서 주체들은 항상 제도들로 나타납니다. 주체성의 생산, 주체성의 축적, 특이성들의 다중으로 말이죠. 그렇지 않다면 주체들은 단지 그림자에 불과할 것입니다. 데리다가 우리에게 가르쳐준 바와 같이, 자본주의의 지배 속에 존재하는 물신들처럼 말이죠. 삶정치의 영역에서 주체들은 결코 개인이 아닙니다. 이들은 언제나 저항의 앙상블입니다. 바로 이 점 때문에, 주체들의 구성을 개인들 사이의 관계로 간주하기가 어려운 것입니다. 주체의 구성이 '개체성,' 즉 주체들, [혹은] 특이성들 등 사이의 수평적 관계에 의해 일정하게 결정되는 것은 분명하지만, 그 구성을 전면적으로 결정하는 것은 개체성의 마주침이 낳는 초과입니다. 하나만 더 강조하자면, 우리는 프랑크푸르트 학파가 아닙니다. 우리는 실질적 포섭을 하나의 숙명으로 경험하지 않습니다. 우리는 실질적 포섭을 직선적인 것이 아니라, 언제나 파편화되어 있고 불연속적인 것으로 생각합니다. 요컨대 우리는 실질적 포섭을 작용과 반작용, 그리고 저항과 억압 사이의 관계가 고정불변의 방식이 아니라 늘 열려 있는 방식으로 나타나는 모순적 과정으로 간주합니다. 마키아벨리, 스피노자, 맑스 그리고 오페라이스모 활동가들은 항상 모든 목적론, 특히 파국론을 거부해왔으며, 저항 속에서 진보의 열쇠를 찾았습니다.

(5) 이에 대해서도 우리는 거의 일치하는 것 같군요. 코뮤니스트로서 제 문제의식은 권력 장악에 국한되지 않습니다. 오히려 제 문제의식은 "권력을 장악했을 때 무엇을 할 것인가?"를 아는 것에 있습니다. 이런 관점에서 보면, 권력 장악 이전이나 이후나 계급투쟁의 역사 전체는 분명 하나의 이행과정입니다. 자, 그러면 권력을 가지고

무엇을 할까요? 코뮤니즘에 대한 우리의 논의는 여기에서 시작합니다. 덧붙여, 저는 우리가 해결해야 할 두 가지 근본적인 문제가 있다고 확신합니다. **소유**와 **국제주의**가 그것이죠. 여기서 공통적인 것의 구축이라는 어려운 문제가 주어집니다. 공통적인 것을 민주적인 구조 속에 확립하면서, 사적 권리뿐만 아니라 공적 권리를 극복하면서, 그리고 공통적인 것의 구성 및 표현의 새로운 형상을 창안하면서 구축하는 문제 말입니다. '국제주의를 넘어 [새로운] 범세계주의적인 공통적인 것으로 나아가는' 변화에 있어서도 마찬가지입니다. 여기서 출현하는 문제는 평화와 교류의 자유, 환경을 지키는 것과 공간을 획득하는 것, 비참과 죽음에 대항하는 투쟁 등입니다. '자본의 코뮤니즘'이 처한 현재의 조건들 속에 이미 국가들의 전세계적 연합의 필요성이 자리하고 있습니다. 그 필요성은 19~20세기의 국제주의가 보여줬던 것보다 훨씬 더 커졌습니다. 자본주의로부터의 탈주를 운영하는 것, 분기가 두 갈래에 그치지 않고 여러 갈래로 뻗어가게 하는 것, 공통적인 것이 특이한 권리들의 네트워크로서 구현될 삶형태를 취하는 것이 오늘날 '코뮤니스트 되기'를 관통하는 문제들입니다. 이 문제들이 단지 문제로서가 아니라 정치적 경험의 장場, 긴장, 욕망으로 받아들여질 때 코뮤니즘적 전투성이 구성될 것입니다.

2부

자본의
코뮤니즘을
넘어서

2010년	05월 05일	그리스, 재정 위기에 항의하는 대규모 시위 개시
	11월 10일	영국, 교육예산 삭감에 항의하는 학생시위 개시
	12월 18일	튀니지, 민중 봉기 개시, '아랍의 봄'으로 이어짐
2011년	03월 12일	포르투갈, 긴축재정에 항의하는 시위 개시
	05월 15일	스페인, 경제 위기에 항의하는 대규모 시위 개시
	09월 17일	미국, '월스트리트 점거' 운동 개시
	10월 15일	경제불평등과 기업권력에 항의하는 글로벌 저항 개시

4 공통재를 되찾기*
나오미 클라인

'반反지구화 운동'이란 무엇인가? 이 말에 따옴표를 친 것은 '반지구화운동'에 대해 당장 두 가지의 의문이 떠오르기 때문이다. 우선 '반지구화운동'은 정말 운동인가? 그리고 그것이 만약 운동이라면, 그것은 지구화에 반대하는 운동인가? 첫 번째 문제부터 살펴보자. 오늘과 같은 포럼에서 우리는 '반지구화운동'에 대해 이야기하며 '말'로써 그것을 존재하는 어떤 것으로 만들고 (나 또한 이런 일을 하는 데 많은 시간을 보낸다) 그리하여 그것이 하나의 운동이라고 쉽사리 확신하면서 마치 그것이 볼 수 있으며 손에 잡힐 수 있는 것인 양 행동한다. 물론 우리는 '반지구화운동'을 실제로 보았다. 미주정상회담에서 전 세계 절반에 해당하는 규모의 자유무역지대 추진이 논의되는 동안 미국-멕시코의 국경지대에서, 그리고 퀘벡에서 '반지구화운

---

* 이 글은 캘리포니아대학교 로스앤젤레스 캠퍼스에 위치한 사회이론·비교사연구소(Center for Social Theory and Comparative History)가 지난 2001년 2월 12일부터 6월 4일에 걸쳐 진행한 겨울-봄 콜로키움("세계화 2")에서 발표됐다. 이 글이 발표된 날짜는 4월 9일이며, 그 뒤 다음의 지면에 처음 수록됐다. Naomi Klein, "Reclaiming the Commons," *New Left Review*, no.9, May-June 2001.

동'이 다시 출현했다는 것도 알고 있다. 그러나 오늘과 같은 자리가 끝나면 우리는 집으로 돌아가서 TV를 보거나 약간의 쇼핑을 할 것이며 그렇게 그 '운동'이 존재했다는 일체의 감각은 사라질 것이다. 그리고 우리는 어쩌면 우리가 미쳐가고 있는지도 모른다고 느낄 것이다. 시애틀, 그것은 운동이었나 아니면 집단 환각이었나? 오늘 이 자리에 모인 우리 대다수에게 시애틀은 일종의 전全지구적 저항 운동의 커밍아웃 파티, 혹은 포르투알레그레에서 열린 세계사회포럼에서 누군가 말한 것처럼 '희망의 지구화'를 의미했다. 그러나 그 밖의 다른 모든 사람들에게 시애틀은 여전히 거품이 풍부한 커피, 아시아 퓨전 요리, 전자상거래계의 억만장자들, 젊고 활기 넘치는 맥 라이언의 영화를 의미한다. 아마도 시애틀은 이 둘 다일지도 모르며 하나의 시애틀이 다른 하나의 시애틀을 낳았는지도 모른다. 그리고 지금 이 둘은 어색하게 공존하고 있다.

때때로 우리가 주문을 외워 만들어내는 이 운동은 반기업, 반자본주의, 반자유무역, 반제국주의 등 여러 이름으로 통한다. 많은 사람들은 이 운동이 시애틀에서 시작됐다고 말한다. 어떤 사람들은 5백 년 전 식민 지배자들이 원주민들에게 '발전'하고 싶거나 '거래'에 적합하게 되려면 다르게 살아야 한다고 말했을 때 그것이 시작됐다고 주장한다. 또 어떤 이들은 이 운동이, 1994년 1월 1일 북미자유무역협정이 멕시코에서 발효되던 날 밤 사파티스타가 "야 바스타!"[이제 그만]Ya Basta!라는 구호와 함께 봉기를 일으켰을 때 시작됐다고 말한다. 이는 순전히 당신이 누구에게 물어보느냐에 따라 달라진다. 그러나 나는 이 운동을 수많은 운동들의 운동, 연합들의 연합으로 그리는 것이 더 정확하다고 생각한다. 삶의 모든 측면을 사유화하고 모든 활동과 가치를 상품으로 변형하는 것을 공통된 줄기로 하는 세력들에 대항해 오늘날 수천 개의 그룹들이 투쟁하고 있다. 우리는 종종 교육, 보건, 천연 자원의 사유화에 대해 이야기한다. 그러나 사유화 과정은 훨씬 더 광범위하다. 강력한 아이디어들을 광고 문구로 바꾸는 것, 공공의 거리가 쇼핑몰들로 가득 차는 것, 새로운 세대를 그들이 태어날 때부터 마케팅의 표적으로 삼는 것, 학교가 광고에 침략당하는 것, 물과 같은 인간의 기본적인 필수품이 상품으로 팔리는 것, 기본적 노동권이 역행하는 것, 유전자가 특허권의 대상이 되고 맞춤형 아기*가 등장하는 것, 종자가 유전적으로 변형되어 판매되는 것, 정치인들이 매수되고 변질되는 것 등이 사유화 과정에 포함된다.

이와 동시에 정반대되는 줄기가 존재한다. 이는 수많은 다양한 행동과 운동들 속에서 형성되고 있다. 이들이 공유하는 정신은 공통재를 근본적으로 되찾는 것이다. 우리의 공동체적 공간들(마을 광장, 거리, 학교, 농장, 공장)이 팽창하는 시장으로 바뀌어 갈수록 전 세계에서 저항의 기운이 강력해지고 있다. 사람들은 자연과 문화의 일부분을 탈환해 '이건 공공의 공간이 될 것이다'라고 말하고 있다. 미국 학생들은 강의실에서 광고를 내쫓고 있다. 유럽의 환경론자들과 파티꾼들은 혼잡한 교차로에서 파티를 벌이고 있다. 땅이 없는 태국 농부들은 관개가 지나칠 정도로 잘된 골프장 위에 유기농 채소들을 심고 있으며 볼리비아 노동자들은 물 공급의 사유화를 역전시키고 있다.

---

* designer baby. 희귀 질환이 있는 아이를 치료할 목적으로, 인공수정 등을 통해 얻은 배아들 중에서 질환을 앓고 있는 아이의 세포 조직(혹은 유전 형질)과 완전히 일치하는 배아를 선별해 태어나게 한 아기.

냅스터 같은 집단들은 젊은이들이 다국적 음반 회사로부터 음악을 사지 않고 서로 음악을 교환할 수 있는 일종의 공유지를 인터넷상에 만들어 왔다. 광고판은 해방됐고 독립 미디어 네트워크들이 세워졌다. 항의들 또한 늘어나고 있다. 포르투알레그레에서 세계사회포럼이 열리는 동안 (종종 맥도날드의 망치로만 희화화되곤 하는) 조제 보베는 무토지농민운동의 지역 활동가들과 함께 인근 몬산토의 실험장으로 달려가, 유전자 변형 대두大豆가 경작되고 있던 땅 3헥타르를 엎어버렸다. 항의는 여기서 멈추지 않았다. 무토지농민운동 활동가들은 그곳을 점거했고, 농장을 지속가능한 농업의 모델로 바꿀 것이라 공표하면서 현재 유기농 작물들을 직접 재배하고 있다. 요컨대 활동가들은 혁명을 그저 기다리고 있지 않다. 활동가들은 자신들이 살고, 공부하고, 일하고, 경작하는 그곳에서 바로 지금 행동하고 있다.

그런데 이토록 급진적인 공통재 되찾기를 법률화하려는 공식적 제안들도 등장하고 있다. 북미자유무역협정과 그 밖의 협정들이 추진될 때 환경, 노동, 인권 문제를 아우르는 '부속 협정'을 자유무역 의제에 추가시키는 것을 둘러싸고 활발한 논의가 이뤄졌었다. 이제 싸움은 반대로 그런 협정들을 빼내는 것을 둘러싸고 벌어진다. 조제 보베는 영세 농민들의 전지구적 연합인 '농민의 길'과 함께 "세계는 팔 수 있는 것이 아니다"라는 구호를 내걸고 모든 무역 협정에서 식품 안전과 농업 생산물 관련 내용을 삭제하라는 운동을 시작했다. 이들은 공통재 둘레에 일정한 선을 긋고자 한다. 캐나다 대부분의 정당들보다 더 많은 회원을 갖고 있는 캐나다평의회의 모드 바로우는 물은 사적 재화가 아니므로 어떤 무역 협정에도 들어가서는 안 된다고 주장한다. 많은 이들이 이런 생각에 지지를 보내고 있으며, 최근에 먹

거리 공포를 겪은 유럽에서는 특히 그런 상황이다. 통상적으로 이런 반사유화 운동들은 제각기 각자의 길을 걷지만 또한 주기적으로 합류하기도 한다. 이것이 바로 시애틀, 프라하, 워싱턴, 다보스, 포르투알레그레, 퀘벡에서 일어난 일이다.

▎국경을 넘어서: 투쟁의 네트워크 ▎

이는 담론이 달라졌음을 의미한다. 북미자유무역협정에 맞선 투쟁들이 벌어지는 동안에 이 협정과 관련된 국가들 안에서 환경운동가, 조직된 노동자, 그리고 농민과 소비자 사이에 처음으로 연합의 조짐이 나타났다. 캐나다의 활동가들 대부분은 자국의 어떤 독특성을 '미국화'로부터 지켜내기 위해 싸우고 있다고 생각했다. 미국에서는 이야기가 매우 보호주의적으로 흘러갔다. 즉 미국 노동자들은 멕시코인들이 '우리의' 직업을 '훔쳐'가고 '우리의' 생활수준을 낮출 것이라고 걱정했다. 이 와중에 이런 협정에 반대하는 멕시코인들의 목소리는 사실상 줄곧 공식적 레이더망에는 잡히지 않았다. 이들의 목소리가 어떤 목소리보다도 강력했는데 말이다. 그러나 이로부터 불과 몇 년 만에 무역을 둘러싼 논쟁의 양상이 달라졌다. 지구화에 맞선 싸움은 기업화에 맞선 투쟁으로 변모했으며, 몇몇 경우 자본주의 그 자체에 반대하는 것으로 나아갔다. 그것은 또한 민주주의를 위한 싸움이 됐다. 앞서 언급했던 바로우를 예로 들어보자. 바로우는 12년 전 캐나다에서 일어났던 북미자유무역협정 반대 캠페인에서 선두에 섰다. 이 협정이 발효됐을 때부터 지금까지 바로우는 다른 나라들에서 온 조직가들과 활동가들, 그리고 정부에 불신을 갖고 있는 자국의 아나키스트들과 함께 활동해오고 있다. 한때 바로우는 다분히 캐나다

애국주의를 상징하는 인물로 간주됐다. 그러나 오늘날 바로우는 그런 이야기들로부터 멀리 떨어져 있다. 바로우는 이렇게 말한다. "나는 변했습니다. 한때 이 싸움은 나라를 구하는 것이라고 생각하곤 했습니다. 나는 이제 이 싸움은 민주주의를 구하는 것이라고 생각합니다." 이것이 이 싸움이 국적과 국경을 넘어설 수 있도록 해준 대의인 것이다. 시애틀로부터 전해진 진정으로 새로운 소식은 전 세계의 조직가들이 그들의 지역적이고 일국적인 투쟁(공립 학교에 대한 더 많은 재정 지원을 위한 투쟁, 노조 분쇄와 비정규직화에 맞선 투쟁, 자영농을 위한 투쟁, 그리고 심화되는 빈부 격차에 맞선 투쟁 등)을 전지구적 렌즈를 통해 바라보기 시작했다는 것이다. 이것이 우리가 몇 년 사이 목격해온 가장 중요한 변화이다.

어떻게 이런 일이 일어나게 됐을까? 누가 혹은 무엇이 이 새로운 국제적 민중운동을 소집한 것일까? 누가 메모를 뿌린 것일까? 누가 이 복합적인 연합들을 건설한 것일까? 시애틀 시위를 위한 마스터플랜을 누군가가 만들어냈다고 가정하는 것은 확실히 유혹적이다. 그러나 나는 그것이 대규모로 이뤄진 우연의 일치 같은 것에 훨씬 더 가깝다고 생각한다. 많은 소규모 그룹들이 조직을 꾸려 시애틀로 갔고, 거기에서 그들은 자신들이 그 일부가 된 연합이 놀라울 정도로 광범위하고 다양하다는 것을 알게 됐다. 그럼에도 여전히 이런 전선을 탄생시킨 것에 대해 우리가 감사를 표할 수 있는 하나의 세력이 존재한다면, 그것은 다국적 기업들이다. '거리를 되찾자'[공공 장소의 공동 소유를 주장하는 단체]의 조직자 중 한 명이 이야기한 대로, 우리는 문제들을 좀 더 분명하게 알아 볼 수 있도록 도와준 각 기업의 CEO들에게 감사해야 한다. 지금 이 시점에 기업들의 프로젝트가 드러내고 있는 전적으로 제국주의적인 야망(무역 규제의 철폐에 의해 해방된 한계 없는 이윤 추구, 반ᄐ트러스트법의 약화로 인해 자유로워진 인수합병의 물결) 덕분에, 다국적 기업들은 너무나 눈부시게 부유해져 그 재산이 막대하게 늘어나고 그 영향력이 지구 전체에 뻗치게 됐으며, 그 결과 우리를 위해 우리의 연합들을 만들어내기에 이르렀다.

세계 곳곳에서 활동가들은 어떤 의미에서는 전지구적 기업들이 이미 만들어 놓은 활동기반을 이용하고 있다. 이는 국경을 가로지르는 노동조합 조직화를 의미할 수도 있고 노동자, 환경운동가, 소비자, 심지어 (각각 하나의 다국적 기업과 나름대로 관계를 맺고 있을 수 있는) 수감자들 간의, 부문을 가로지르는 조직화를 의미할 수도 있다. 따라서 당신은 제너럴일렉트릭 같은 하나의 브랜드를 대상으로 하나의 캠페인 혹은 연합을 건설할 수 있다. 몬산토 덕분에 인도의 농부들은 전 세계 환경운동가 및 소비자들과 협력해 논밭과 슈퍼마켓에서 유전자변형식품을 추방하는 직접행동 전략들을 발전시키고 있다. 셸오일과 셰브런 덕분에 나이지리아의 인권활동가와 유럽의 민주주의 운동가 그리고 북아메리카의 환경운동가들이 결합해 석유산업의 지속불가능성에 맞서 싸울 수 있었다. 미국교정기업에 투자하기로 한 거대 외식업체 소덱소-메리어트의 결정 덕분에, 대학생들은 단순히 학생식당의 음식을 보이콧하는 것만으로도 급격히 팽창하고 있는 미국의 이윤 추구적 교도소산업에 항의를 표할 수 있게 됐다. 또 다른 표적들 가운데는 패스트푸드 기업들, 그리고 저가 에이즈 약품의 생산과 보급을 저지하려 하고 있는 제약회사들이 포함된다. 최근 플로리다의 학생과 농업 노동자들은 타코벨에 맞서기 위해 힘을 합쳤다. 세인트피터스버그 지역의 농장 노동자들(이들 중 다수는 멕시코 이민자들이다)은 토마토와 양파를 수확하고 연평균 7천5백 달러를 받는다. 법률상의 허점으로 인해 그들은 어떤 협상력도 갖고 있지 못하다. 농장의 사장들은 그들과 임금에 관해 이야기하는 것조차도 거부한다. 그런데 농장 노동자들이 누가 자신들이 수확한 것을 구입하는지를 조사하기 시작했을 때, 그들은 타코벨이 그 지역 토마토의 최대 구매자임을 알게 됐다. 그래서 그들은 학생들과 함께 대학 캠퍼스에서 타코벨을 보이콧하는 "나는 타코벨을 원치 않아"Yo No Quiero Taco Bell라는 캠페인을 시작했다.

활동가들이 이런 새로운 협력관계를 개척하는 데 가장 많은 도움을 준 것은 물론 나이키이다. 나이키의 캠퍼스 점령에 직면한 학생들은 캠퍼스 로고가 찍힌 의류를 만드는 노동자들뿐만 아니라 아동노동 방지 캠페인을 전개해온 교회 활동가, 청년들의 상업화를 우려하는 부모들과도 연대했다. 이들 모두 공통적인 전지구적 적에 대한 각자의 관계를 통해 서로 연합할 수 있게 됐다. 이 운동의 초기 이야기 방식은 일종의 메기고 받기 같은 것으로서, 회사들이 광고와 홍보를 통해 매일 자신들을 선전하는 이야기를 늘어 놓으면 이에 대해 그 이면을 폭로함으로써 응전하는 것이었다. 엄청난 자산을 보유한 북아메리카 최대의 금융기관인 시티그룹은 이 운동의 또 다른 주요 표적이 됐는데, 이 금융기관은 가장 악덕한 기업들 중 일부와 거래하고 있다. 이에 대항하는 캠페인은 캘리포니아에서의 마구잡이 벌목부터 차드-카메룬 간 송유관 건설 계획에 이르기까지 많은 쟁점들을 잘 엮어내고 있다. 이 기획들은 이제 겨우 시작일 뿐이다. 하지만 그들은 새로운 종류의 활동가들을 창조하고 있다. "나이키는 초기 약물이다." 오리건 주 학생 활동가 사라 제이콥슨의 말이다.

조직가들은 기업들에 집중함으로써 사회적·생태적·경제적 정의에 관한 수많은 문제들이 서로 어떻게 연결되어 있는지를 생생하게 드러낼 수 있었다. 내가 만난 활동가들 중 어느 누구도 한 번에 한 기업씩 상대하는 식으로 세계 경제가 달라질 수 있다고 믿지는 않았다. 그러나 운동들은 불가사의한 국제 무역·금융의 세계로 들어가는 문을 열어젖혔다. 운동들은 전지구적 상거래 규칙을 정하는 핵심 기구들(WTO, IMF, 미주자유무역지대, 때로는 시장 그 자체)을 향하고 있다. 여기에서도 운동들을 하나로 묶어주는 위협은 사유화, 즉 공통재의 강탈이다. WTO 협상의 다음 회의는 상품화의 범위를 한층 더 넓히는 것을 목적으로 기획되어 있다. '서비스교역에 관한 일반협정'과 '무역 관련 지적소유권에 관한 협정' 같은 부수 협정을 통해 노리는 것은 종자 및 약품 특허에 대한 재산권 보호를 훨씬 강화하는 것이며 보건·교육·수도공급 같은 서비스를 상품화하는 것이다.

우리가 직면한 가장 큰 과제는 이 모든 것을 많은 사람들에게 다가갈 수 있는 뚜렷한 메시지로 만드는 일이다. "사파티스타 운동은 이데올로기가 아니다. 그것은 직관이다"라는 마르코스 부사령관의 말처럼, 많은 캠페인 활동가들 역시 다양한 문제들을 하나로 묶고 있는 연관성을 거의 직관적으로 알고 있다. 그러나 운동 바깥에 있는 사람들의 경우, 최근 시위들의 그 광범위한 범위만을 본다면 약간 오해할 수도 있다. 대부분의 사람들이 그렇듯이, 외부에서 이 운동에 대한 이야기를 전해 듣게 된다면 그것은 아마도 앞뒤가 안 맞는 구호들의 불협화음이나 분명한 목표 없이 각기 다른 불만이 뒤죽박죽 늘어져 있는 긴 목록 같이 느껴질 것이다. 작년 로스앤젤레스에서 있었던 민주당 전당대회 때 레이지어게인스트더머신이 콘서트를 하는 동안

스테이플스 센터 밖에 있으면서, '세상엔 어처구니없을 정도로 다양한 온갖 구호들이 다 있구나'라고 생각했던 것이 기억난다.

| 주류의 실패: 새로운 저항 |

이런 인상은 이 운동의 탈중심적이고 비위계적인 구조에 의해서 강화되는데, 이 구조는 언제나 전통적 매체를 당황하게 만든다. 잘 조직된 기자 회견은 드물고 카리스마를 지닌 리더십도 없으며 시위들은 중첩되는 경향이 있다. 대부분의 운동들처럼 리더들이 위에 있고 추종자들이 아래에 있는 피라미드를 형성하는 대신 이 운동은 복잡하게 연결된 일종의 그물망을 닮았다. 이런 망 꼴 구조는 부분적으로는 인터넷에 기반한 조직화의 결과이다. 하지만 그것은 처음에 시위를 점화시킨 바로 그 정치적 현실, 즉 전통적인 정당 정치의 완전한 실패에 대한 응답이기도 하다. 세계 전역에서 시민들은 사회민주당과 노동당을 당선시키기 위해 애썼지만, 결국엔 시장의 힘과 IMF의 명령 앞에서 자신의 무력함을 변명하는 그들의 모습을 지켜볼 수밖에 없었다. 이런 상황에서 현대의 활동가들은 선거 정치를 통해 변화가 도래하리라고 믿을 만큼 순진하지 않다. 그들이 IMF의 구조조정 정책, 국민주권을 침범하는 WTO의 능력, 부패한 선거자금조달 등 민주주의를 무력화하는 구조들에 도전하는 데 더 큰 관심을 갖는 것은 이 때문이다. 즉, 이는 단지 상황의 필요성 때문이 아니라, 지구화는 본질적으로 대의민주주의의 위기라는 이해에 따른 이데올로기적 수준에서의 응답인 것이다. 무엇이 이런 위기를 야기한 것인가? 그 근본적 원인들 중 하나는 권력과 의사결정권이 시민들로부터 점점 더 멀어지게 됐다는 점에 있다. 권력과 의사결정권은 지방기구에서

주州기구로, 주기구에서 국가기구로, 국가기구에서 모든 투명성과 책임성을 결여한 국제기구로 이전되어갔다. 해결책은 무엇인가? 대안적인, 참여적인 민주주의를 구체화하는 것이다.

WTO에 대해 제기된 불만의 성격을 생각해보면, 문제의 핵심은 전 세계의 정부들이 비단 재화와 서비스에 대한 국경 개방만이 아니라, 그것을 훨씬 넘어서는 내용을 포함한 경제모델을 받아들인 것에 있음을 알 수 있다. 이것이 반지구화라는 언어의 사용이 유익하지 못한 이유이다. 많은 사람들은 지구화가 무엇인지 잘 알지 못한다. 반지구화라는 말은 이 운동을 "당신은 무역과 지구화에 반대한다고 하면서 커피는 왜 마시는가?"와 같은 상투적인 비난에 너무나 취약하게 만든다. 사실 반지구화운동은 무역 및 소위 지구화에 함께 딸려 들어오는 것을 거부하는 것이다. 즉 전 세계의 모든 정부에게 투자에 적합해지기 위해 수용해야 할 것으로 강요되는 일련의 구조조정 정책에 맞서는 것이다. 나는 이런 지구화와 구조조정 정책의 묶음을 '맥거번먼트'McGovernment라고 부른다. 세금 삭감, 서비스 사유화, 규제 완화, 조합 파괴 등으로 이뤄진 이 해피밀 세트는 어디에 쓸모가 있는가? 시장을 방해하는 모든 것을 제거하는 데 쓸모가 있다. 자유시장을 굴러가게 하라, 그러면 분명 모든 다른 문제는 물 흐르듯 해소될 것이다. 이것은 무역의 문제가 아니라, 무역을 사용해 맥거번먼트의 처방을 강제하는 것에 관한 문제이다.

그리하여 미주자유무역지대 논의가 진행 중인 오늘날, 우리가 물어야 하는 것은 무역에 찬성하는지 반대하는지가 아니라 다음과 같은 것이어야 한다. 외국 자본이나 투자와 관계를 맺는 데 있어서 그 조건들을 협상할 권리가 우리에게 있는가? 규제 완화가 지닌 고유한 위험으로부터 우리를 보호하기 위한 방식을 우리가 원하는 대로 결정할 수 있는가? 그런 결정권을 외부에 내줘야 하는가? 이런 문제들은 일단 불경기에 들어서게 되면 훨씬 더 심각해질 것이다. 왜냐하면 남아 있던 사회적 안전망들의 상당 부분이 경제 호황기 동안 파괴됐기 때문이다. 사람들은 실업률이 낮은 시기에는 그것에 대해 그다지 걱정하지 않았지만, 곧 훨씬 더 걱정하게 될 것이다. WTO와 관련해 가장 논쟁적인 쟁점은 자기결정에 관한 다음과 같은 질문들이다. 예컨대 캐나다 정부에게 외국석유회사로부터 고소당할 일 없이 유해 가솔린 첨가제를 금지할 권한이 있는가? 에틸사에게 유리한 WTO의 판정에 따르면 그렇지 않다. 또 멕시코 정부에게 유독성 폐기물 처리 부지에 대한 허가를 거절할 권한이 있는가? 북미자유무역협정 조약을 근거로 1천6백70만 달러의 피해 보상을 요구하고 있는 미국 회사 메탈클래드에 따르면 그렇지 않다. 그렇다면 프랑스는 성장호르몬이 투여된 쇠고기를 자국에 반입 금지할 권리를 갖고 있는가? 프랑스의 미국산 쇠고기 반입 금지에 맞서 로크포르 치즈 같은 프랑스산 수입품의 반입을 금지하는 보복조치를 취했던 미국에 따르면 그럴 권리는 없다. 그리고 이것이 조제 보베라는 치즈 제조업자가 맥도날드의 한 매장을 불도저로 밀어버린 사건을 촉발했다. 이에 대해 미국인들은 단지 그가 햄버거를 좋아하지 않는다고 생각했지만 말이다. 다른 한편 아르헨티나는 해외차관을 받을 자격을 갖추기 위해 공공 부문을 축소해야 하는가? IMF에 따르면 그래야 한다. 그리고 이는 공공 부문의 축소가 낳은 사회적 결과들에 반발하는 총파업을 점화시켰다. 이처럼 세계 어느 곳에서나 똑같은 이슈가 문제가 되고 있다. 즉 민주주의를 외국 자본과 맞바꿔 팔아치우는 일 말이다.

좀 더 작은 규모로는, 마찬가지로 자기결정과 지속 가능성을 위한 투쟁들이 세계은행의 댐들, 마구잡이 벌목, 환금작물 영농, 분쟁 중인 원주민 토지에서의 자원 채취 등에 맞서 벌어지고 있다. 이 운동들에 참여하는 사람들 대부분은 무역이나 산업발전에 반대하지 않는다. 그들이 싸워 얻으려는 것은 지역 공동체의 권리이다. 자신들의 자원이 사용되는 방식에 대해 발언하고 개발의 직접적 혜택이 그 땅에 사는 사람들에게 돌아가도록 할 수 있는 권리 말이다. 이 운동들은 무역, 즉 매매에 대한 항의가 아니라 외국인 투자와 경제성장이라는 '만병통치약'에 민주적 통제와 자기결정을 희생시킨 지난 5백 년 동안의 매판買辦에 대한 대응이다. 따라서 현재 이 운동들이 직면한 과제는 지구화라는 모호한 관념을 둘러싼 논의를 민주주의에 관한 구체적인 논쟁으로 이동시키는 것이다. '전례 없는 번영'의 시대에, 사람들은 공공지출 삭감, 노동법 폐지, (불법적 무역장벽으로 간주되는) 환경보호법안의 철회, 교육예산 감축, 정부보조 임대주택 건설계획의 철회 등을 받아들이는 것 외에는 어떤 선택지도 없다는 말을 들어왔다. 이 모두는 우리를 '즉시 교역가능'하게, '투자 친화적'으로, '세계 경쟁적'으로 만들기 위해 어쩔 수 없다는 것이다. 그렇다면 불경기 동안에는 어떤 '기쁨'이 우리를 기다리고 있을지 상상해보라.

우리는 지구화(이런 식의 지구화)가 지역 복지를 무너뜨린 그 자리에 세워졌음을 보여줄 수 있어야 한다. 너무나 자주 사람들은 지구와 지역 사이의 이런 연관관계를 놓치고 마치 두 부류의 고립된 활동가들이 있는 것처럼 생각한다. 한편에는 국제적인 반지구화 활동가들이 있는데 이들은 즐겁고 의기양양하지만 일상적 투쟁들과는 동떨어진 채 뜬구름 잡는 쟁점들에만 매진하는 듯 보인다. 엘리트,

특히 레게머리를 한 백인 중간계급이 그 전형적인 이미지이다. 다른 한편에는 생존 혹은 가장 기본적인 공공서비스를 지키기 위한 일상적 투쟁을 벌이는 공동체 활동가들이 있다. 그들은 종종 힘이 고갈되어 사기가 꺾인 기분을 느낀다. 그들은 이렇게 말한다. 당신들은 대체 뭐가 그렇게 신났소?

우리가 앞으로 나아갈 수 있는 단 하나의 분명한 길은 이 두 세력들이 서로 힘을 합치는 것이다. 현재의 반지구화운동은 수많은 지역 운동들로 전환되어 신자유주의 정책들이 낳은 결과(노숙, 임금 체불, 임대료 상승, 경찰 폭력, 범죄자의 폭발적 증가, 이주 노동자들의 불법화 등)와 싸워야 한다. 이는 또한 지역 쓰레기장을 어디에 설치할지 결정할 권리, 좋은 공립 학교를 가질 권리, 깨끗한 물을 공급받을 권리 등 모든 평범한 문제들을 둘러싼 투쟁이기도 하다. 동시에 현지에서 사유화와 규제 완화에 맞서 싸우는 지역 운동들은 서로를 연결해 하나의 거대한 전지구적 운동으로 만들 필요가 있다. 이는 그들의 개별적이고 특수한 쟁점들이 국제적인 경제 의제와 만나는 지점을 드러낼 수 있을 것이다. 만약 그런 연결이 이뤄지지 못한다면, 사람들은 계속해서 의기소침해질 것이다. 우리에게 필요한 것은 연합된 힘과 통제력을 가짐과 동시에 현지 조직과 자기결정에 힘을 부여하는 정치적 제도를 정식화하는 것이다. 그것은 다양성의 권리를 장려하고 축복하며 엄격히 보호하는 그런 제도여야 한다. 문화적 다양성, 생태적 다양성, 농업의 다양성뿐만 아니라 정치를 하는 상이한 방식, 즉 정치적 다양성 또한 말이다. 공동체들은 각자 고유한 관점에 따라 학교, 서비스, 자연 환경을 계획하고 관리할 권리를 가져야 한다. 물론 이는 공교육, 화석연료 배출 등에 대한 일국적 그리고 국제적 기준이라는 틀 안에서만 가능하다. 그러나 그런 계획과 관리는 저 멀리 있는 명령과 지배자들을 향해서는 안 되며, 보다 현장에 밀착되어 있는 민주주의를 향해야 한다.

사파티스타에게 이를 표현하는 문구가 있는데, 그것은 다음과 같다. "자신 안에 많은 세계들을 가진 하나의 세계." 몇몇은 이를 뉴에이지적인 답 같지도 않은 답이라고 비판해왔다. 그들은 방안을 원한다. "시장이 원하는 것이 무엇인지는 알겠습니다. 그런데 대체 당신이 하고 싶은 것은 무엇입니까? 당신의 계획은 어디에 있습니까?" 이런 질문에 대해 우리는 다음과 같이 대답하기를 두려워해서는 안 된다. "그것은 우리에게 달려 있지 않다." 우리는 스스로 통치하고 자신에게 최선이 되는 결정을 할 수 있는 사람들의 능력을 신뢰해야 한다. 우리는 이제 오만과 온정주의 대신 어떤 겸손함을 보여줄 필요가 있다. 인간의 다양성과 지역 민주주의에 대한 믿음은 결코 우유부단한 것이 아니다. 맥거번먼트의 모든 것이 이를 파괴할 음모를 꾸미고 있다. 신자유주의 경제학은 모든 층위에서 중앙집권, 합병, 동질화를 향해 있다. 이는 다양성을 상대로 한 전쟁이다. 이에 맞서 "하나의 아니다와 여럿의 좋다"One No and Many Yeses를 옹호하는 근본적인 변혁 운동, 즉 자신 안에 많은 세계들을 가진 하나의 세계를 위한 운동이 우리에게 요구되고 있다.

5 묵시록의 두 얼굴: 코펜하겐에서 보내는 편지*

마이클 하트

지난 2009년 12월 나는 제15차 UN 기후변화 회의(COP15)에 참석하기 위해 코펜하겐으로 갔다. 회의 장소인 벨라센터에서 열린 공식 모임들에 참석한 것은 아니고, 공식 참가집단들의 행위(더 중요하게는 그들의 행위의 부재)를 겨냥한 회의장 바깥에서의 일련의 시위 행동에 참여했다. 코펜하겐에서 채택된 시위 전술들에 대해서뿐만 아니라 더 일반적으로 정상회담 항의시위 전략 일반에 대해서도 할 말이 많지만, 그곳에서의 사건들은 나로 하여금 시위를 구성했던 두 주요 부분들 사이의 관계에 대해 이론적 고찰을 하도록 만들었다. 즉 반자본주의적 사회운동과 기후변화 문제에 초점을 맞추는 사회운동 사이의 관계가 그것이다. 이 두 부류의 운동들은, 매우 다양한 정치적 맥락들 전체에서 빠른 속도로 정치투쟁의 중심적 지형이 되고 있는 **공통적인 것**의 운영이라는 문제에 집중하고 있다는 점에서 밀접한

* Michael Hardt, "Two Faces of Apocalypse: A Letter from Copenhagen," *Polygraph: An International Journal of Culture & Politics*, no.22: Ecology and Ideology, eds. Gerry Canavan, et. als., July 2010, pp.265~274.

"내 미래는 협상 대상이 아니다!" (코펜하겐, 2009년 12월 12일)

연결관계를 가지고 있는 것으로 보인다. 그러나 이 운동들이 공통적인 것과 맺는 관계는 상이하며 심지어 이들은 서로 다른 형태의 공통적인 것에 초점을 맞추고 있다. 이는 일련의 개념적 상충과 정치적 과제들을 제기한다. 코펜하겐 정상회담을 둘러싸고 벌어졌던 활동가들의 운동의 상호작용은, 나로 하여금 이런 상충과 과제들의 일부를 분명히 바라보고 다룰 수 있도록 해준 첫 번째 기회였다.

내가 보기에, 운동들 간의 주된 정치적 차이와 그 뒤에 놓인 일정 정도의 상충은 그들이 상이한 특질을 가진 서로 다른 형태의 공통적인 것에 초점을 맞추고 있다는 사실에서 비롯된다. 기후변화운동들, 더 일반적으로 생태운동들에서 공통적인 것은 대기, 바다, 강, 숲, 그리고 이들과 상호작용하는 모든 생명형태*를 포함하는 지구 및 생태계를 주로 의미한다. 다른 한편 반자본주의 사회운동들은 공통적인 것을 생각, 지식, 이미지, 코드, 정동, 사회적 관계 등 우리가 공유하는 인간 노동과 창조성의 산물로 이해한다. 이런 공통재들은 자본주의적 생산에서 점점 더 중심적인 것이 되고 있다. 이 사실은 자본주의 체제에 저항하거나 이를 전복하려는 기획들뿐만 아니라 이 체제를 유지·개혁하려는 시도들에게도 일련의 중요한 영향을 미친다. 우선 임시적으로 우리는 이 두 개의 영역을 각각 생태적 형태의 공통적인 것과 사회적·경제적 형태의 공통적인 것으로, 혹은 자연적 형태의 공통적인 것과 인공적 형태의 공통적인 것으로 부를 수 있을 것이다. 이런 범주들이 불충분하다는 점이 곧 드러나겠지만 말이다.

---

* form of life. 동물·식물·인간 등 명시적으로 생명체를 의미할 때는 '생명형태'로, 더 포괄적인 의미에서 삶과 관련된 것을 의미할 때는 '삶형태'로 옮겼다.

이런 공통적인 것의 두 영역은 적어도 두 가지 본질적인 점에서 대조적인 논리에 의해 작동한다. 첫째, 공통적인 것에 대한 대부분의 생태학적 담론들은 지구 및 그것과 상호작용하는 생명형태들의 **한계**를 강조하는 반면, 사회적/인공적 형태의 공통적인 것에 관한 논의들은 일반적으로 공통적인 것의 생산이 가지는 개방적이고 **무한정한** 성격에 집중한다. 둘째, 많은 환경 담론이 인간이나 동물의 세계보다 훨씬 더 넓은 이해관계의 영역을 만들어내는 반면, 사회적·경제적 담론들은 일반적으로 인류의 이익을 중심적인 것으로 견지한다. 그런데 내 느낌으로는 이 외관상의 대립은, 면밀히 검토해보면 결국 공통적인 것의 이 두 외형 사이의, 그리고 또한 각각에서 필요한 정치적 행동형태들 사이의 모순적 관계를 나타내기보다는 잠재적으로 보완적인 관계를 나타내게 될 것 같다. 그러나 이것을 하나의 본격적인 주장으로 내세우기 위해서는 상당한 작업이 필요하다.

그렇지만 이런 차이점들과 이것들이 제시하는 정치적 과제들을 더 자세히 살펴보기에 앞서, 나는 공통적인 것을 위한 운동들 사이에 존재하는 기존의 연결들과 앞으로 가능한 연결들을 잠시 고찰하고자 한다. 전부는 아니지만 많은 측면에서 공통적인 것의 저 두 외형은 동일한 논리에 따라 기능하며, 바로 이 점이 다양한 운동들을 잇는 근본적인 연결고리의 주된 기반을 이룬다. 예컨대 공통적인 것의 두 형태 모두 소유관계에 저항하며 또 그것에 의해 훼손된다. 또한 아마도 그 필연적인 귀결로서, 두 영역의 공통적인 것은 경제적 가치의 전통적 척도들을 혼란에 빠뜨리고 그런 척도들 대신 삶가치를 유일하게 유효한 가치평가의 척도로서 부과한다. 실로 이런 삶정치적 관점에서는 생태적인 것과 사회적인 것 사이의 분할선이 흐려진다.

이론적 논의는 공통적인 것의 중심성을 확립하는 작업으로 시작되어야 할 것이다. 이는 다른 어떤 영역들에서보다 생태학적 사유에서 훨씬 더 발전됐고 광범위하게 확산되어 있다. 일반적으로 우리는 단지 지구, 태양, 바다와의 상호작용이 주는 혜택을 나눠 가질 뿐만 아니라, 이들의 황폐화에 의해서도 영향받는다. 공기와 물의 오염은 당연히 오염이 발생한 지역에 국한되지 않으며 국경에 한정되지도 않는다. 마찬가지로 기후변화는 지구 전체에 영향을 끼친다. 이는 그런 변화들이 모든 사람에게 똑같은 방식으로 영향을 미친다는 말이 아니다. 예를 들어 해수면의 상승은 방글라데시나 태평양의 섬나라들에 가장 직접적인 타격을 줄 것이며, 점점 더 심각해지고 있는 가뭄은 에티오피아나 볼리비아에 가장 극적인 영향을 끼칠 것이다. 그렇지만 공통적인 것은 생태학적 사유의 기본적인 토대이며, 바로 그 바탕 위에서 특정 지역의 특이성들이 나타난다.

그러나 사회적·경제적 사유에서는 공통적인 것의 중심성이 그렇게 널리 인식되어 있지 않다. 공통적인 것의 중심성에 대한 주장은 다른 많은 이들과 함께 안토니오 네그리와 내가 지난 10년 간 탐구해온 주장 혹은 가설에 기초한다. 우리는 산업생산이 중심적이었던 자본주의 경제에서 비물질적 혹은 삶정치적 생산이라 불릴 수 있는 것이 중심이 되는 경제로의 획기적 전환의 한가운데 서 있다는 주장이 바로 그것이다. 이 주장은 오늘날 점점 더 널리 받아들여지고 있지만, 결코 보편적으로 수용되고 있지는 않다. 선명한 논의를 위해 이 주장을 세 가지 구성요소로 나눠보자. 첫 번째는 일반적으로 받아들여지고 있는 것으로, 지난 두 세기 내내 자본주의 경제가 산업생산에 중심을 뒀다는 것이다. 그런데 이런 주장이 이 기간 내내 대부분의 노동자들이 공장에 있었다는 것을 의미하지는 않는다. 사실 대대수 노동자들은 공장에 있지 않았다. 실로 누가 들판이나 가정이 아닌 산업체에서 일하는가가 지리·인종·젠더에 따른 분업에서 핵심적인 결정 요소였다. 산업생산은 오히려 산업의 특질(산업에 특수한 형태의 기계화, 노동일, 임금관계, 시간과 관련된 규율과 정확성 등)이 점차 다른 생산 부문들과 사회적 삶 전체에 부과되고, 그리하여 단지 산업**경제**만이 아니라 산업**사회**까지 창조했다는 의미에서 중심적이었다.

주장의 두 번째 요소 역시 상대적으로 논란의 여지가 없다. 그것은 자본주의 경제에서 산업생산이 더 이상 중심 위치를 점하지 않는다는 것이다. 이는 오늘날 공장에서 일하는 사람들이 상대적으로 더 적다는 의미가 아니라 다양한 노동 부문들 중 산업이 더 이상 지배적 지위를 점하지 않으며, 더 중요하게는 산업의 특질이 더 이상 다른 부문들이나 사회 전체에 부과되고 있지 않음을 의미한다.

주장의 마지막 요소는 가장 까다로우며 광범위한 논의와 구체화가 필요하다. 매우 간략하게 말해보면 주장의 골자는, 예전에 산업이 차지했던 중심적 자리에 오늘날에는 생각, 지식, 언어, 이미지, 코드, 정동 같은 비물질적 재화 혹은 비물질적 요소를 자신의 주요 구성성분으로 하는 재화의 생산이 등장하고 있다는 것이다. 비물질적 생산과 관련된 직업의 범위는 고급 경제에서 저급 경제까지, 보건노동자, 교육자에서 패스트푸드점 노동자, 콜센터 노동자, 항공승무원에 이르기까지 걸쳐 있다. 이 역시 양적인 관점에서의 주장이라기보다는 다른 경제 부문들과 사회 전반에 점점 더 부과되고 있는 특질에 관한 논의로 이해해야 한다. 다시 말해서, 비물질적 생산의 인지적이고 정동적인 도구들, 비물질적 생산의 임금관계가 가진 불안정하고 비보장적 성격, (노동일의 구조를 파괴하고, 노동시간과 비노동시간 사이의 전통적 분할을 흐리는 경향이 있는) 비물질적 생산의 시간성이 그밖의 다른 특질들과 더불어 일반화되고 있다.

생산되고 있는 것이 궁극적으로 사회적 관계와 삶형태인 한, 이런 생산형태는 **삶정치적인 것**으로 이해되어야 한다. 이런 맥락에서 생산과 재생산 사이에 존재했던 전통적인 분할선은 사라지는 경향이 있다. 삶형태들의 생산과 재생산은 동시에 이뤄진다. 여기서 우리는 삶정치적 생산과 생태학적 사유 사이의 인접성을 발견할 수 있는데 이는 양자 모두 삶형태들의 생산/재생산에 초점을 맞추기 때문이다. 생태학적 관점이 삶형태라는 관념을 인간이나 동물의 범위를 훨씬 넘어선 지점까지 확장한다는 점에서 중요한 차이가 있기는 하지만 말이다(이에 대해서는 뒤에서 좀 더 논의할 것이다).

비물질적 혹은 삶정치적 생산이 점점 더 지배적인 위치를 차지하고 있다는 이 주장은 소유형태들의 위계에 일어난 역사적 변화의 관점에서도 고찰될 수 있다. 경제에서 산업이 중심 위치를 차지하기 전, 그러니까 19세기 초까지는 토지 같은 **부동적** 소유물[부동산]이 다른 소유형태들에 비해 지배적 위치를 차지하고 있었다. 그러나 산업의 중심성이 관철됐던 오랜 시간 동안, 상품과 같은 **동적** 소유물[동산]이 보다 우위를 점하게 됐다. 오늘날 우리는 이와 유사한 이행기의 한가운데 있다. 즉 오늘날에는 **비물질적이고 복제 가능한** 소유물이 물질적 소유물보다 지배적인 위치를 점해가고 있다. 실제로 비물질적 소유물에 대한 배타적인 통제를 관리하고 유지하기 위한 특허권, 저작권 등을 비롯한 다양한 방법들이 현재 재산법 분야에서 가장 활발한 논의 주제가 되고 있다. 비물질적이고 복제가능한 소유물이 날로 중요해지고 있다는 것은 비물질적 생산이 점점 더 중심적이 되고 있다는 사실의 증거, 혹은 적어도 조짐으로 간주될 수 있다.

부동적 소유에서 동적 소유로의 이행기에는 지배적 소유형태들 사이의 다툼이 이동성 문제를 둘러싸고 벌어졌음에 반해(부동적 토지 대 동적 상품들), 오늘날의 다툼은 배타성과 복제 가능성을 중심으로 일어나고 있다. 철재 빔, 자동차, 텔레비전 같은 형태의 사유재산은 희소성의 논리를 따른다. 즉 당신이 그것들을 사용하면 나는 사용할 수 없다. 이와는 대조적으로 상표, 코드, 음악과 같은 비물질적 소유물은 무제한으로 복제될 수 있다. 실제로 그런 많은 비물질적 생산물들은 개방된 방식으로 공유될 때에만 그것이 가진 최대한의 잠재력을 발휘하며 기능한다. 어떤 생각이나 정동이 당신에게 가지는 유용성은 그 생각이나 정동을 나와 공유한다고 해서 감소하지 않는다. 오히려 공유함으로써만 유용해진다.

오늘날 자본주의 경제에서 공통적인 것이 중심적으로 되고 있다는 것은 바로 이런 의미에서이다. 첫째, 점점 더 지배적인 위치를 차지하고 있는 생산형태는 일반적으로 공통화 경향이 있는 비물질적 혹은 삶정치적 재화들을 만들어낸다. 이 재화들이 갖고 있는 사회성과 복제 가능성 때문에 이것들에 대한 배타적 통제를 유지하기가 점점 더 어려워진다. 둘째, 아마 이 점이 더욱 중요할 것인데, 미래의 경제 발전에서 그런 재화들의 생산성은 이것들이 공통적이라는 점에 달려있다. 생각과 지식을 사적인 차원에 가두는 것은 새로운 생각과 지식의 생산을 저해하는데, 이는 바로 사적인 언어와 정동들이 무익하고 쓸모없는 것이기 때문이다. 이 가설이 옳다면, 자본은 역설적으로 점점 더 공통적인 것에 의지하게 되는 셈이다.

이는 생태적 영역과 사회적·경제적 영역 모두에서 공통적인 것이 가졌던 첫 번째 논리적 특성을 떠오르게 한다. 즉 공통적인 것은 소유관계에 저항하는 동시에 그것에 의해 훼손된다는 특성 말이다. 앞서 언급했듯이, 사회적·경제적 영역에서는 비물질적 형태의 소유에 대한 배타적 권리를 관리하기 어려울 뿐만 아니라, 삶정치적 재화를 사적으로 만드는 것이 미래의 생산성을 감소시키기도 한다. 달리 말해 강력한 모순이 자본주의적 생산의 심장부에서 부상하고 있다. 생산성을 향상시키려면 공통적인 것이 필요하다는 사실과 자본주의적 축적을 도모하려면 사적인 것이 필요하다는 사실 사이의 모순이 말이다. 이 모순은 맑스주의적·코뮤니즘적 사유에서 종종 언급되는, 생산의 사회화와 축적의 사적 성격 사이에서 발생하는 고전적 대립의 새로운 판본으로 생각할 수 있다. 브라질, 인도 등에서 일어나고 있는 생물자원수탈을 둘러싼 투쟁은 이런 충돌이 발생하는 오늘날의 무대 중 하나이다. 예를 들어 어떤 아마존 식물에 대한 토착민들의 지식과 그것의 약효 성분은 초국적 기업이 그 특허권을 획득해 사유재산이 됐다. 그 결과는 부당할 뿐만 아니라 파괴적이다.

공통적인 것이 소유관계에 저항하는 동시에 소유관계에 의해 훼손된다는 것은 생태적 영역에서도 마찬가지로 분명하다. 간단히 말해 환경의 이롭거나 해로운 효과들이 국경을 넘어서듯 항상 소유의 경계를 넘어간다는 의미에서, 공통적인 것은 소유관계에 저항한다. 당신의 땅은, 이웃한 땅과 비나 햇빛의 혜택을 공유하듯이 오염과 기후변화의 파괴적인 효과 또한 공유할 것이다. 신자유주의 전략들이 겨냥한 것 중 가장 눈에 띄는 것은 교통, 서비스, 산업 부문에서 공적인 것의 민영화였지만, 그 전략들은 우간다의 석유, 시에라리온의 다이아몬드, 볼리비아의 리튬, 나아가 아이슬란드인들의 유전자 정보 같은 공통적인 것을 사유화하는 기획들 또한 중요한 것으로 내포하고 있었다. 여기서도 사적 소유에 의한 공통적인 것의 훼손은 모순적인 관계를 시사한다. 즉 축적(가령 환경오염을 일으키는 산업의 이윤을 통한 축적)의 사적 성격이 그것이 초래한 피해(오염이 광범위한 생명형태에 가져오는 해로움)의 사회적 성격과 대립하는 것이다. 우리는 이 두 측면을 한 곳에 모아놓고 고찰함으로써 공통적인 것의 두 형태 모두에서 드러나는 모순, 말하자면 사적 소유와의 모순을 발견할 수 있다. 즉 점점 더 공통적으로 되어가는 생산의 성격이 자본주의적 축적의 사적 성격과 충돌하고, 그런 사적 축적이 다시 그 해로운 효과들이 갖는 공통적, 사회적 성격과 충돌하는 것이다.

최근 수십 년 간, 수많은 강력한 투쟁들이 공통적인 것의 신자유주의적 사유화에 맞서 싸우기 위해 일어났다. 이 글의 논의를 일부 예증하는 하나의 성공적인 투쟁이 있는데, 2000년 볼리비아 코차밤바를 중심으로 일어났던 물을 둘러싼 전쟁이 그것이다. 이 투쟁은, 2003년 엘 알토에서 절정에 달했던 가스를 둘러싼 전쟁과 함께 2005년 에보 모랄레스의 당선에 기여했다. 이 사건들은 전형적인 신자유주의적 각본에 따라 촉발됐다. 우선 IMF가 볼리비아 정부로 하여금 수도시설을 민영화하도록 압박했다. 깨끗한 물을 공급함에 있어, 그 혜택을 받는 사람들이 지불하는 것보다 더 많은 비용이 들었기 때문이다. 볼리비아 정부는 외국 기업들로 이뤄진 컨소시엄에 수도시설을 팔아버렸고, 기업들은 즉시 수도요금을 몇 배로 올림으로써 물 가격을 '합리화'했다. 그 후 물을 탈민영화하기 위해 일어난 시위들은 천연자원, 토착적 공동체들의 삶형태, 농민과 빈자들의 사회적 실천 등 공통적인 것에 대한 통제권을 유지하려는 다양한 노력들과 교차했다. 신자유주의적 사유화가 초래한 재앙이 나날이 분명해지고 있는 오늘날, 공통적인 것을 운영하고 증진하는 대안적 수단을 발견하는 일은 필수적이고 시급한 과제가 됐다.

두 영역의 공통적인 것이 공유하는 두 번째 특징은 (이는 다소 추상적이긴 하지만 그렇다고 그 중요성이 덜하진 않다) 지배적인 가치척도를 끊임없이 붕괴시키고 초과한다는 점이다. 현대 경제학자들은 생각이나 정동 같은 삶정치적 재화의 가치를 측정하기 위해 기이한 곡예를 부릴 수밖에 없다. 이들은 종종 이런 재화를 표준적인 측정 도식을 벗어나는 '외부성'이라고 부르기도 한다. 이와 마찬가지로 회계사들은 '무형자산'이라 불리는 것과 씨름하는데, 이 무형자산은 그 가치를 측정하기가 매우 곤란하기 때문이다. 사실 생각, 사회적 관계, 삶형태의 가치는 자본주의적 합리성이 매기는 가치를 항상 초과한다. 전자의 가치가 양적으로 항상 더 많을 뿐 아니라, 더 중요하게는 척도 체계 전체에 저항한다는 의미에서 그렇다(물론 금융이 삶정치적 재화와 생산의 가치평가에서 중심적 역할을 하기는 한다. 그러나 최근의 금융·경제 위기는 새롭게 등장한 지배적 생산형태를 자본주의적 측정이 포착할 수 없다는 데 기인한 측면이 크다는 것이 나의 주장이다. 이는 복잡한 논의이므로 자세한 서술은 다음 기회로 미루겠다). 찰스 디킨즈의 소설 『어려운 시절』의 중심 인물인 토머스 그래드그라인드는 공리주의 교육자*로, 자녀들과의 관계 같은 '마음의 문제'를 포함해

---

* 원문은 '공장주'(factory owner)로 되어 있으나, 소설에서 부각되는 그래드그라인드의 직업은 공리주의 교육자이다. 그래드그라인드는 "현실적 인간," "사실과

삶의 모든 측면을 경제적 척도에 내맡김으로써 삶을 합리화할 수 있다고 믿는다. 그러나 독자들이 금세 짐작하듯이, 소설이 진행되면서 그래드그라인드는 삶이 그 어떤 척도의 한계도 초과한다는 것을 알게 된다. 오늘날에는 공통적인 것이 자본주의적 생산에 점점 더 중심적인 것이 되기 때문에 경제적 재화와 활동의 가치조차도 전통적인 척도들을 초과하고 벗어난다.

생태적 영역에서도 공통적인 것의 가치는 측정 불가능하거나, 적어도 경제적 가치에 대한 자본주의의 전통적 척도를 따르지 않는다. 그렇다고 대기 중의 이산화탄소 농도나 메탄가스 농도 같은 과학적 측정 수치가 핵심적이거나 본질적이지 않다는 말은 아니다. 당연히 그런 과학적 수치는 중요하다. 나의 논점은 오히려 **공통적인 것의 가치**가 측정을 거부한다는 것이다. 지구 온난화를 억제하기 위한 조치에 반대하는 비외른 롬보르의 꽤 잘 알려진 논의를 반대사례로서 생각해보자. 그래드그라인드와 마찬가지로 롬보르의 전략은, 우선순위를 정하기 위해 관련된 가치들을 계산함으로써 문제를 합리화하는 것이다. 그는 반박될 수 없는 논리의 귀결인 양 이렇게 결론내린다. 지구 온난화로 파괴되는 것들의 가치보다는 이를 방지하기 위해 드는 비용이 클 것으로 추산되므로, 그만한 비용을 투입할 이유가 없다. 하

계산의 인간," "둘 더하기 둘은 넷이지 그 이상도 이하도 아니라는 원칙에 따라 살아가는 인간이며, 넷 이외의 다른 숫자를 생각하도록 설득될 수 없는 인간"으로, "자와 저울, 구구표를 주머니에 항상 가지고 다니면서 인간성의 어떤 쪼가리라도 무게를 달고 치수를 잴 제"며, 인간성은 "그저 숫자의 문제이고 간단한 산술의 문제"라 믿는다. 디킨즈는 2장(「순수한 아이들을 살해하는 것」) 전체를 그래드그라인드의 공리주의 교육을 묘사하는 데 바치고 있다. 찰스 디킨즈, 장남수 옮김, 『어려운 시절』, 창비, 2009, 12쪽.

지만 이런 논의의 명백한 문제는, 파괴되는 삶형태들의 가치를 누구도 측정할 수 없다는 점이다. 방글라데시의 절반이 물에 잠기는 것, 에티오피아의 영구적인 가뭄, 이누이트 족의 전통적 생활방식이 파괴되는 것이 얼마만큼의 액수에 해당될 것인가? 이런 질문을 생각하는 것만으로도, 일하다 손가락을 잃는 것에 대해 당신이 얼마만큼의 돈을 보상받을 수 있는지, 눈이나 팔을 잃는 것에 대해서는 얼마만큼의 돈을 보상받을 수 있는지를 산정한 보험회사의 보상기준표를 읽을 때 느끼는 것과 같은 혐오와 분노가 일어난다.

자본주의의 전통적 척도로 공통적인 것의 가치를 파악할 수 없다는 사실은 탄소배출권 거래제에 관한 다양한 제안들에 접근하는 한 가지 방식을 제시한다. 탄소배출권 거래제는 코펜하겐의 공식 모임들에서 많이 논의됐던 주제인데, 일반적으로 이산화탄소와 여타 온실가스의 생산에 상한을 두는 것을 포함한다. 즉 온실가스 생산에 일정한 경제적 가치를 부여하고, 이를 거래할 수 있는 제한된 시장을 창출하려는 것이다. 이 거래제는 공통적인 것의 가치를 직접적으로 측정한다고 주장하지는 않지만, 공통적인 것을 해롭게 하거나 부패시키는 가스 생산에 화폐가치를 할당함으로써, 그 가치를 간접적으로 측정한다고 주장하는 것이다. 측정 불가능한 상품에 일정한 가치를 할당하고, 시장합리성이 안정적이고 유익한 체계를 창출하리라는 가정이 과거 많은 경우에 재앙을 낳았다는 사실에 놀랄 사람은 없을 것이다. 최근의 금융 위기를 생각해보라. 또한 그런 소유 논리와 시장 도식은 빈곤과 배제로 특징지어지는 전지구적인 사회적 위계를 완화시키는 것이 아니라 악화시킬 공산이 크다. 어쨌든 자본주의적 가치 측정과 이것이 수반할 것으로 보이는 시장합리성에 의존하는 제안들이 공통적인 것의 가치를 파악할 수 없고, 기후변화 문제를 근본적인 수준에서 다룰 수 없다는 것은 분명해 보인다. 앞서 언급한 간접적인 수단을 동원하더라도 말이다. 삶형태들은 측정가능하지 않다. 혹은 삶형태는 삶가치에 기반하는 근본적으로 상이한 척도를 따른다고 말할 수 있을지도 모르겠다. 그런데 우리는 이 척도를 아직 발명해내지 못했다(혹은 원래 있던 척도를 잃어버렸는지도 모른다).

여기서 나의 주된 논점은, 공통적인 것의 두 형태가 소유관계뿐만 아니라 자본주의적 합리성의 전통적 척도에도 저항한다는 것이다. 공통적인 것의 두 형태가 공유하는 이 두 가지 논리는, 이들 두 형태를 이해하고 그것들을 보존하고 발전시키기 위한 투쟁을 전개하는 데 중요한 기반이 된다. 지금까지 분석한 두 영역의 공통적인 것이 공유하는 특성들은, 공통적인 것의 자율과 민주적 운영을 목표로 하는 여러 형태의 정치적 운동들을 연결하는 토대가 될 것이다.

하지만 이 두 영역에서 벌어지는 공통적인 것을 위한 투쟁은, 어떤 점에서는 어긋나거나 심지어 대립하기까지 하는 논리에 따라 작동한다. 일련의 어긋남의 중심에 있는 것은 희소성 및 한계와 관련된 것이다. 생태학적 사유는 지구와 그 생태계의 유한성에 초점을 맞출 수밖에 없다. 가령 어떤 이들은 공통적인 것이 현재 지구에 살고 있는 만큼의 사람들만을 부양할 수 있으며, 그런 조건에서만 성공적으로 재생산될 수 있다고 주장한다. 다른 사람들은 지구를, 특히 아직 개발되지 않은 지역을 산업발전과 여타 인간 활동으로 인한 파괴로부터 보호해야 한다고 주장한다. 기후변화에 관한 과학적 담론은, 예컨대 대기 중에 350ppm 이상의 이산화탄소가 계속 존재하면 어떤 일이 일어날 것인가와 같은, 한계와 전환점에 대한 가설들로 가득 차 있다. 이와 대조적으로 경제적·사회적 영역에서 공통적인 것의 정치는 일반적으로 생산의 무한정성을 강조한다. 이때 염두에 두고 있는 것이 산업적 관점이 아니라 삶정치적 관점에서의 생산이긴 하지만 말이다. 생각, 정동 등을 포함하는 삶형태의 생산에는 고정된 한계가 없다. 물론 생각이 많으면 많을수록 반드시 더 좋다는 의미는 아니다. 그보다는 삶형태의 생산은 희소성의 논리에 따라 작동하지 않는다는 것을 의미한다. 생각은 확산시키고 다른 사람들과 공유한다고 해서 질적으로 저하되는 그런 것이 아니다. 오히려 그 반대다. 따라서 한 영역에서는 보존에 대한 요구와 한계에 대한 이야기가 논의의 주를 이루는 경향이 있는가 하면, 반대로 다른 영역에서의 논의는 무한정한 창조적 잠재성에 대한 찬사를 특징으로 한다.

한계와 무한정함의 개념적 어긋남은 코펜하겐에서 마주친 양립할 수 없어 보이는 운동 구호들에 반영되어 있다. 최근 몇 년 간 반자본주의 사회운동에서 가장 인기 있는 구호는 "우리는 모두를 위해 모든 것을 원한다"였다. 한계에 대한 생태학적 의식을 가진 이들에게 이 구호는 우리를 더욱더 상호파괴의 길로 몰고 갈 터무니없이 무모한 생각으로 들릴 것이다. 반면 코펜하겐 대중시위에서 눈에 띄었던 플래카드에는 "제2의 지구는 없다"라고 적혀 있었다. 반자본주의 활동가들에게 이것은 마거릿 대처 정부가 30년 전에 유포한 "대안은 없다"라는 신자유주의적 주문을 그대로 따른 것처럼 들릴 것이다. 실로 지난 수십 년 간 무한정해 보이는 급진적 대안이 있을 수 있다는 믿음이 반신자유주의 투쟁들을 규정해왔다. 즉 세계사회포럼의 모토인 "다른 세계는 가능하다"는 기후변화운동의 맥락에서는 이렇게 번역될 수 있을 것이다. "이 세계는 아직은 가능하다, 아마도."

문제를 단순화한다면, 실로 지나치게 단순화한다면 생태학적 사유는 경제 발전에 대한 반대 혹은 억제를 목표로 하는 반면, 사회적·경제적 영역의 공통적인 것을 지지하는 사람들은 확고하게 친발전적이라고 말할 수 있다. 하지만 이는 그야말로 지나치게 문제를 단순화한 것이다. 왜냐하면 앞서 말했듯이, 이 두 경우에 이야기되고 있는 발전은 근본적으로 다르기 때문이다. 공통적인 것의 사회적 생산과 연관되는 발전은 산업적 발전과는 현저하게 다른 것이다. 앞서 말했듯이 삶정치적 맥락에서는 생산과 재생산의 전통적인 분할이 사실상 깨어졌다는 것을 일단 인식하고 나면, 한 영역에서는 보존을, 다른 영역에서는 창조를 요구하는 것이 실제로는 대립적인 것이 아니라 상호보완적이라는 것을 더 쉽게 알 수 있을 것이다. 양쪽 관점 모두 근본적으로 삶형태의 생산 및 재생산과 관련이 있다.

두 영역에서 벌어지는 공통적인 것을 위한 투쟁들 사이에 존재하는 개념의 기본적 어긋남 중 두 번째 것은 인류의 이익이 준거틀로 기능하는 정도와 관계가 있다. 사회적·경제적 영역에서 공통적인 것을 위한 투쟁은 흔히 인간에게 초점을 맞추고, 우리의 정치를 인류 전체로 성공적으로 확장하는 것을 가장 중요한 과제 중 하나로 여긴다. 요컨대 계급과 소유, 젠더와 섹슈얼리티, 인종과 민족 등과 연관된 위계와 배제를 극복하는 것을 주요 과제로 삼는다. 이와 대조적으로 생태적 분야에서 벌어지는 공통적인 것을 위한 투쟁은 준거틀을 인류 너머로 확대할 가능성이 훨씬 더 크다. 대부분의 생태학적 담론에서는 인류의 이익에 우선권을 부여하는 경우들에서조차 인류가 다른 생명형태 및 생태계와 상호작용을 하고 이들을 돌보는 존재로 고찰된다. 그리고 많은 급진적인 생태학의 틀에서는 인간 이외의 생명형태들의 이익이 인간의 이익과 동등하거나 훨씬 더 우선하는 것으로 간주된다. 내가 보기에 이것은 의미심장한 정치적 차이를 함축하고 있는 실질적이고 중요한 개념적 차이다. 그러나 이 문제를 더 자세하게 탐구하는 것은 다음 기회로 미뤄야겠다.

그 대신 한계와 무한정함 사이의 개념적 상충으로 돌아가 그로부터 파생되는 정치 전략의 몇몇 차이점을 탐구해보자. 첫 번째는 자율적 통치와 국가 통치 사이의 상충이라 말할 수 있다. 반자본주의·반신자유주의 사회운동의 주된 목표는 사회적 위계에 이의를 제기하고, 그것을 파괴하기 위한 수단으로서 자율과 자기통치의 여러 형식을 활성화하는 것이었다. 사파티스타 공동체는 우리가 민주적 통치형식을 실험함으로써 스스로를 다스리는 힘을 발전시킬 수 있다는 것을 보여주는 강력한 사례로 기능해왔다. 이와 달리 기후변화운동 담론의 정치 전략은 흔히 자율보다는 국가로 하여금 어떤 조치를 취하도록 강제할 필요성에 더 초점을 맞추고 있다. 부분적으로 이것은 기후변화 문제가 가지는 전지구적 성격에 기인한다. 예컨대 자율적 공동체들이 이산화탄소 배출량을 감소시킬 수는 있지만, 주된 오염원들을 막을 수 없다면 그런 감소 노력이 기후변화에 미치는 영향은 미미할 것이다. 국가는 아마도 대기업이나 UN 같은 초국적 기구들과 더불어 주요 오염원들을 막을 수 있는 유일한 행위자인 것처럼 보인다. 지구 온난화에 대해 국가에 호소하는 것은 이 문제의 긴급성 때문이기도 하다. 이런 저런 실험을 해보거나 부분적 조치들을 취하다가는, 기후변화를 야기하는 결정적 요인을 처리해야 할 때를 놓칠 수도 있다. 물론 이런 정치적 상충이 절대적인 것은 아니다. 자율적 운동들 또한 늘 국가를 향해 있었다. 어떤 경우에는 국가의 통제에

도전하기 위해서였고 또 어떤 경우에는 진보적 정부와 협력하기 위해서였다. 한편 많은 기후변화운동들도 자율을 자신들의 원칙으로, 나아가 자신들의 전략의 일부로 높이 사고 있다. 그러나 그 우선순위와 주안점에 있어서는 여전히 중대한 차이가 남아 있다.

　또 다른 정치적 상충은 지식의 문제와 관련된다. 사회적 위계에 저항하는 대부분의 투쟁들처럼 자율과 자치의 기획들도 정치적 행동을 하는 데 필요한 지식에 모든 사람이 접근할 수 있다는 전제 위에서 행동한다. 공장의 노동자들, 백인 사회의 유색인들, 남성중심 사회의 여성들은 반란의 씨앗인 예속을 매일 경험한다. 물론 이들의 분노를 정치기획으로 변형하기 위해서는 오랜 훈련이 필요하지만, 모든 사람이 그런 기본적인 지식에 접근할 수 있다는 것이 전제되고 있다. 이는 스피노자가 『지성개선론』에서 기본 전제로 삼은 것과 유사한 듯하다. '하베무스 에님 이데암 베람'habemus enim ideam veram, 즉 '우리는 참된 관념을 가지고 있다' 혹은 더 정확하게는 '우리는 참된 관념을 적어도 하나 가지고 있다'라는 전제 말이다. 이 전제는 우리가 그 위에 지식의 체계를 구축할 수 있는 토대로서 기능한다. 예속의 경험과 예속에 대한 지식에 누구나 접근할 수 있다는 전제도 마찬가지로 토대 역할을 한다. 이런 기본적인 지식이 모두에게 개방되어 있지 않다면, 민주적이고 수평적인 자율과 자치의 기획들은 상상조차 할 수 없을 것이다. 그러나 기후변화운동에서 나타나는 지식과의 관계는 이와는 매우 다른 것 같다. 물론 기후변화의 성격에 관한 대중교육 기획은 엄청나게 중요하다고 여겨지며, 변화하는 기후에 대해 사람들이 경험한 바가 종종 거론되곤 한다. 그러나 기후변화에 대한 개인적인 경험은 전혀 믿을 만한 것이 못된다. 특정 지역이나 특정한 해의 겨울은 혹독하지만, 다른 지역이나 다른 해의 겨울은 온화할 수 있다. 세계의 한 지역에서는 강우량이 증가하지만, 다른 지역에서는 감소할 수 있다. 이들 중 어느 것도 기후변화를 이해하는 데 적합한 기반이 아니다. 사실 일단 우리 중 누군가가 입증할 수 있는 방식으로 기후변화의 효과를 경험한다면, 그때는 그 효과를 중단하기에는 이미 너무 늦을 것이다. 기후변화의 기본적인 사실들(예컨대 대기 중 이산화탄소량 증가와 그 효과들)은 고도로 과학적이며 우리의 일상적인 경험과는 괴리되어 있다. 대중교육 기획이 그런 과학지식을 널리 확산시키는 데 도움이 될 수 있지만, 예속의 경험에 기초한 지식과는 달리 이런 지식은 근본적으로 전문적이다.

가장 결정적인 것일지도 모르는 세 번째 정치적 상충은, 두 개의 시간성들 간의 거리를 나타낸다. 반자본주의적·반신자유주의적 운동들이 항상 긴급성의 수사를 사용하는 것(예컨대 자신들의 요구를 **지금 당장** 들어줘야 한다고 주장하는 것)은 사실이지만, 자율적인 공동체의 형성과 민주적 조직화의 시간성은 구성적이다. 달리 말해 시간은 조직화과정 자체에 의해서 결정된다. 요구의 긴급성은 이런 구성적 시간성에 비하면 정말로 부차적이다. 이와 대조적으로 기후변화 정치에서 가장 주요한 시간성은 긴급성이다. 머지않아 이 행성을 구하기에는 너무 늦은 때가 올 것이며, 어쩌면 그런 때가 이미 지나갔는지도 모른다. 이런 긴급함은 처음에 논의한 두 가지 정치적 상충들에 의해 표현된 간극을 두드러지게 하거나 심화한다. 우리에게 주어진 시간이 없다면, 지식이 일반화되기를 혹은 자율적인 공동체들이 성장하기를 마냥 기다릴 수만은 없다. 우리는 현존하는 전문가들 및 지배권력과 함께 지금 당장 행동에 나서야 할 것이다.

이런 시간성의 상충은 이 두 운동들을 묵시록의 두 얼굴로 제시한다. 반자본주의 운동은 급진적 변혁의 사건을 촉진하기 위해 투쟁했던 천년왕국운동과 혁명가 집단의 유구한 전통 안에 있는 묵시록적 성격을 가진다. 종말의 날은 새로운 세상의 시작이다. 이와 달리 기후변화운동의 묵시록적 상상력에서 급진적 변화는 최후의 파국이다. 지구의 기후변화는 기존의 삶형태를 파괴하지는 않는다 하더라도 크게 감소시킬 것이다. 종말의 날은 그저 끝일 뿐이다.

이런 상충들의 뿌리가 깊다는 것을 아는 것이 우리가 직면한 과제들을 이해하는 데 도움이 될 것이라 생각한다. 하지만 그렇다고 해서 이런 차이들로 인해 반자본주의 운동과 기후변화운동의 만남이 불가능하다고 말하려는 것은 아니다. 10년 전 시애틀 WTO 항의시위 당시, 이와 유사한 지구화와 반지구화 사이의 정치적 상충에 우리가 직면했었다는 것을 기억하자. 시위대들은 당시 진행 중인 지구화 형태에 반대한다고 선언했지만, 올바르게도 언론이 자신들에게 붙였던 '반지구화' 활동가라는 딱지에도 저항했다. 이런 상충을 분쇄한 대안 지구화를 구성하는 개념과 실천들을 발전시키는 데는 일정한 시간과 큰 집단적 노력이 필요했다. 오늘날 운동들의 당면과제는 공통적인 것의 상충을 파악하고, 이것들과 끝까지 씨름해 소화해내고, 새로운 개념과 실천의 틀을 창조하는 것이다. 코펜하겐에서 시작된 이 작업은 우리 앞에 기나긴 여정을 열어주는 첫 걸음이었다.

6 기계적 자본주의와 네트워크 잉여가치
튜링기계의 정치경제학*

마테오 파스퀴넬리

> 물론 우리는 각각의 사회 유형이 어떻게 특수한 유형의 기계에 상응하는지 볼 수 있습니다. 주권사회에는 단순한 기술적 기계가 상응하고, 훈육사회에는 열역학 기계가 상응하며, 통제사회에는 사이버네틱스적 기계와 컴퓨터가 상응하는 것입니다. 하지만 기계는 아무것도 설명해주지 않습니다. 바로 당신이, 기계를 하나의 요소로 갖고 있는 집단적 장치를 분석해야 하는 것입니다(질 들뢰즈).[1]

| 산업기계는 이미 정보기계였다 |

"산업적 양식은 정보 원천과 에너지 원천이 분리될 때, 즉 '인간'이 그저 정보의 원천일 뿐이며 '자연'이 에너지 공급에 필요해질 때 출현한다. 중계장치라는 점에서 기계는 도구와 다르다. 기계는 에너지의 입구와 정보의 입구라는 두 개의 다른 입구를 가진다."[2] 제2차 산업

---

* Matteo Pasquinelli, "Machinic Capitalism and Network Surplus Value: Notes on the Political Economy of the Turing Machine," a paper presented at the Conference "Marxism and New Media," Duke University Program in Literature (Durham, NC), Saturday, January 21, 2012.

1) Gilles Deleuze, "Control and Becoming," *Negotiations 1972-1990*, trans. Martin Joughin, New York: Columbia University Press, 1995. [김종호 옮김, 「통제와 생성」, 『대담 1972 ~1990』, 도서출판 솔, 1993, 194~195쪽.]

2) Gilbert Simondon, "Mentalité technique," *Gilbert Simondon: Revue philosoph-ique*, no.3. ed. Jean-Huges Barthélémy et Vincent Bontems, Paris: PUF, 2006; "Technical Mentality," *Parrhesia*, no.7. trans., Arne de Boever, 2009, p.20.

혁명에 대한 질베르 시몽동의 이 통찰은 상이한 테크놀로지 시대 사이의 **연속성**을 강조하려는 것, 즉 정보주의가 산업주의와 같은 것임을 말하려는 것이 아니다. 반대로 이는 들뢰즈와 가타리가 언급했듯이 기술적 혈통의 분기점을, 혹은 **기계적 계통**phylum의 분기점을 뜻한다.3) 저류에 흐르는 정보의 역사는 훨씬 더 일찍 시작되는 것 같다. 또한 정보는 제1차 산업혁명의 도구들에 늘 붙어 다녔던 것으로 여겨질 수도 있다. 1801년에 발명된 자카르 직기*는 사실 펀치카드에 의해서 통제되는 수학적 장치였는데, 이는 IBM이 표준화한 20세기의 데이터 저장장치와 거의 동일한 것이다. 조지 카펜치스는 이런 발명이 찰스 배비지의 해석기관**에 영향을 미쳤으며, 이것이 증기기관의 발명에 앞선다는 점에 주목했다.

---

3) "우리는 **특정한 작용들에 의해 연장 가능한 특이성의 성좌가 하나 혹은 몇 개의 할당가능한 표현 특질들로 수렴하고 수렴 작용을 만들어내는 것**을 발견할 때마다 **기계적 계통** 혹은 기술적 혈통에 관해 말할 수 있을 것이다. 만일 특이성들 혹은 작용들이 상이한 소재들 혹은 동일한 소재 안에서 발산한다면, 우리는 두 가지 서로 다른 계통을 구별해야만 한다. 단도로부터 유래한 철검의 경우와 칼로부터 유래한 강철 기병도가 정확히 그렇다." Gilles Deleuze and Félix Guattari, *A Thousand Plateaus: Capitalism and Schizophrenia*, vol.2, trans. Brian Massumi, Minneapolis: University of Minnesota Press, 1987, p.406. [김재인 옮김, 『천 개의 고원: 자본주의와 분열증 2』, 새물결, 2001, 780~781쪽.]

* Jacquard loom. 발명자 자카르(Joseph Marie Jacquard, 1752~1834)의 애칭에서 이름을 따온 기계로, 펀치카드(punched card)를 활용해 복잡한 무늬를 지닌 직물의 직조과정을 단순화한 기계였다. 19세기의 직조기에 널리 활용된 펀치카드는 직물 디자인을 구성하는 많은 카드들이 질서 있게 엮여 있는 것으로, 각 카드에 뚫려 있는 구멍들의 열(列)이 직물 디자인의 열에 상응한다.

** Analytical Engine. 1837년 영국 수학자 배비지(Charles Babbage, 1791~1871)가 산술논리 연산장치를 구현하도록 고안한 기계적 범용-전산기. 차분기관(뒤의 각주 참조)과는 달리 배비지 생전에 완성되지는 못했다.

좋든 싫든 배비지는 사디 카르노가 (고전 열역학의 태동이라고 할 수 있는)『불의 동력에 관한 고찰들』(1824)을 출판하기 이전에 계산기관***에 관한 작업을 하고 있었으며, 분명 1834년경에는 보편 컴퓨터, 혹은 시대를 앞서 튜링기계†를 이론화했다. 결국 열기관 이론이 보편 컴퓨터 이론에 선행했다고 말할 수는 없다.[4]

월리엄 깁슨과 브루스 스털링은 스팀펑크 소설『차분기관』에서 대영제국 시대에 전기가 아니라 증기기관(!)에 기초한 정보기술의 부상을 상상하는 사고실험을 수행한다.[5] 물론 그 시대가 정보혁명을 뒷받침하고 새로운 생산형태의 인지적 요소를 이해할 만큼 성숙했던 것은 아닌데, 이에 대해서 카펜치스는 이렇게 말하고 있다.

배비지와 그의 지지자들에게 자카르 직기와 해석기관의 결합은 노동과정 일반을 특징짓는 제3의 수학적-산업적 공간을 가리키는 것이 아니라 바로 산업적 환경에서 수학적 환경으로의 **전위**였다.[6]

*** Calculating Engine. 1822년 배비지가 다항함수를 도표화하기 위해 고안한 기계적 계산기. 차분기관(Difference Engine)이라고도 불린다.

† Turing Machine. 1936년 영국 수학자 튜링(Alan Turing, 1912~1954)이 고안한 일종의 연산 모델. 무수히 많은 칸마다 기호가 기재된 테이프를 일정한 규칙에 따라 조작함으로써 이뤄지는 기계적 계산을 수학적으로 모델화한 것이다. 컴퓨터 알고리즘의 논리를 시뮬레이션하는 데 활용되기도 한다.

4) George Caffentzis, "Crystals and Analytical Engines: Historical and Conceptual Preliminaries to a New Theory of Machines," *Ephemera: Theory and Politics on Organization*, vol.7, no.1, February 2007, p.37.

5) William Gibson and Bruce Sterling, *The Difference Engine*, London: Victor Gollancz, 1990.

카펜치스는 최초의 정보장치의 흥미로운 역사를 검토해 하트와 네그리의 소위 비물질노동의 개념화를 비판한다.[7] 하지만 역설적으로 그의 개관은 인지자본주의에 대한 하트와 네그리의 가설을 맑스의 고유한 용어들로 보강하는 데 사용될 수 있는데, 이에 대해서는 뒤에서 논의할 것이다. 여하튼 카펜치스의 글은 미디어 연구와 정치경제학, 튜링기계와 맑스주의 사이의 공통 지반이 소실된 상태라는 점을 상기시키는 데 중요한 역할을 한다.[8]

| 알콰티, 1963년: 정보의 잉여가치 |

시몽동이 사이버네틱스의 대항존재론을 개괄했던 해에 로마노 알콰티는 **가치화하는 정보**라는 개념을 도입했는데, 오늘날 이는 실로 사이버네틱스의 **정보** 개념과 맑스주의의 **가치** 개념을 연결시키는 개념적 가교로 채택될 수 있다. 1962~63년『붉은 노트』에 두 편으로 나뉘어 게재된 올리베티(이미 1950년대에 이브레아에서 타자기, 메인프레임 컴퓨터, 기타 자동기계들을 생산했던 이탈리아의 회사) 공장에서의 '자본의 유기적 구성'에 관한 논문에서 알콰티는 사이버네틱스에 대한

---

6) Caffentzis, "Crystals and Analytical Engines," p.40.

7) Maurizio Lazzarato et Antonio Negri, "Travail immaterial et subjectivité," *Futur Antérieur*, no.6, trad. Giselle Donnard, eté 1991. [조정환 옮김, 「비물질노동과 주체성」,『비물질노동과 다중』, 갈무리, 2005]; Michael Hardt and Antonio Negri, *Empire*, Cambridge: Harvard University Press, 2000. [윤수종 옮김,『제국』, 이학사, 2001. 특히 3부의 3장을 참조하라.]

8) 이 논점에 대한 가장 유용한 기여로는 다음을 참조하라. Nick Dyer-Witheford, *Cyber-Marx: Cycles and Circuits of Struggle in High-technology Capitalism*, Urbana/Chicago: University of Illinois Press, 1999. [신승철·이현 옮김,『사이버-맑스: 첨단기술 자본주의에서의 투쟁주기와 투쟁순환』, 이후, 2003.]

최초의 맑스주의적 분석을 시도했다. 알콰티는 우리가 오늘날 '디지털 네트워크'라 부르는 사이버네틱스적 장치를 **통제 정보**를 통해 생산 과정을 감시하는 공장의 내적 관료제의 확장으로 파악한다.

관료제 장치는 그것이 수직적인 만큼 '생산적'이지 않다. 그것은 수직적 축으로 나타날 수 있는 일련의 위계적 라인이다. 그것은 마치 생산적 노동에서 '통제 정보'(이는 공장주로 하여금 [생산] 흐름이 정렬된 경로들을 따라 일어나는지를 확인할 수 있게 해준다)를 빨아들이려는 목적으로 가치화의 구조적 마디들에 이식된 탐색기와 같다.[9]

관료제는 사이버네틱스와 기계 회로를 매개로 노동자들의 신체에 스며든다. 여기서 알콰티는 **가치화하는 정보**라는 개념을 이 회로를 따라 흐르고 살찌우는 '흐름'으로서 도입한다. '정보'에 대한 근대적 독해가 산 노동의 근본적 정의, 그리하여 맑스적 잉여가치 자체의 근본적 정의 속으로 처음으로 도입되는 것인데, 이때 정보는 그런 방식으로 기계류에 의해 끊임없이 흡수되고 또 생산물로 응축된다.

정보는 노동력의 본질이다. 노동자는 불변자본을 수단으로 삼아 평가, 측정, 구체화에 기초해 정보를 생산수단으로 이전한다. 이는 노동대상에 형태상의 변화를 가하기 위함인데, 이런 형태상의 변화가 필요한 사용가치를 노동 대상에 부여한다.[10]

---

9) Romano Alquati, "Composizione organica del capitale e forza-lavoro alla Oli -vetti"(Part 2), *Quaderni Rossi*, no.2, giugno 1963, p.126.

알콰티의 이어지는 문장은 소위 인지자본주의에 대한 아직 설익은 상태의 최초의 가설로 이해될 수 있는데, 우리는 이것이 어디까지나 1963년에 작성된 것임을 염두에 둘 필요가 있다.

생산적 노동은 노동자가 불변자본을 매개 삼아 생산수단으로 구체화하고 이전시키는 정보의 질에 의해 규정된다.[11]

여기서 맑스주의의 전형적인 '유기적' 구별을 쉽게 그려볼 수 있다. **산 정보**는 노동자에 의해 지속적으로 생산되어 기계류와 관료 장치 전체로 구현된 **죽은 정보**로 바뀐다. 기계류의 매개가 정보 및 지식 생산의 주기 전체를 따라 일어나는 것은 분명해 보인다. 공장의 내적 관료제는 사이버네틱스에 의해서 반영·실행·확장될 노동의 특수한 분할이다. 사실 알콰티가 진전시킨 중요한 통찰은 관료제, 사이버네틱스, 기계류가 병합되어 있는 **연속체**에 관한 것이다. 사이버네틱스는 관료제의 기계적 성격을 드러내는 것이자 역으로 기계의 '관료적' 역할을 드러내는 것인데, 이는 그것이 노동자들을 통제하고 또 생산과정에 대한 노동자들의 노하우를 포획하는 피드백 장치이기 때문이다. 따라서 가치화하는 정보는 사이버네틱스적 기계에 들어가며 일종의 **기계적 지식**으로 변형된다. 노동자들의 지식을 **비트**로 코드화할 수 있고 그 코드화된 비트를 경제적 계획을 위한 수치로 변형할 수 있는 것은 바로 사이버네틱스의 수적 차원이다. 달리 말해 지식 영

---

10) Alquati, "Composizione organica del capitale……," p.121.

11) Alquati, "Composizione organica del capitale……," p.121.

역과 자본 영역 사이의 수적 접점으로 기능함으로써 **디지털 코드는 정보를 가치로 변형시킨다.**

사이버네틱스는 개별적인 미시적 결정들로 잘게 부수어져 있는 일반적 노동자의 기능들을 전면적이면서도 유기적으로 재구성한다. **비트는 원자화된 노동자를 계획의 수치에 연결시킨다.**[12]

산업 시대 초창기에 자본주의는 인간 신체가 가진 역학적 에너지를 착취해 얻고자 했지만, 이내 노동자가 끊임없이 행해야 하는 일련의 창조적 활동들, 측정들, 결정들이 노동자가 생산하는 최고로 중요한 가치라는 점을 깨달았다. 알콰티는 바로 노동자가 생산과정에 따라 내려야 하는 모든 혁신적인 미시적 결정들로 **정보**를 정의한다. 이 미시적 결정들은 모든 생산물에 **형태**를 부여할 뿐 아니라 기계장치에도 **형태**를 부여한다.

| 맑스: 인간의 척도로서의 기계 |

알콰티가 보기에 기계류는 언제나 사회계급 간 권력관계의 다이어그램을 표현한다. 혁신은 우선적으로 노동자에 의해서 진행되는데, 이는 새로운 종류의 기계를 추진하고 형성하며 조작하는 것이 바로 노동자들의 산 노동이기 때문이다. 이런 의미에서 산업기계와 사이버네틱스적 기계 양자는 모두 대립의 '구체화'로 정의될 수 있다. 그것들은 사회적 힘들의 정세를 따른다.

---

12) Alquati, "Composizione organica del capitale……," p.134.

전산기계가 이전에는 분업으로 설명되던 공간을 차지할 수 있을 것이라는 점은, 이미 배비지와 같은 초기 사이버네틱스 선구자들이 공유하고 있던 가설이었다. 맑스는 『철학의 빈곤』(1847)에서 이미 배비지를 인용하고 있다. "분업에 의해, 각 작업들이 하나의 도구사용으로 단순화될 때, 이런 모든 도구들의 결합이 기계를 구성하는 것이다."[13] 만약 기계류가 이전의 분업에 기반해 설치된다면, 기계류는 더 높은 수준의, 더 큰 규모의 복잡성으로 확장될 것이다.

기계류와 증기의 도입 덕분에 분업은 일국적 토양에서 벗어난 대규모 산업이 세계시장, 국제적 교환, 국제적 분업에 전적으로 의지할 정도로 발전할 수 있었다. 즉 기계가 분업에 끼친 영향은 워낙 엄청난 것이어서, 어떤 물건의 부품을 기계적으로 생산할 수 있는 방법이 발견되면, 그 제조는 즉각 서로 독립된 두 작업으로 분리된다.[14]

순서상 『자본』 제1권에서 기계류에 관한 장은 분업에 관한 장 다음에 나온다. 하지만 거꾸로 분업 자체가 이미 일종의 **추상기계**로 간주될 수 있다. 여기서 우리가 맑스로부터 얻는 중요한 교훈은 기술결정론에 대한 거부이다.[15] 기계가 이전 권력관계의 재영토화일 뿐이

13) Charles Babbage, *On the Economy of Machinery and Manufactures*, London: Charles Knight, 1832, p.136; Karl Marx, "The Poverty of Philosophy," *Karl Marx and Friedrich Engels Collected Works*, vol.6, London: Lawrence and Wishart, 1976, p.186. [강민철·김진영 옮김, 『철학의 빈곤』, 아침, 1988, 141쪽. 맑스가 인용한 판본은 위 책 제3판(1833)의 프랑스어판이다.]

14) Marx, "The Poverty of Philosophy," p.187. [『철학의 빈곤』, 142쪽.]

라고 처음 제안한 이는 맑스였다. 분업이 사회적 대립과 노동자들의 저항에 의해 형성되는 만큼 기술은 진화한다. 사회적 '메커니즘'의 부분들은 저항과 대립의 정도에 따른 기술적 구성에 맞춰 조정된다. 기계는 사회적 힘에 의해 주조되며 사회적 힘을 따라 **진화한다.**

정보기계 역시 사회적 긴장이 구체화된 것이다. 만약 이런 정치적 통찰, 즉 정보기계가 대체한 사회적 관계와 대립에 주목하는 통찰을 지지한다면, 우리는 결국 정보사회, 지식사회, 네트워크 사회 등의 일반적 정의를 이해하는 정치적 방법론을 얻게 될 것이다. 산업기계가 노동자들의 **마력**馬力뿐만 아니라 매뉴팩처 체제에서 발전된 일련의 모든 관계를 대체했던 것처럼, 정보기계도 산업공장 안에서 이미 작동하고 있던 일련의 인지적 관계들을 대체했던 것이다.

맑스가 '자동공장의 핀다로스*'라고 규정한 앤드루 유어는 산업장치를 "공동의 물품을 생산하기 위해 끊임없이 함께 작용하며 또 그 모두가 하나의 자율적인 동력에 종속되어 있는 각종의 기계적이고 정신적인 기관들로 구성되는 방대한 자동장치"[16]라고 묘사하고

---

15) Donald MacKenzie, "Marx and the Machine," *Technology and Culture*, vol.25, no.3, July 1984.

* Pindaros(B.C. 518~438). 그리스의 서정시인으로서 올림픽 경기의 승자를 찬양하는 축승가로 유명하다. 로마의 수사학자 퀸틸리아누스(Quintilianus, 35~96)는 당대에 정전(正典)으로 인정받고 있던 고대 그리스의 9개 서정시 가운데 핀다로스의 시를 가장 높이 평가했다.

16) Andrew Ure, *The Philosophy of Manufactures, or an Exposition of the Scient -ific, Moral & Commercial Economy of the Factory System of Great Britain*, London: Charles Knight, 1835, pp.13~14; Karl Marx, *Capital: A Critique of Political Economy*, vol.1, trans. Ben Fowkes, London: Penguin, 1981, p.544. [김수행 옮김, 『자본론』(제1권/하), 비봉출판사, 2001, 563쪽.]

있다. 이른바 분업은 무엇보다 지적 기관과 역학적 기관의 분리이다. 맑스는 이렇게 말한다.

> 생산과정의 지적 요소들을 육체적 노동으로부터 분리시키고, 전자를 노동에 대한 자본의 지배력으로 전환시키는 것은, 이미 앞서 지적한 바와 같이, 기계류의 토대 위에 세워진 대공업에 의해 비로소 완성된다. 개별 기계 취급노동자의 특수한 기능은 기계체계에 구체화되어 있는 과학과 거대한 물리력과 사회적 집단노동 앞에서는 보잘것없는 것으로 사라져버리며, 기계체계는 이 세 가지 힘들과 함께 '고용주'의 지배력을 구성하게 된다.[17]

시몽동의 최초 통찰과 매우 유사한 이 단락은 맑스의 『정치경제학 비판 요강』(이하 『요강』)에 포함된 이른바 「기계에 관한 단상」을 앞질러 구현하는 것처럼 보이는데, 여기서 단순한 '지적 기관'은 기계에 흡수되고 고정자본으로 변환되는 광대한 '사회적 두뇌'가 된다.[18] 『자본』에서의 지식 개념이 『요강』에서의 지식 개념으로 진화된 것은 집단적 노동자Gesamtarbeiter의 원자화된 지적 기관이 "일반적인 사회적 지식이 직접적 생산력이 되"어가는 수준으로 이행한 것과 같다. 『요강』에서 맑스는 기계로 구체화되기 이전의 자율적 지식의 차원, 즉 일종의 산 지식을 언급하는 것 같다. 이 중요하고도 논쟁적인 이

---

17) Marx, *Capital*, vol.1, p.549. [『자본』(제1권/하), 568쪽.]

18) Karl Marx, *Grundrisse: Foundation of the Critique of Political Economy*, trans. Martin Nicolaus, London: Penguin, 1993, p.694. [김호균 옮김, 『정치경제학 비판 요강』(2권), 백의, 2000, 372쪽.]

행을 논의하기 전에 기계에 대한 정의를 잉여가치와 관련해 분명히 할 필요가 있으며, 들뢰즈와 가타리에 의해서 현대 정치철학의 어휘로 도입된 **기계적**이라는 개념을 분명히 할 필요가 있다.

맑스는『자본』제1권의 기계류에 관한 장[「기계와 대공업」(13장)]을 "기계는 잉여가치의 생산을 위한 수단이다"라고 말하면서 시작한 다음, 기계류가 잉여가치의 **증대**를 위한 수단이라는 점을 분명히 한다. 맑스의 관점에서 기계는 **착취**될 수 없기 때문에 잉여가치를 생산할 수 없으며, 오직 노동자만이 잉여가치를 생산한다.『요강』에서 지식이 기계에 체현된다고 할 때, 이때의 지식은 잉여가치의 증대를 관리하는 지식이다(달리 말해 그 지식은 고정자본이 된다). 사이버네틱스가 가치화하는 정보의 축적장치라는 알콰티의 생각은, 기계류가 잉여가치의 증대를 위한 것이라는 맑스의 생각과 쉽게 통합된다. 하지만 맑스에게서 그런 것처럼 알콰티에게서도 노동자와 기계의 관계는 대립적이다. 그리고 날마다 사이버네틱스적 기계를 살찌우는 산 정보(혹은 산 지식)는 저항과 투쟁의 장이다. **산 지식**의 **죽은 지식**으로의 변형에 놓여 있는 이런 경계로부터, 그리고 개인의 두뇌와 사회적 두뇌 사이에 있는 이런 경계로부터, 오늘날 노동과 정보에 관한 논쟁이 야기되고 있으며, 또한 우리는 그 경계를 통해 들뢰즈와 가타리의 **기계적**이라는 개념을 비판적으로 정립하게 된다.

| 기계적 존재론의 무력화 |

들뢰즈와 가타리의 '기계적'이라는 개념은 여기서 다 늘어놓을 수 없을 정도로 많은 계보를 가지고 있는데, 정치적으로 그 개념은 맑스주의적 '생산주의'에 대한 대응으로 간주될 수 있다. 그 당시는 매스

미디어가 소비주의를 조장하고 있었으며, 사이버네틱스의 최초의 물결이 북미와 유럽의 산업사회에 진입하던 시기였다. '기계적'이라는 개념은 특히 시몽동이 『기술적 대상들의 존재양식에 대하여』[19]에서 도입한 **기계학**에서 영감을 받았는데, 이 책은 경직된 사이버네틱스 결정론과 그것의 '피드백 체계,' 그리고 정보를 수학적 측정단위로 보는 생각 등에 대한 대응이었다. 그래서 처음부터 기계적인 것은 바로 정보기계들의 영역을 포괄한다고 가정됐다.

> 자본의 유기적 구성에서 보면 가변자본은 기업이나 공장을 기본틀로 하는 노동자의 예속체제(인간적 잉여가치)를 규정한다. 그러나 자동화와 더불어 불변자본의 비율이 점점 증가하면서 일종의 새로운 노예화가 나타나는 동시에 노동체제에도 변화가 일어나며 잉여가치는 기계적이 되고 그 틀은 사회 전체로 확대된다.[20]

1972년 출판된 『안티-오이디푸스』에서 들뢰즈와 가타리는 '욕망'을 단지 정신분석학적 극장의 언어적 조작자가 아니라 존재론적으로 (그리고 경제적으로) 하나의 생산력으로서 인식할 수 있는 내재적 정치경제학을 구성하기 위해서, **욕망하는 기계**라는 개념을 창안했다. 들뢰즈와 가타리는 기계적 잉여가치 또한 기계적 생산이라는 개

19) Gilbert Simondon, *Du mode d'existence des objets techniques*, Paris: Méot, 1958. [김재희 옮김, 『기술적 대상들의 존재양식에 대하여』, 그린비, 2011.]

20) Gilles Deleuze and Félix Guattari, *A Thousand Plateaus: Capitalism and Schizophrenia II*, trans. Brian Massumi, Minneapolis: University of Minnesota Press, 1987, p.458. [김재인 옮김, 『천 개의 고원』, 새물결, 2001, 878쪽.]

넘에 조응해 설명한다. 하지만 그로부터 8년 뒤에 출판된 『천 개의 고원』에서는 **기계적 아상블라주**와 **추상기계**에 초점을 두는 더욱 탈근대적인 독해를 도입하는 것으로 보인다. 기계적 아상블라주 역시 내재적이면서 생산적인데, 여기에는 명백히 좀 더 관계적인 존재론으로의 이행이 있다. 이런 양가성으로 인해 최근에 '기계적'이라는 개념은 **아상블라주**의 관계적 패러다임으로 받아들여지고 환원됐다. 그런데 이 관계적 패러다임은 들뢰즈와 가타리가 가진 맑스주의적 배경과 더불어 **생산**의 차원을 제거한다. 그런 '아상블라주 이론'의 주된 사례이자 맑스적 잉여가치를 그들의 철학에서 제거한 사례로는 마누엘 데란다의 저작들이 있다.[21]

실제로 포스트구조주의에 관한 최근 연구들에서 기계적이라는 개념은 그 어원인 라틴어 마키나^{machina}와 그리스어 메카네$^{m\bar{e}khan\bar{e}}$로까지 소급되어 **매개물, 도구, 인공물, 장치, 구조** 등으로 풀이되고 있다.[22] 그런데 잉여와 증대라는 생각이 바로 그 단어의 어원적 뿌리 안에서 어떻게 나타나는가를 살펴보면 꽤 흥미롭다. 특히 더 엄밀한 사전들은 **힘의 성장, 증대, 증폭** 등을 의미하는 고대어 어근 '마흐-'$^{mach-}$를 강조한다. 예컨대 동일한 어근 '마흐-'가 라틴어 마기아^{magia}('주술적')와 마그누스^{magnus}('거대한, 큰') 모두에서 나타난다. 이와 유사하게 고대 고지高地 독일어 마흐트^{macht}는 라틴어 포텐티아^{potentia}처럼

---

21) Manuel DeLanda, *A New Philosophy of Society: Assemblage Theory and Social Complexity*, London: Continuum, 2006; *Deleuze: History and Science*, New York: Atropos Press, 2010.

22) Gerald Raunig, *A Thousand Machines: A Concise Philosophy of the Machine as Social Movement*, trans. Aileen Derieg, New York: Semiotexte, 2010.

힘, 기술, 능력, 부 등을 가리킨다. 즉 들뢰즈와 가타리가 기계적 잉여가치를 말했을 때, 그들의 의도는 '기계'라는 단어의 고대어 어근을 다시금 떠올리게 하려는 것이었다. 이런 어원의 흔적을 따라 우리는 **기계를 어떤 주어진 흐름을 증폭시키고 축적하는 하나의 장치로** 규정할 수 있다. 한편 장비, 도구, 매개물 등은 그런 주어진 흐름(에너지, 노동, 정보 등)의 변환이나 확장을 묘사하는 데 더 적절할 것이다. 따라서 기계는 아상블라주보다는 잉여와 더 관련이 있다.

『안티-오이디푸스』의 어느 각주에서 들뢰즈와 가타리는 자신들이 『요강』의 「기계에 관한 단상」을 잘 알고 있음을 보여준다.[23] 들뢰즈와 가타리는 「기계에 관한 단상」으로부터 영감을 받아 같은 페이지에서 "불변자본에 의해 생산된 기계적 잉여가치"라는 개념을 도입한다. 들뢰즈와 가타리는 "기계 역시 **노동하고** 가치를 생산한다는 사실을, 그리고 기계가 항상 노동해왔다는 사실을 인식하며, 기계들이 생산과정에 더 밀착되기 위해서 인간에 비해 점점 더 많이 노동한다는 사실을 인식한다. 이리하여 인간은 생산과정을 구성하는 부분이기를 그친다." 이런 기계적 잉여가치에 대한 정의를 우리는 어떻게 받아들여야 하는가? 들뢰즈와 가타리는 일반지성이 불변자본으로 변형되는 과정, 즉 **코드의 잉여가치**(지식)가 **흐름의 잉여가치**(들뢰즈와 가타리의 언어에서 이것은 곧 맑스 고유의 잉여가치와 동일한 것이다)로 변형되는 과정을 분명하게 언급하고 있다.

---

23) Gill Deleuze and Félix Guattari, *Anti-Oedipus: Capitalism and Schizophrenia I*, trans. Robert Hurley, et. als., Minneapolis: University of Minnesota Press, 1983, p.232, n.76. [최명관 옮김, 『앙띠 오이디푸스』, 민음사, 2002, 346쪽.]

모든 기술적 기계는 특수한 형태의 흐름들, 즉 코드의 흐름들을 전제한다. 이 흐름들은 기계에 내적인 동시에 외적이며, 테크놀로지의 요소들을 형성하고, 심지어 과학의 요소들도 형성한다. 자본주의 이전 사회들에서는 결코 어떤 독립성도 획득하지 못하는 방식으로 특정의 위치에 고정되고, 코드화되거나 덧코드화된 형태로 존재했던 것이 바로 이런 코드의 흐름들이었다(대장장이, 천문학자). 그러나 자본주의에서 일어난 흐름들의 일반화된 탈코드화는 다른 것들과 마찬가지로 코드의 흐름들도 해방하고 탈영토화하며 탈코드화했다. 그리하여 자동기계는 과학과 테크놀로지에 의존하고 노동자의 육체노동과 구별되는 이른바 지식노동에 의존하는 동시에, 이 탈코드화된 흐름들을 자신의 신체와 구조 안에 힘들의 장으로서 점점 더 내부화하기에 이르렀다(기술적 대상의 진화).[24]

이 구절들은 들뢰즈와 가타리가 이미 1972년에 지식에 의해, 그리고 **능동적인 인지적 요소**(주체에 의해 생산된 잉여노동의 일부)에 의해 추동되는 가치 축적의 새로운 형태를 알고 있었음을 보여준다.

자본주의 체제에 의해 과학과 기술 속에서 '해방된' 코드의 흐름들은 과학과 기술 자체에 직접적으로 의존하지 않고 자본에 의존하는 기계적 잉여가치를 낳는다. 이 기계적 잉여가치는 인간의 잉여가치에 덧붙여져 그 상대적 하락을 완화한다. 기계적 잉여가치와 인간의 잉여가치 이 양자가 이런 자본주의 체제를 특징짓는 흐름의 잉여가치

---

24) Deleuze and Guattari, *Anti-Oedipus*, p.233. [『앙띠 오이디푸스』, 347쪽.]

전체를 구성한다. 지식, 정보, 전문화된 교육은 노동자의 가장 기본적인 노동만큼이나 자본을 구성하는 부분('지식 자본')들이다.25)

들뢰즈와 가타리가 『천 개의 고원』에서 보여준 존재론의 핵심에 놓인 '추상기계'라는 개념은, 기묘하게도 사이버네틱스에서 사용되는 것과 동일한 용어에 의해 영감을 받는다. 사이버네틱스에서 **추상기계**는 가상기계(컴퓨터 소프트웨어)나 **실재기계**(컴퓨터 하드웨어나 일체의 기계장치)에서 계속 실행될 수 있는 알고리즘의 기획이다.26)

| 공장으로부터의 산 지식의 탈주 |

기계적이라는 개념은 피상적으로 적용되면 **비정치적 연속체**로 귀결되는데, 여기에서는 모든 것이 '생산적'이 되고 그에 따라 산 노동과 죽은 노동을, 가변자본과 고정자본을, 즉 착취와 자율을 구별할 수 없게 된다. 그런데 이탈리아의 오페라이스모는 기술혁신과의 기계적 관계를 통해 첨예한 양극화를 도입했다. 『노동자와 자본』(1966)의 유명한 코페르니쿠스적 주장을 통해 마리오 트론티는 노동계급의 우선성을 재설정했다. 정통 맑스주의가 생각하는 것처럼 자본주의적 발전이 계급투쟁을 추동하는 것이 아니라, 계급투쟁이 자본주의적 발전을 추동한다는 것이다. 하지만 산 노동의 자율과 우선성은, 『요강』의 소위 「기계에 관한 단상」(이 글은 일찌감치 1964년 『붉은 노트』 제

---

25) Deleuze and Guattari, *Anti-Oedipus*, p.234. [『앙띠 오이디푸스』, 349쪽.]

26) Wiktor K. Macura, "Abstract Machine," *Math World*, online resource retrieved in July 2011. [http://mathworld.wolfram.com/AbstractMachine.html]

4호에 동일한 제목으로 번역되어 출판된 바 있다)이 재발견되는 1990
년대 초에 와서야 산 지식에 적용된다.[27]

  네그리, 라자라토와 더불어[28] 오페라이스모의 초기 사상가인 파
올로 비르노는 산업기계의 기름 낀 톱니바퀴로부터 과감하게 산 지
식을 빼내어 해방시켰고, 그것에 '도시의 숨을 불어' 넣었다.

  대중지성은 단순히 어떤 특수한 성질을 갖는 제3부문의 복합체가 아
  니라, 포스트포드주의적인 산 노동의 복합체이다. 그것은 기계류에
  대상화될 수 없는 인지적 능력들의 저장고이다.[29]

  일반지성은 기계류로 '구체화'될 뿐 아니라 대도시의 '사회적 공
장' 전체로 확산된다. 따라서 논리적으로 말해 산업적 지식이 기계를
설계하고 움직이는 것이었다면, 공장 바깥의 집단적 지식도 '기계적'
임에 틀림없다. 여기서 우리는 대도시를 가로지르는 일반지성의 구
체적 발현에 주의해야 하는데, 이는 일반지성이 어디서 '죽어' 있고
어디서 '살아' 있는지, 즉 어디서 미리 '고정되어' 있고 어디서 잠재
적으로 자율적인지를 이해하기 위함이다. 예컨대 오늘날 프리 소프
트웨어는 새로운 형태의 가치 축적과 얼마나 관련이 있는가? 이른바
창의도시들은 얼마나 부동산 투기의 알리바이가 될 수 있는가?

---

27) Marx, *Grundrisse*, pp.690~712. [『정치경제학 비판 요강』(2권), 367~391쪽.]

28) Lazzarato et Negri, "Travail immaterial et subjectivité," op. cit. [「비물질노동
  과 주체성」, 앞의 책.]

29) Paolo Virno, "Quelques notes à propos du general intellect," *Futur Antérieur*,
  no.10, trad. Gisèle Donnard, 1992/2.

포스트포드주의와 그것의 문화산업에 관한 모든 논쟁은 다음과 같은 물음으로 요약될 수 있겠다. 산 지식/노동은 자율적일 수 있는가? 바로 이 점이 오페라이스모가 현대 정치경제학에 가져다준 독창적 기여인 동시에, 여전히 노동자를 그저 근력을 쓰는 말馬로 보는 이들이 불합리한 공격을 할 때 사용하는 근거이기도 하다. 확실히 공장으로부터의 이런 탈주 속에서 고정자본과 가변자본 간의 낡은 맑스주의적 경계선은 더 이상 유지될 수 없다. 이런 문턱을 탐구하기 위해서 기계적이라는 개념은 더 엄밀하게 논의되어야 한다.

| 인간생성적 공장들: 고정자본으로서의 살아 있는 것 |

'디지털 자본주의'로 가는 길을 다루는 한 글에서, 크리스티안 마라치는 어떻게 전통적인 고정자본(즉 물리적 형태를 띠는 기계류에 투하된 자본)이 부의 생산요소로서의 중요성을 상실해가는지 강조한다.[30] 마라치에 따르면, 거대 소프트웨어 기업들의 사례가 말해주듯이 고정자본의 관점에서 지식은 오늘날 그 자체로 대량생산의 동인動因을 갖는다. 산 노동을 죽은 노동, 즉 새로운 비물질적인 기계적 장치로 대체함으로써 지식은 일종의 '인지적 기계'가 됐다. 하지만 그런 '새로운 자본의 유기적 구성' 속에서는 일반적인 지식만이 아니라, 인간의 물리적 신체도 고정자본이 된다. 이런 점에서 마라치는 로베르 부아예가 (좀 더 유명한 표현인 '상품에 의한 상품의 생산'과 유사한) **인**

---

30) Christian Marazzi, "Capitalismo digitale e modello antropogenetico del lavoro: L'ammortamento del corpo macchina," *Reinventare il lavoro*, a cura di Jean-Louis Laville, et. als., Roma: Sapere 2000, 2005.

간에 의한 인간의 생산이라고 부른, 오늘날 출현하고 있는 **인간생성적 생산양식**에 대해 서술한다.[31] 이 새로운 생산양식을 악명 높게, 그리고 좀 더 진부하게 표현한 말이 바로 서비스 부문 혹은 제3부문, 즉 교육, 보건, 뉴미디어, 문화산업 같은 **소프트산업**들이다. 이런 **생명자본주의** 혹은 '살아 있는 것의 산업' 아래에서, 마침내 마라치는 기계 개념을 유동화시켜서 **살아 있는 것을 고정자본으로** 도입한다.

> 인간에 의한 인간의 생산 모델에서, 물질적이고 고정된 형태의 고정자본은 사라지지만, 유동적인 형태의 살아 있는 것이 고정자본으로 다시 나타난다.[32]

마라치는 **기계적 고정자본**의 위치가 살아 있는 인간의 신체로 옮겨진다고 주장한다. "우리의 가설에 따르면 노동력을 가진 신체는 노동의 전통적 기능 외에도 고정자본의 기능을 담지해야 한다. 이때 고정자본이란 기계류, '코드화된 지식,' '생산적 문법,' 즉 과거의 노동이다."[33] 이 구절은 근본적인 점을 건드린다. 만일 맑스의 말처럼 자본을 사회적 관계로만 이해한다면, 현대적 생산을 설명하는 데 기계류, 산업관리, 과학적 연구 같은 거창한 요소들이 필요하지 않을 것이다. 이윤의 기계적 원천이 노동자들의 신체로 체현되기 때문이다.

---

31) "인간에 의한 인간의 생산"(la production de l'homme par l'homme)에 대해서는 다음의 논의를 참조하라. Robert Boyer, *La croissance, début de siècle*, Paris: Albin Michel, 2002, p.192.

32) Marazzi, "Capitalismo digitale e modello antropogenetico del lavoro," op.cit.

33) Marazzi, "Capitalismo digitale e modello antropogenetico del lavoro," op.cit.

우리가 주의를 기울일 만한 가설은 다음과 같다. 오늘날 출현하고 있는 새로운 자본주의의 인간생성적 모델 안에서, 살아 있는 것은 그 자체로 고정자본의 기능과 가변자본의 기능 모두를, 요컨대 과거의 노동과 현재의 산 노동의 원료 및 도구 모두를 포함한다. 달리 말하면, 노동력은 가변자본(V)과 불변자본(C, 특히 불변자본의 고정된 부분)의 합으로 표현된다.[34]

그러므로 우리가 인지자본주의나 비물질노동의 헤게모니에 대해 말한다는 것은, '비물질적인' 어떤 것에 대해 말하는 것이 아니라 바로 우리 자신의 신체와 사회적 관계들의 물리적인 **기계적 뒤섞임**에 대해 말하는 것이다. 바로 이 점을 강조함에 있어서 정치경제학의 문법에 대한 마라치의 개입은 결정적이다. 카를로 베르첼로네가 맑스를 세밀하게 읽으면서 시도한 것은 인지자본주의라는 일반 개념 아래에서 지식의 기계적 구조 전체를 체계화하는 것이었다. 베르첼로네의 견해에 따르면, "인지자본주의의 출발점은 신자유주의적 지식기반 경제이론들이 가져온 현실적 변화에 대한 변호를 근본적으로 비판하는 것이다."[35] 베르첼로네에게 '일반지성'은 (유물론적으로) 새로운 분업을 의미할 뿐이며, 따라서 베르첼로네는 자본주의의 역사를 형식적 포섭(매뉴팩처 자본주의), 실질적 포섭(산업자본주의), 일반지성(인지자본주의)이라는 적대의 단계들로 읽어낸다.

---

34) Marazzi, "Capitalismo digitale e modello antropogenetico del lavoro," op.cit.

35) Carlo Vercellone, "The Hypothesis of Cognitive Capitalism," a working paper presented at Historical Materialism Annual Conference, Birkbeck College and SOAS, London, Sunday, November 6, 2005, p.2.

맑스가 형식적 포섭, 실질적 포섭, 일반지성이라는 개념을 사용하는 것은 논리적·역사적으로 이어지는 자본이 노동과정을 종속시키는 매우 상이한 메커니즘(그리고 갈등의 메커니즘과 그 갈등이 산출하는 위기의 메커니즘)들을 특징짓기 위함이었다.36)

분업과 그 적대라는 더 일반적인 '추상기계'를 강조하는 데서 알 수 있듯이, 베르첼로네에게도 기계와 기술적 진보의 역할은 부차적이다.

지식-권력 관계가 갖는 대립적 동학은 자본의 유기적 구성 및 기술적 구성이 고도화하는 경향을 설명하는 데 있어 핵심적인 지위를 차지한다. 맑스는 기계들의 체계가 총체적으로 등장하는 방식으로부터 이런 경향이 비롯된다고 말한다. "이 경로는, 이미 노동자의 작업을 갈수록 기계의 작업으로 전환시켜 일정한 점에서는 그 메커니즘이 노동자를 대신할 수 있게 되는 분업을 통한 분해이다."37)

인지자본주의라는 가설 속에서 고정자본(기계류)은 가변자본(노동자)에 의해 흡수된다. 베르첼로네가 주목했듯이, 맑스도 『요강』에서 주요 고정자본이 인간 자신이 되어간다는 것을 인정한 바 있다.38) 인지자본주의에서 분업은 탈영토화와 재영토화의 운동에 뒤이어 일

36) Carlo Vercellone, "From Formal Subsumption to General Intellect: Elements for a Marxist Reading of the Thesis of Cognitive Capitalism," *Historical Mater -ialism*, vol.15, no.1, trans. Peter Thomas, 2007, p.19.

37) Vercellone, "From Formal Subsumption to General Intellect," p.18.

38) Marx, *Grundrisse*, p.711. [『정치경제학 비판 요강』(2권), 388쪽.]

어나는 것으로 나타난다. 들뢰즈와 가타리라면, 산업기계들은 매뉴팩처 분업을 공장 안에서 재영토화하는 반면 정보기계들은 사회 전체에서 분업을 탈영토화한다고 말했을 것이다.

결론을 말하자면, 지식의 기계적 차원은 기계류로 고정된 산업 자본 외부에 있다. 맑스는 『요강』에서 **기계적 지식**의 집단적 차원을 '일반지성,' '일반적인 과학적 노동,' '일반적인 사회적 지식' 등으로 부른바 있다. 이런 집단적 차원은 두 가지 방식에서 생산적이다. 즉 한편으로는 산업적 기계류, 커뮤니케이션 인프라, 디지털 네트워크 등으로 물리적으로 구현된 것으로서 생산적이며, 다른 한편으로는 **사회적 공장**의 분업을 경영하고, 새로운 삶형태들을 생산하는 **대중지성**으로서 생산적이다. '비물질노동'의 개체적 차원은 (새로운 물질적, 비물질적 혹은 사회적 기계들을 창조하는) **인지노동**과 (기계 앞에서 작업하고, 가치화하는 정보를 생산하는) **정보노동**으로 구별될 수 있다. 물론 기계적 지식과 대중지성 간의 구별, 인지노동과 정보노동 간의 구별은 희미해진다. 여기서 중요한 점은 산 지식과 산 노동의 우선성인데, 이는 기계류와 새로운 테크놀로지를 살아 있는 것의 자율에 대한 장애물로 읽는 모든 숙명론적인 독해에 반대하는 것이다.[39]

| 가치화 엔진으로서의 튜링기계 |

기계류를 벗어나 있는 지식의 기계적 차원을 서술하기 위해 사용되는 모든 은유들은, 신기하게도 여전히 산업주의로부터 차용된다. 가

---

39) '문법화'(grammatisation) 개념에 대해서는 다음을 참조하라. Bernard Stiegler, *Pour une nouvelle critique de l'économie politique*, Paris: Galilée, 2009.

령 '문화산업'이나 '에듀-팩토리'[교육-공장]라는 표현을 보라. 카펜치스는 맑스 자신이 당시에 기계로 '구체화된' 것으로서의 노동을 서술하는 데 있어 물리학·화학 용어의 영향을 받았다는 점을 상기시킨다.[40] 그러나 더욱 일반적이고 실제적인 측면에서 말하면, 맑스의 시대에 **산업기계는 인간의 보편적 척도로, 그러므로 노동의 보편적 척도로 여겨졌다**고 할 수 있다. 흥미롭게도 열역학에서 '일'work이라는 용어는 사실 한 체계에서 다른 체계로 이전되는 에너지를 가리키며, '와트'watt는 **시간단위당 일**이라는 척도의 이름이다. 오늘날 어떤 패러다임과 경험적 측정이 생산의 풍경을 설명하는 데 사용될 수 있는가?

탈근대 담론에서 포스트구조주의의 **기계적 전회**와 함께 수년 간 헤게모니를 차지했던 것은 바로 **언어적 전회**였다. 1994년에 마라치가 갖고 있었던 직관은, 이 두 가지 전회를 통합하는 것이자 튜링기계를 포스트포드주의 아래에서 노동을 관리하는 언어기계의 한 모델로 제시하는 것이었다.[41] 포스트포드주의의 언어는 실상 창조성과 **기예**의 언어일 뿐 아니라, 효과적인 **명령**을 전달할 수 있는 논리형식적 언어이기도 하다. 일반지성과 대중지성의 구체화는 실로 다양하지만, 여기서 나는 튜링기계를 이른바 비물질노동과 인지자본주의의 핵심을 서술하는 데 사용할 수 있는 가장 일반적인 **경험적 모델**로 발전시킬 것이다. 즉 튜링기계가 새로운 생산관계의 **경험적 척도**로서, 그리고 새로운 가치화 형태의 엔진이자 사회적 대립의 '결정체'로서 제시되는

40) Philip Mirowski, *More Heat than Light, Economics as Social Physics: Physics as Nature's Economics*, Cambridge, UK: Cambridge University Press, 1989.

41) Christian Marazzi, *Il posto dei calzini: La svolta linguistica dell'economia e i suoi effetti sulla politica*, Torino: Bollati Boringhieri, 1994.

것이다. 튜링기계의 공식은 인지자본주의에서 산 지식과 죽은 지식의 뒤엉킨 관계를 드러내는 데 도움이 될 것이다. 기계가 사회적 힘들에 의해 주조되는 것이 사실로 판명된다면, 우리는 튜링기계에서 산 지식의 실루엣을 인식할 수 있을 것이다.

시몽동이 산업기계를 에너지와 정보라는 두 가지 흐름의 중계장치로 정의했다면, 나는 튜링기계 내에서 세 가지 흐름, 즉 정보, 메타데이터, 기계적 코드를 구별하려 한다. 시몽동이 전기의 흐름이 에너지와 정보 모두를 전달하는 데 사용될 수 있다는 데 주목했다면,[42] 나는 기계적 구성요소(소프트웨어 코드)의 매개체인 디지털 정보의 가공되지 않은 흐름에 주목하려 한다. 물론 이 네 가지 차원들(에너지, 정보, 메타데이터, 기계적 코드)이 전기라는 동일한 매개체 위에 중첩되는 것은 혼란을 일으킨다. 나는 디지털 코드의 기계적 차원을 이끌어냄으로써, 기계를 잉여가치의 **축적** 및 **증대**를 위한 장치로 보는 맑스의 생각을 튜링기계와 연결시킬 것이다.

| 디지털 코드는 기계적이다 |

맑스를 따라 산업기계와 정보기계를 잉여가치의 증대와 일반지성의 구체화를 위한 장치로 간주할 수 있다면, 튜링기계는 정보와 지식, 노동과 자본 간의 상이한 유기적 구성을 제시한다. 오늘날 공장의 중심부에 설치된 유어의 자동기계의 모든 물질적·지적 '기관들'은 전 지구에 펼쳐져 있는 디지털 네트워크에 의해 조직된다. 마라치가 일깨워주듯이, 자본의 축적방식은 변했으며 "이제는 포드주의 시기처럼

---

42) Simondon, "Mentalité technique"; "Technical Mentality," p.20.

불변자본과 가변자본(임금)에 대한 투자가 아니라, 직접적 생산과정 밖에서 생산되는 가치를 생산 및 포획하는 **장치들**에 대한 투자로 구성된다."[43] 달리 말해 사이버네틱스적 기계는 공장을 벗어났으며 사회적 협력과 소통을 점점 더 생산적 힘으로 변형시킨다. 오늘날, 비르노가 포스트포드주의적 노동자를 규정한 바처럼[44] 디지털 장치에 의해 매개되지 않는 방식으로 활동하는 **달인**을 찾기란 어렵다.

언어적 전회는 초기의 디지털 문화연구자들만큼이나 정치경제학자들을 매료시켰다. 인문학은 뉴미디어 이론의 장을 그것의 태동부터 형성해왔으며, 그리하여 주로 디지털 코드를 **텍스트**로 (심지어 때로는 시詩로!) 만들고 컴퓨터 언어를 자연 언어와 유사한 것으로 만드는 접근방식을 도입했다.[45] 이런 혼란은 (제2차 세계대전 당시 독일군의 암호를 해독하는 데 사용된) 첫 튜링기계의 역사적인 등장에 의해 학문적 인식과 대중적 인식 속에서 일어나기도 했다. 프리드리히 키틀러는 용어집 『소프트웨어 연구』에서 '코드'를 설명하면서, 컴퓨터가 보통의 인간 언어를 해독하는 것을 주된 목적으로 하여 만들어졌을 가능성이 크다고 주장하며 앨런 튜링을 인용한다.[46]

---

43) Christian Marazzi, *The Violence of Financial Capitalism*, trans. Kristina Lebedeva and Jason Francis McGimsey, New York: Semiotext(e), 2011, p.54.

44) Paolo Virno, "Virtuosismo e rivoluzione," *Luogo comune*, no.3-4, giugno 1993. [김상운 옮김, 「탁월한 기예와 혁명, 엑소더스의 정치이론」, 『다중: 현대의 삶형태에 관한 분석을 위하여』, 갈무리, 2004.]

45) Friedrich Kittler, *Gramophone, Film, Typewriter*, trans. Geoffrey Winthrop-Young and Michael Wutz, Stanford: Stanford University Press, 1999; Lev Manovich, *The Language of New Media*, Cambridge: MIT Press, 2001. [서정신 옮김, 『뉴미디어의 언어』, 생각의나무, 2004.]

그러나 알렉산더 갤러웨이는 "코드는 언어이지만 매우 특별한 언어이다. **코드는 〔기계에서〕 실행 가능한 유일한 언어이다**"[47]라고 강조했다. 키틀러의 말처럼 "일상어에서는 그 어떤 단어도 자신이 말하는 바를 행할 수 없다. 기계에 대한 그 어떤 서술도 기계를 작동시키지 못한다."[48] 플로리안 크라머가 경고하듯이, 디지털 코드의 실행 가능성이 인간 언어의 수행성과 혼동되어서는 안 된다.[49] 갤러웨이는 코드가 "의미를 행동으로 전환시키는 기계"라고 결론짓는다.

'디지털 코드'라는 용어는 각기 다른 세 가지를 가리킨다. 그 세 가지는 아날로그 입력값을 임펄스 0과 1로 인코딩하는 2진수, 소프트웨어 프로그램 언어(C++, 펄 등), 알고리즘의 논리형태가 구현된 소프트웨어 프로그램의 스크립트 또는 텍스트 소스이다. 이 글에서 나는 정보기계 내부의 기계적 논리이자 이른바 디지털 코드인 **알고리즘**에 주목할 것을 제안한다. 알고리즘의 핵심 역할은 많은 미디어 이론 연구자들에 의해 인식됐으며, 알고리즘이 '추상기계'라는 개념의 필수적인 구성요소가 되는 사이버네틱스에서는 당연히 이견의 여지

---

46) Friedrich Kittler, "Code(or, How You Can Write Something Differently)," *Soft-ware Studies: A Lexicon*, trans. Tom Morrison and Florian Cramer, ed. Matt-hew Fuller, Cambridge: MIT Press, 2008.

47) Alexander Galloway, *Protocol: How Control Exists After Decentralization*, Cambridge: MIT Press, 2004, p.165.

48) Friedrich Kittler, "On the Implementation of Knowledge: Toward a Theory of Hardware," *Readme! ASCII Culture and the Revenge of Knowledge*, ed. Nettime, New York: Automedia, 1999, p.60.

49) Florian Cramer, "Language," *Software Studies: A Lexicon*, ed. Matthew Fuller, Cambridge: MIT Press, 2008, p.170.

가 없었다.[50] 비디오게임의 경우에서 분명하게 드러나듯이, 알고리즘은 수학적 추상일 뿐만 아니라 신체적 주체성을 기획하기도 한다. 알고리즘은 스크린을 빠져나가 스크린 앞에서 게임하는 조종자를 **움직인다**. 갤러웨이는 이렇게 설명한다.

> 비디오게임은 단지 재미난 장난감이 아니다. 그것은 알고리즘 기계로서, 모든 기계처럼 코드화된 특수한 조작법을 통해 기능한다. 게이머('조종자')는 이 기계와 연결되는 유일한 사람이다. 우리 시대에 이 기계는 재미의 장소이다. 그리고 노동의 장소이기도 하다.[51]

내가 여기서 제시하는 개념적 조작은, '기계적'이라는 개념을 디지털 코드의 알고리즘에 적용하는 것이다. 이는 디지털 코드와 소프트웨어 프로그램을 맑스적 의미에서의 기계형태, 즉 잉여가치를 증대시키는 데 사용되는 기계형태로 인식하기 위해서이다(척도의 단위에 대해 더 논의해야겠지만, 아니 더 정확히 말하자면 잉여가치를 **탈척도화**해야겠지만 말이다).

---

50) "역사적으로 알고리즘은 튜링기계를 뒷받침하는 기초 논리를 압축하는 방법이기 때문에 컴퓨터 과학에서 핵심 위치를 점하고 있다." Andrew Goffey, "Algorithm," *Software Studies: A Lexicon*, ed. Matthew Fuller, Cambridge: MIT Press, 2008, p.16. 또한 "모든 코드들은 그 형식을 분석해보면 알고리즘을 압축하고 있다. 알고리즘(순서도, 코드, 유사코드에 표현된 방식들 또는 일련의 단계들)은 소프트웨어의 작동법을 압축적으로 보여준다. 알고리즘 없이 소프트웨어를 개념화하기는 어렵다." Adrian Mackenzie, *Cutting code: Software and sociality*, Oxford: Peter Lang, 2006, p.43.

51) Alexander Galloway, *Gaming: Essays on Algorithmic Culture*, Minneapolis: University of Minnesota Press, 2006, p.5.

| 네트워크 잉여가치와 메타데이터 사회 |

알고리즘은 자율적 대상이 아니며 외부적인 사회적 힘들의 압력에 의해 형성된다. 알고리즘은 초기 미디어 이론과 소프트웨어 연구의 언어기반 패러다임 해석에 대항하는 정보기계의 기계적 차원을 드러낸다. 그러나 정보기계나 알고리즘은 두 가지로 구별되어야 한다. 하나는 **정보를 정보로** 번역하는 알고리즘이고, 다른 하나는 정보를 축적하고 메타데이터를 추출하는 알고리즘, 즉 **정보에 대한 정보**이다. 경제에 대한 새로운 관점과 생산수단의 협치를 드러내는 것은 특히 메타데이터 추출장치이다. 메타데이터 축적장치는 경제학자들이 '데이터의 산업혁명'이라고 정의한 바로 그 경제적 변동을 촉진했다.[52]

앞서 살펴봤듯이 시몽동이 산업기계를 이미 **정보-기계** 중계장치로 인식했다면, 오늘날에는 기계적 계통이 더욱 분기해 정보기계를 정보와 메타데이터(즉 정보에 대한 정보)를 다루는 **메타정보적** 중계장치로 인식할 수 있다. 메타데이터는 정보의 '척도,' 즉 그 사회적 차원 및 가치로의 변형에 대한 계산이다. 알콰티가 제시했듯이 사이버네틱스적 장치는 노동자들이 생산하는 정보의 흐름들을 통해 지속적으로 공급되고 유지되어야 하는데, 그것은 구체적으로 말하자면 공장 전체의 조직화와 기계류의 설계, 그리고 주어진 생산물의 가치를 향상시키는 정보에 대한 정보 혹은 메타데이터이다.

---

52) Economist, "Data, Data Everywhere: A Special Report on Managing Inform-ation," 25 February 2010 [www.economist.com/node/15557443]; Matteo Pasquinelli, "Die Regierung des digitalen Mehrwerts: Von der NetzGesells-chaft zur Gesellschaft der Metadaten," *Kulturaustausch*, no.3, über. Stefan Heidenreich, Berlin: Institut für Auslandsbeziehungen, 2010.

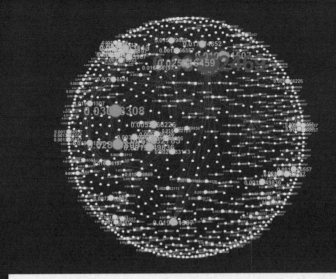

"정보기계는 잉여가치를 노드당 링크로 측정한다"(가치화하는 정보의 흐름들, 혹은 네트워크 잉여가치)

알콰티의 이런 직관 덕분에 튜링기계는 더욱 일반적으로 **정보의 축적과 메타데이터의 추출**, 그리고 **기계적 지성의 실행**을 위한 기계로 정의될 수 있다. 튜링기계의 다이어그램은 산 정보가 어떻게 기계적 지성으로 변화하는지를 이해하기 위한 실용적인 모델을 제공한다. 열기계가 **시간당 에너지**로 잉여가치를 측정하듯이, 정보기계는 잉여가치를 사회적 하이퍼텍스트 속에 놓고 **노드당 링크**로 측정한다(예컨대 이는 구글 페이지랭크 알고리즘의 경우에서 분명하게 발견된다).[53]

매일매일 전지구적 디지털 인프라를 통해(예컨대 구글 같은 검색엔진, 페이스북 같은 소셜네트워크, 아마존 같은 온라인스토어, 그리고

53) Matteo Pasquinelli, "Google's PageRank: A Diagram of Cognitive Capitalism and the Rentier of the Common Intellect," *Deep Search: The Politics of Search Beyond Google*, ed. Konrad Becker and Felix Stalder, London: Transaction Publishers, 2009.

기타 수많은 [온라인 기반] 서비스들을 통해) 수행되는 정보의 대량 축적과 메타데이터의 추출은 다양한 결과들을 낳는다. 간단히 말해 여기서 메타데이터는 1) 사회적 관계들의 축적 및 그 가치의 측정, 2) 기계적 지식의 설계 향상, 3) 대중의 행동에 대한 관찰 및 예측(데이터감시) 등에 사용된다고 볼 수 있다.

1) 메타데이터는 사회적 관계의 가치를 측정하는 데 사용된다

첫 번째 수준에서 정보의 축적은 사회적 관계를 상품가치로 바꾸기 위해 사회적 관계의 생산을 반영하고 측정한다. 실제로 디지털 테크놀로지는 사회적 관계의 지형을 세밀하게 그려낼 방법을 압축적으로 제공할 수 있다(사회적 관계는 맑스에게 있어서 자본의 성격을 구성하는 것이며, 하트와 네그리가 '공통적인 것의 생산'이라고 부르는 것도 구성한다[54]). 페이스북 같은 소셜미디어를, 그 미디어들이 집단적 커뮤니케이션을 주목경제로 바꾸는 방식을 보라. 혹은 구글 페이지랭크 알고리즘이 확립한 신망경제prestige economy를 보라. 여기서 메타데이터는 **네트워크 잉여가치**를 설명해주며, 이때 네트워크는 맑스의 용어(사회적 관계로서의 자본)로 하면 사회적 관계들의 네트워크이다.

2) 메타데이터는 기계적 지성을 향상시키는 데 사용된다

두 번째 수준에서, 메타데이터의 추출은 소프트웨어 프로그램에서부터 지식 매니지먼트에 이르기까지, 생산설계에서부터 인터페이스 사

---

54) Michael Hardt and Antonio Negri, *Commonwealth*, Cambridge: Belknap Press, 2009. 특히 제5부 2장을 참조하라.

용성에 이르기까지, 그리고 이동성에서부터 기호논리에 이르기까지 어떤 수준에서든 기계적 지성을 향상시키고 '조율'하기 위한 정보를 제공한다. 디지털 영역은 일종의 자가조정 **자동기계**이다. 정보의 흐름들이 그 내적 조직화를 향상시키고 더 효율적인 알고리즘을 만들어 내는 데 사용된다. 가치화하는 정보의 흐름들은 알콰티가 말한 사이버네틱스적 공장에서처럼 고정자본으로 변형된다. 이는 그 흐름들이 기계의 지성으로 변형됨을 의미한다. 여기서 다시 한 번 구글 페이지랭크 알고리즘과 그것이 데이터 트래픽에 따라 진화하는 방식을 보라. 여기서 메타데이터는 **코드 잉여가치**를 설명해주며, 이때 코드는 산 지식과 맑스적 일반지성의 구체화이다.

3) 메타데이터는 삶정치적 통제(데이터감시)에 사용된다

메타데이터는 한 개인을 프로파일링하는 것보다 군중을 통제하고 대중의 행동을 예측하는 데 더 많이 사용된다. 오늘날 이런 일은 정부가 온라인 소셜미디어나 대중교통을 통한 인구이동, 또는 (데이터스피어 datasphere에 있는 RFID 태그와 기타 오프라인 장치들을 포함해) 유통 체인망의 상품 공급을 추적하는 데서 발견된다. 특정 키워드에 관한 온라인 실시간 통계는 사회적 불만만큼이나 질병의 전국적 확산도 매우 정확하게 보여준다(구글 트렌드 서비스와 구글 플루를 보라). 트위터나 페이스북 같은 소셜미디어는 데이터마이닝*을 통해 쉽게 조작될 수 있다. 여기서 메타데이터는 **메타데이터 사회**(들뢰즈가 제시한 '통

---

* data mining. 많은 데이터 가운데 숨겨져 있는 유용한 상관관계를 발견해, 미래에 실행 가능한 정보를 추출해내고 의사결정에 이용하는 과정.

제사회'가 진화한 것55))를 설명해주며, 이는 사용자들의 일상적 활동에 의해 활발하게 생산되는 실시간 **데이터스트림**에 기초한다.

이 모든 사안들에 대해 적절한 정치적 분석이 계속되어야 한다. 결론적으로 튜링기계는 **가치화하는 정보를 축적하고 메타데이터를 추출하며 네트워크 잉여가치를 계산하고 기계적 지성을 공급하는 장치**로 정의된다. 금융 사이버네틱스에 관한 브라이언 홈스의 작업에서 몇 가지 은유를 빌려오자면,56) 나는 '디지털 창조성'이라는 화이트큐브에서 빠져나와 공통적인 것을 포획하기 위해 설계된 알고리즘과 네트워크 잉여가치라는 **블랙박스**를 파고들어야 할 때라고 생각한다.57)

---

55) 통제사회에서 "[더 이상 나뉠 수 없는 온전한 존재로 이해됐던] 개인들은 **나누어지는 것**(dividuels)이 되어버리며 대중들은 표본, 데이터, 시장, [데이터]뱅크가 된다." Gilles Deleuze, "Post-scriptum sur les sociétés de contrôle," *Pourparlers 1972-1990*, Paris: Minuit, 1990, p.244. [김종호 옮김, 「통제사회에 대하여」, 『대담 1972~1990』, 도서출판 솔, 1993, 201쪽.]

56) Brian Holmes, "Written in the Stars?: Global Finance, Precarious Destinies," *Springerin*, no.1/10: Globalism, 2010.

57) 미술 전시에서 '화이트큐브'(white cube)는 회화를 돋보이게 하는 흰색의 전시 공간을 의미한다. 그러나 최근 영상, 소리 등을 이용한 뉴미디어 미술작품들이 늘어나면서 화이트큐브와 대비되는 암실 같은 전시 공간의 비중이 늘고 있는데, 이를 '블랙박스'(black box)라고 한다.

7 공통적인 것의 유통*
닉 다이어-위데포드

1. 이렇게 중요하고도 시의적절한 주제를 다루는 시리즈에 참여하게 되어 매우 기쁘다. 최근 몇 년 간 좌파 진영에서 공통재에 대한 이야기는 말 그대로 공통적인 것이 됐다. 오늘날 공통재에 대한 이야기가 위기 속에서, 즉 경제적인 위기일 뿐만 아니라 실업의 직접적인 고통, 주택 압류, 전지구적 전쟁 역시 포함하는 위기 속에서 시험대에 올라 있다. 따라서 지금이야말로 공통적인 것이라는 개념이 급진주의에 어떤 의미였는지, 이 개념이 가진 힘과 한계는 무엇인지, 앞으로 이 개념이 어떻게 발전될 수 있는지를 검토해볼 좋은 때이다. 나는 이 주제에 대한 기존의 내 연구작업들을 비판적으로 되돌아보면서 이런 검토를 진행하고자 한다. 이 작업이 전적으로 공통적인 것에 관한 집단적, 공통적, 지적 프로젝트의 일부라는 것을 의식하면서 말이다. 이 이야기의 제목은 '공통적인 것의 유통'이다.

---

* Nick Dyer-Witheford, "The Circulation of the Common," a talk for "The Future of the Commons" series, co-sponsored by Department of Cultural Studies and Comparative Literature, University of Minnesota, October 29, 2009.

2. 공통적인 것은 그 기원이 유럽 봉건제도의 공유지로 거슬러 올라가는 오래된 개념이다. 공유지는 15~18세기의 시초 축적 과정에서 울타리쳐졌으며, 이 과정은 식민주의에 의해 지구 전역으로 퍼져나갔다. 그러나 공통적인 것이라는 개념을 되살려 쓴 것은 약 10년 전인 2000년대 초의 반지구화 혹은 반지구화운동에서부터이다. 전지구적 자본의 급격한 사유화, 규제 완화, 약탈 공격에 직면해 다양한 투쟁을 벌이고 있던 활동가들과 이론가들은 공통적인 것의 이미지 속에서 지적이고 정동적인 영감의 원천을 발견했다. 멕시코와 인도의 토지 전쟁에서부터 디지털 문화의 '크리에이티브 커먼스' 운동과 생태적 재앙을 막으려는 시도에 이르기까지, 시애틀·퀘벡·제노바의 거리에서 신자유주의의 두 번째 인클로저 운동에 맞선 저항은 자신이 공통적인 것에 대한 방어에 나서고 있음을 표현했다.

3. 공통재에 대한 이런 재발견이 활동가들에게 중요했던 것은, 이것이 저 어두운 역사를 연상시키지 않으면서도 집단적 소유에 대해 말할 수 있는 길을 제시했기 때문이다. 요컨대 통상 계획경제와 억압적 국가기구로 이해되는 '공산주의'를 즉각 떠올리고 해명하는 일 없이도, 집단적 소유에 대해 말할 수 있도록 해줬던 것이다. 레닌이 신임을 잃었다면, 전형적인 평민운동의 지도자 제라드 윈스탠리와 디거스[땅 파는 사람들]*는 지지를 얻었다.

---

* Gerrard Winstanley(1609~1676). 기독교 공산주의에 기초해 토지의 균등 분배를 주장한 영국 디거스(the Diggers)의 지도자이자 이론가. 영국 청교도 혁명 무렵에 출현한 당파들 중 가장 급진적 집단이었던 디거스는 1649년 4월경 서리 주 세인트조지힐에 모여 공유지를 경작하고 공동체를 형성하며 점차 세력을 확

4. 21세기 벽두의 급진주의에게 공통재라는 개념이 중요했던 또 다른 이유는 그것의 유연성 때문이었다. 즉 공통재라는 개념이 아우를 수 있을 것으로 보이는 문제들의 [광대한] 범위 때문이었다. 공통재에 대한 가장 영향력 있는 역사적 서술 가운데 하나는 피터 라인보우와 마커스 레디커가 공저한 혁명적 대서양의 숨겨진 역사이다.** 라인보우와 레디커의 책은 인클로저에 반대한 급진주의자들과 노예제에 반대한 급진주의자들의 합류가, 당대 지배계급에게 도처에서 솟아오르는 것처럼 보였던 히드라의 머리 같은 반란을 어떻게 만들어 냈는지를 보여준다. '히드라의 머리'는 각양각색의 정치적 색깔을 가진 다양한 집단들을 한데 모았던 반지구화운동에게 매력적인 상징이었다. 급진적인 것이든 개혁주의적인 것이든, 공통재는 다양한 자원들의 집단적 관리에 대한 다양한 제안들을 아우른다. 공통재에 관한 담론들이 가지는 공통성, 다시 말해서 서로 다른 유형의 활동가들도 공통재에 관한 담론을 공유할 수 있다는 바로 그 사실은 다양성을 힘으로 하는 운동들의 운동에 유용했다.

장했다. 토지 공유와 임금노동 폐지를 주장했고, 온건한 수평파(the Levellers)에 맞서 '진정한 수평파'를 자임했던 이들은 1650년 3월 정부의 탄압으로 해체됐다. 디거스 공동체 결성에 주도적 역할을 했던 윈스탠리는 이후에도 소책자 등을 발간하면서 열정적이고 생기 있는 글을 통해 후대의 코뮤니즘과 유물론 사상의 선구가 되는 주장을 폈다. 윈스탠리의 사상에 대해서는 영국 노동당 당수였던 토니 벤이 해제를 붙인 다음의 책을 참조하라. Gerrard Winstanley, *A Common Treasury*, introduction by Tony Benn, London: Verso, 2011.

** Peter Linebaugh and Marcus Rediker, *The Many-Headed Hydra: Sailors, Slaves, Commoners, and the Hidden History of the Revolutionary Atlantic*, New York: Beacon Press, 2001. [정남영·손지태 옮김, 『히드라: 제국과 다중의 역사적 기원』, 갈무리, 2008.]

5. 그러나 이것은 약점이기도 했다. 대안지구화 운동의 침잠은 [지난 2001년의] 9·11 사건 때문이었지만, 그 이전에 운동의 방향을 둘러싼 문제가 있었다. 어려운 것은 우리가 무엇에 맞서 싸우고 있는지 혹은 우리가 싸우고 있다는 사실 자체를 생각하는 것이 아니라, 우리가 무엇을 위해 싸우고 있는지를 생각하는 것이었다. 다른 세계는 가능하다. 아니, 필연적이다. 하지만 다른 세계는 어떤 세계인가? 운동들의 운동은 반기업적, 반자본주의적이었나? 만약 반자본주의적이었다면, 자본주의 이후에 대한 전망은 무엇이었는가?

6. 이런 막연함이 공통재라는 관념을 괴롭혀왔다. 이 점을 비판하며 조지 카펜치스는 이렇게 지적했다. 자유시장 정책이 점점 붕괴하는 상황에 직면한 신자유주의적 자본이 제한적 형태의 공통재, 즉 오염물질 거래 계획, 지역공동체 발전, 오픈소스, 파일공유 실천 등을 자본주의 경제의 하위 부문(자발적 협력이 이윤을 창출하는 부문)으로 도입하는 '플랜 B'로 선회할 수 있다는 것이다. 이 지점에서 우리는 웹 2.0이 급진적 디지털 활동가들의 수많은 혁신을 어떻게 재전유해 지대의 원천으로 바꿨는지를 생각해볼 수 있다. 또한 역사적으로도 유사한 사례들이 있다. 역사적으로 존재했던 공통재에 대한 낭만주의적 설명은, 공통재가 엄청나게 강압적인 봉건주의의 보완물이었다는 사실을 종종 간과한다. 오늘날의 공통재 역시 전지구적 자본의 주변적이고 유용한 부속품에 지나지 않게 될 가능성이 있다.

7. 2004년 무렵부터 반자본주의 운동이 대폭 해체되기 시작하며 이런 질문이 제기됐다. 상품의 바다에 떠 있는 고립된 군도에 불과한

것으로서가 아니라, 자본을 넘어선 세계에 대한 약속이자 새로운 생산양식의 구성요소로서의 공통재 개념의 급진적 잠재력을 보존할 수 있는 길이 존재하는가? 이것이 마이클 하트와 안토니오 네그리, 마이클 앨버트와 로빈 하넬,* J. K. 깁슨-그레이엄**을 비롯한 수많은 활동가 지식인들을 사로잡았던 문제(자본주의 이후의 삶)이다.

8. 다른 글에서, 나는 페미니스트 사회주의자 다이앤 엘슨이 만든 '공통적인 것의 유통'이라는 흥미로운 표현에 영감을 받아 이 흐름을 풍부하게 하고자 했다. 엘슨은 『소셜리스트 레지스터』에 기고한 논문에서 이 용어를 사용했지만 정교화하지는 않았다. 나는 이 용어로부터 운동의 이론적 도구상자 안에 이미 존재하는 두 가지 개념, 즉 자본의 유통과 투쟁의 유통이라는 개념을 공통재와 연결시킬 가능성을 발견할 수 있었다. 이 두 개념은 공통적 투쟁에 관한 선견지명과 전략적인 분석을 제공한다. 아직은 이런 생각이 다소 이론적·추상적 층위에 머물러 있지만, 결국 그런 층위에서 벗어나게 될 것이다.

---

* Michael Albert(1947~　)·Robin Hahnel(1946~　). 앨버트는 미국의 활동가로서 좌파 시사지 『Z매거진』(Z Magazine)의 공동 창립자이며, 하넬은 포틀랜드 주립대학교 경제학과 교수이다. 앨버트와 하넬은 1991년 참여경제론을 공동으로 주창한 이래 줄곧 공동 작업을 하고 있다. The Political Economy of Parti-cipatory Economics, Princeton: Princeton University Press, 1991.

** J. K. Gibson-Graham. 미국과 호주의 페미니스트 경제지리학자 그레이엄(Julie Graham, 1945~2010)과 깁슨(Katherine Gibson, 1952~　)의 공동 필명. 30여 년 간 파트너십을 유지하며 지역경제론과 페미니즘에 근거해 자본주의를 비판적으로 분석한 여러 책을 집필했다. The End of Capitalism(As We Knew It): A Feminist Critique of Political Economy, Cambridge: Blackwell, 1996; A Postcapitalist Politics, Minneapolis: University of Minnesota Press, 2006.

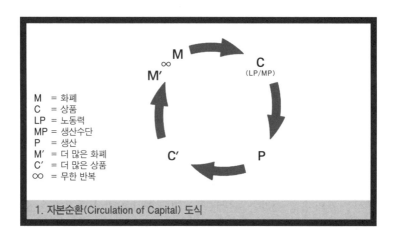

M = 화폐
C = 상품
LP = 노동력
MP = 생산수단
P = 생산
M′ = 더 많은 화폐
C′ = 더 많은 상품
∞ = 무한 반복

1. 자본순환(Circulation of Capital) 도식

9. 맑스는 자본주의의 세포형태를 상품, 즉 사적 소유자들 사이의 교환을 위해 생산된 재화로 간주했다.

10. 맑스의 자본순환 개념은 상품이 화폐로 변태되어가는 과정을 추적한다. 이렇게 변형된 화폐는 더 많은 자원을 획득해 더 많은 상품으로 변형시킬 것을 명령한다. 이런 자본의 순환은 M-C⋯P⋯C′-M′의 공식으로 표현된다. 화폐(M)가 노동력·기계·원료 상품(C)을 구입하는 데 사용되고, 이 상품들은 생산(P)과정에 투입되어 새로운 상품(C′)을 만들어내며 이는 더 많은 화폐(M′)를 받고 팔린다. 이 화폐 중 일부는 이윤으로 보유되고 다른 일부는 더 많은 상품을 만들기 위한 더 많은 생산수단을 구매하는 데 사용된다. 헹궈내고 반복하기.

11. 이런 순환 속에서 맑스는 서로 다른 종류의 자본을 확인한다. 상업자본, 산업자본, 금융자본이 그것이다. 예컨대 상품을 화폐로 변형시키는 것(C-M)은 상업자본의 역할이다. 상품들을 수단으로 하는 상

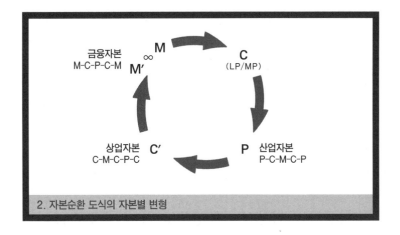

금융자본
M-C-P-C-M M′ ∞ M
C
(LP/MP)

상업자본 C′
C-M-C-P-C

P **산업자본**
P-C-M-C-P

2. 자본순환 도식의 자본별 변형

품의 생산(P)은 산업자본에 의해 수행되며 화폐자본의 생산자본으로
의 전환(M-C)은 금융자본의 표면상의 임무이다.

12. 맑스가 자본순환의 지도에 명시적으로 포함시키지 않았지만, 오
늘날 꼭 포함되어야 하는 또 다른 요소가 있다. 바퀴살이 연결된 바
퀴의 축처럼, 자본순환의 한가운데에 국가장치가 있다. 국가는 강제
력으로 사적 소유를 보호·방어하며, 노동력 판매를 위해 사법적 틀을
제공하고, 정보통신 분야에는 지적소유권법을 제공한다. 또한 최근에
드러났듯이 순환이 실패할 때, 구제를 위해 즉각 개입한다.

13. 맑스의 도식은 간단하다. 다른 이론가들은 이것을 정교화해 엄청
나게 복잡한 도식을 만들어낸다. 그러나 순환과정의 속도에 박차를
가해 가속도를 높일 뿐 아니라 점점 더 광범한 사회적·지리적 공간
을 차지하며 그 반경 역시 넓혀가는 회전하는 구체球體를 생각해보면,
우리는 전지구적 자본의 이미지를 떠올릴 수 있을 것이다.

14. 여기서 요점은 자본의 유통과정이 스스로 촉진되고 발생되는 자립적 과정이 되어가고 있다는 것이다. 이런 자본의 유통과정은 '끊임없이 회전하는 원'과도 같은데, 이 원의 모든 지점은 출발점인 동시에 회귀점이다. 이 동학은 상품이라는 세포형태를 맑스가 더 "복잡하고 복합적인" 형태라고 이름붙인 것으로 전환시키는 성장 메커니즘이자 자본주의의 신진대사 전체이다. 또한 이 동학은 자본이 분자적 수준에서 그램분자적 현상형태로 나아가는 과정이다.

15. 자율주의는 자본의 유통이 투쟁의 유통이기도 하다는 것을 보여줬다. 자본순환의 매 계기는 잠재적 갈등의 계기이다. 따라서 노동력 상품을 구매하려는 시도(M-C)는 정처 없이 떠도는 프롤레타리아트를 만들어내기 위해 토지로부터 주민을 축출하는 것을 둘러싸고 벌어지는 투쟁에 의해 중단될 수 있다. 생산(P)의 계기는 고전적인 작업장 저항의 장소였다. 상품의 화폐로의 전환(C-M)은 도둑질에서부터 공적 재전유에 이르는 위험들에 취약하다.

16. 이 각각의 화약고는 다른 화약고에 불을 붙일 수 있으며, 그리하여 서로 연결될 수 있다. 이는 반자본 투쟁의 개념을 버리지 않으면서도 (사실상 확장시키면서) 직접적인 생산 지점에 대한 고전적 맑스주의의 집중을 분산시켰다. (그것이 아무리 불완전하게 전개됐더라도) 다중이라는 아이디어의 근저에는 잠재적으로 상호연결된 투쟁들의 확장하는 궤도에 대한 생각이 놓여 있다.

17. 그러나 '투쟁의 유통론'은, 매우 고전적인 맑스주의적 측면에서,

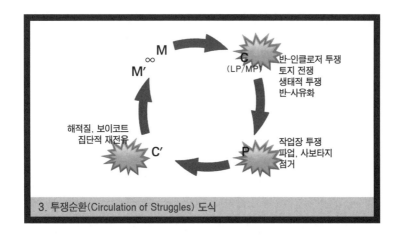

3. 투쟁순환(Circulation of Struggles) 도식

투쟁 너머에 있는 것, 즉 자본주의 이후의 삶에 대해서는 말할 수 있는 것이 거의 없었다.

18. 따라서 우리는 투쟁의 유통에서 공통적인 것의 유통으로 가는 또 하나의 단계를 상정해야 한다.

19. 자본주의의 세포형태가 상품이라면 자본을 넘어선 사회의 세포형태는 공통적인 것이다. 상품은 교환을 위해 생산된 재화이지만 공통재는 공유되기 위해 생산되는 재화이다. 교환을 위해 생산된 재화인 상품은 그 교환을 가능케 하는 사적 소유자들을 전제한다. 공통적인 것이라는 관념은 공유를 가능케 하는 집단들을 전제한다.

20. 이런 집단들을 나는 '어소시에이션'association이라 부른다. 어소시에이션은 무엇인가? 협력적 조직화이다. 이것은 자본주의적 유통의 기본 메커니즘이자 과정인 교환(상품과 화폐를 맞바꾸는 것)을 대체

한다. 자본주의의 순환에서 교환, 즉 화폐와 상품의 맞교환은 서로 다른 권역에서 다른 도구를 가지고 이뤄진다. 길모퉁이 식료품 가게에서 우유를 사는 것과 주식시장에서 파생상품을 전자 결제로 구매하는 것, 주급으로 수표를 받는 것 사이의 차이를 생각해보라.

21. 마찬가지로 어소시에이션도 다양한 형태와 권역을 취할 수 있다. 이 지점에서, 최근 노벨상을 수상한 엘리너 오스트롬* 같은 신제도주의자들의 작업은 매우 소중하다. 농업관개체계와 방목체계에서부터 월드와이드웹에 이르기까지 공유재를 관리하는 규칙, 기술, 지식, 정보 흐름에 대한 오스트롬의 조사는 서로 다른 역사적 조건에서 다양한 규모로 실현됐던 어소시에이션의 기술에 대한 상세한 분석이다. 이런 연구는 비록 그 정치적 성격은 다를지라도 우리가 여기서 모색하고 있는 모델과 직접적으로 관련되어 있다.

---

* Elinor Ostrom(1933~2012). 미국의 정치학자이자 경제학자. 공공 자산(사회의 공유 재산)이 다수의 경제 주체들에 의해 어떻게 성공적으로 활용될 수 있는지를 '경제적 협치'(economic governance) 개념으로 분석한 공로를 인정받아 2009년 동료 연구자인 윌리엄슨(Oliver Williamson, 1932~)과 함께 노벨 경제학상을 공동 수상했다. 오스트롬은 『공유의 비극을 넘어』라는 저서에서 공동체를 통해 '공유지(또는 공유재)의 비극' 현상을 해소할 수 있다는 이론을 제시했다. '공유지의 비극'이란 삼림·어장·유전·방목장 등 공동체 모두가 사용해야 할 자원은 사적 이익을 주장하는 시장의 기능에 맡겨둘 경우 당대에 이를 남용해 자원이 고갈될 위험이 있다는 이론이다. 종전까지는 이에 대한 해결책으로 정부의 통제나 사유화가 효율적이라는 견해가 지배적이었으나, 오스트롬은 공동체 중심의 자치제도를 통해 해결할 수 있다는 이론을 제시했다. *Governing the Commons: The Evolution of Institutions for Collective Action*, Cambridge: Cambridge University Press, 1990. [윤홍근 옮김, 『공유의 비극을 넘어: 공유자원 관리를 위한 제도의 진화』, 랜덤하우스코리아, 2010.]

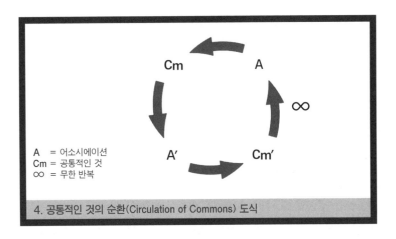

A = 어소시에이션
Cm = 공통적인 것
∞ = 무한 반복

4. 공통적인 것의 순환(Circulation of Commons) 도식

22. **공통적인 것의 순환**은 내가 어소시에이션이라 이름붙인 이 집단성들이 창의성, 기계류, 천연자원 등을 포함하는 공통의 자원을 어떻게 생산적 앙상블로 조직해왔는지를 추적한다. 이 생산적 앙상블은 다시 새로운 어소시에이션을 위한 기초를 제공한다.

23. 따라서 새로이 쓰여진 유통 공식에서 C는 상품이 아닌 공통재를 의미하며 화폐로의 변형이 아닌 어소시에이션으로의 변형이 일어난다. 따라서 기본 공식은 다음과 같다. A-C-A′. 이는 다음과 같이 더욱 구체화될 수 있다. A-C⋯P⋯C′-A′.

24. 자본의 유통이 상업자본, 산업자본, 금융자본으로 세분되는 것과 마찬가지로 우리는 공통적인 것의 순환에서 각기 다른 계기들을 식별해야 한다. 이 계기들을 각각 생태사회적 공통재the eco-social commons, 노동 공통재the labour commons, 네트워크 공통재the networked commons라고 이름붙일 수 있을 것이다.

25. **생태사회적 공통재**에는 계획기구들, 전지구적 기후 통제, 어획 매장량 관리, 유역流域 보호, 오염 예방 등이 포함될 수 있다. 이들을 생태사회적 공통재라고 이름붙인 것은 이와 동일한 계획 논리가 전염병 관리 및 공중보건 서비스 공급, 식품유통 규제, 인류의 삶을 상업적으로 착취하기 위한 전략적 기회로 이해된 것과 다른 의미에서의 생명공학적 관리감독에도 똑같이 적용됨을 나타내기 위함이다.

26. **노동 공통재**는 생산적 노동 및 재생산 노동의 민주적 조직화를 의미한다. 여기에는 노동자 협동조합, 노동자 경영 공공기업, 농촌 사회에서의 토지 재분배가 포함될 것이다. 하지만 노동 공통재는 기본소득 혹은 보장임금의 도입 같은 조치들을 포함할 수 있을 정도로 더욱더 폭넓게 이해되어야 한다.

27. **네트워크 공통재**는 오픈소스를 의미한다. 그러나 이 용어가 리눅스 같은 혁신만을 지칭하는 것은 아니다. 이는 네트워크를 상품이 아닌 집단적 사회 기반시설로 탈바꿈시키는 일체의 공식적·비공식적 투쟁을 포함한다. 우리는 크리에이티브 커먼스뿐만 아니라 공공 기관에서 오픈소스 실천을 대규모로 채택하는 것, 상업적 지적소유권을 완화시키는 방식으로 문화 생산자에게 보수를 지급하는 것, 그리고 P2P 시스템에 대한 접근을 전화만큼이나 공통적인 공공 시설로 만드는 교육과 기반시설에 대해서도 이야기하고 있는 것이다.

28. 공통재의 유통에 대해 이야기하는 것은 생태사회적 공통재, 노동 공통재, 네트워크 공통재가 서로를 존립 가능케 하고 강화시켜주는

과정을 제안하기 위해서이다. 그런 과정 안에서는, 순환의 한 지점의 어소시에이션들이 생산한 공통적 재화와 서비스가 다른 지점에 존재하는 어소시에이션들을 위한 투입물과 자원이 되어줄 것이다.

29. 예컨대 대규모 생태사회적 계획이 다양한 노동 공통재, 노동자 협동조합, 공동 기업을 탄생시키고, 이들이 생태보존, 공중보건, 복지 계획에 필요한 재화와 서비스를 생산해내는 과정을 그려볼 수 있다. 이런 재화와 서비스 가운데는 네트워크 공통재의 비경쟁적 소프트웨어 재화도 있을 수 있다. 이런 자유로운 지식과 혁신의 저장고는 생태사회적 공통재, 노동 공통재를 계획하고 생산하는 데 사용될 것이다. 노동자 협동조합과 공동 기업을 위한 무상 응용 프로그램이 좋은 예이다. 여기에는 미세가공 도구에서부터 재고품 관리, 가정용 태양 및 풍력 에너지 공급을 위한 마이크로그리드 시스템*에 이르기까지 다양한 부문에 활용될 수 있는 프로그램이 있을 수 있다.**

---

* Microgrid. 기존의 광역적 전력시스템에서 독립된 분산 전원을 중심으로 한 국소적인 전력공급 시스템. 기존의 전력시스템은 발전소에서 생산된 전기를 소비자에게 전달하는 단방향 구성이었다. 하지만 기존의 소비자 중에서 직접 전기를 생산해 공급자 역할까지 하는 프로슈머가 등장했다. 이들은 기존의 전력시스템에서 자급자족만 했을 뿐 전체 계통망에는 기여하지 않았다. 그 때문에 생산되고 남은 전기는 대부분 버릴 수밖에 없어 효율성이 떨어졌다. 마이크로그리드는 이들이 생산하는 전기 에너지를 활용해 전체 네트워크의 에너지를 극대화하기 위한 기술로, 발전소에서만 전기를 생산하는 것이 아니라 양방향 송배전을 바탕으로 다수의 프로슈머가 전력망의 전력생산을 맡게 되는 것이다. 전원이 분산됨에 따라 안정적인 전기 공급이 가능해지고, 재생 가능한 에너지의 효율적 이용도 가능할 것으로 예상된다.

** 이 글과 동일한 제목으로 2006년에 쓴 글에서 위데포드는 공통재의 유통 사례를 더 구체적으로 묘사하고 있다. "어떤 농업 '어소시에이션'(A)이 '공통적인'

30. 이처럼 '커머니즘'***은 다양한 공통재들의 연결과 유통으로 구성된 사회적 질서이다. 커머니즘은 현재의 새로운 공통재들을 연결시키고 기존 관계들이 감당할 수 없는 막대한 양의 공통재들을 축적함으로써 이 공통재들에 대한 자본주의적 흡수와 포섭을 막는다. 자본이 상품의 거대한 더미라면 커머니즘은 공통재의 증식일 것이다. 나, 그리고 네그리와 하트는 이것을 '공통체'라 부른다.

바나나 농장(C)의 성공적 경작에 힘입어 다른 '어소시에이션들'과 결합한다면(이 결합은 첫째로는 더 많은 땅을 경작하기 위해, 다음으로는 더욱 협력적으로 수행되는 활동들에 구심점을 제공하는 공업적 포장공장을 만들기 위해 일어난다), 우리는 공통재의 유통을 경험하고 있는 것이다. 공공 기금으로 조성된 교육시스템의 '어소시에이션적' 조직이 집단적으로 창안된 소프트웨어(이것은 오픈소스 어소시에이션[A']에 기초를 제공한다)를 연구한다면, 우리는 공통재의 유통을 경험하고 있는 것이다. 그리하여 이 소프트웨어가 맨 처음 언급된 농업 협동조합의 계획과 활동을 실행하는 데 자유롭게 이용될 수 있다면, 우리는 더 나아간 유통을 경험하는 것이다. 따라서 공통재의 유통은 공통재가 자본에 맞선 대항-포섭 운동 속에서 성장하고 다듬어지고 증식하고 다양해지는 동학이며, 그것은 '복잡하고 복합적인' 코뮤니즘의 형태를 낳는다." Nick Dyer-Witheford, "The Circulation of the Common," a paper presented at "Im-material Labour, Multitudes and New Social Subjects: Class Composition in Cognitive Capitalism," King's College, University of Cambridge, April 29-30, 2006, p.4. [www.fims.uwo.ca/people/faculty/dyerwitheford/index.htm]

*** commonism. 이 글뿐만 아니라 본서 전체를 관통하는 핵심어 중 하나인 커머니즘은 공통적인 것에 기반을 둔 삶의 방식을 지향하고 구현하려는 모든 이론적·실천적 노력을 의미한다. 커머니즘은 한편으로 자본주의가 무참히 부수어버린 공유지(the commons)에서의 삶에 대한 기억을 이어받으며, 다른 한편으로 자본주의의 발전과정에서 형성된 잠재적·현실적 공통재(commons)를 미래의 공통체(commonwealth) 구성의 바탕으로 삼는다. 커머니즘은 기존의 사회주의 혹은 공산주의 전통에서 볼 수 있었던 (국가)권력의 추구와 당에 의한 매개라는 요소를 거부하며, 그 대신 다중의 활력이 분출하는 자율적 표현을 핵심으로 하는 절대적 민주주의를 지향한다.

31. 우리는 이런 유형의 기획의 요소들을 라틴아메리카 좌파 정부, 예컨대 브라질, 베네수엘라, 에콰도르, 엘살바도르의 '연대경제'†에서 찾아볼 수 있다. 여기서 우리는 탈상품화된 활동의 '짜깁기'quilt 혹은 '조각보'patchwork에 기반해 작동하고, 노동자 협동조합, 자치 프로젝트, 다중심적 발전 등의 분권화된 네트워크와 중앙집중적 국가계획의 상호작용을 포함하는 사회변화 모델들을 볼 수 있다. 에우클리디스 만시 같은 연대경제학자들의 작업에서, 이 네트워크의 단위들은 각자가 사회적·환경적 정의의 원칙들을 따를 뿐만 아니라 서로에게 투입물을 제공해 스스로 창조하고 고양되는 체계를 만들어낸다. 이런 체계는 앞서 살펴본 것과 유사한 논리로 작동한다. 베네수엘라와 브라질에서는 현재 공적 지원을 받는 오픈소스 시스템, 즉 네트워크 공통재의 사용이 점점 늘어나고 있다. 이처럼 공통재들을 연결하고 유통시키는 방법이 시험되고 있는 것이다.

---

† solidarity economy. 1985년경 라틴아메리카와 프랑스에서 처음 사용되기 시작한 용어로, 1997년 페루의 수도 리마에서 '사회연대경제 촉진을 위한 대륙간 네트워크'(Réseau intercontinental de promotion de l'économie sociale solidaire)가 출범하면서 현재 유럽 등에까지 폭넓게 사용되고 있다. '연대경제'란 자유로운 협동, 자조, 상호부조가 인간의 기본 욕구라는 전제 아래 이 욕구를 충족시키기 위해 시도되는 각종 경제적 실천과 이론을 총칭한다. 즉, 기존의 경제가 경쟁·이윤·생존을 지향한다면, 연대경제는 의미 있는 생산, 협동, 시장의 민주주의적 통제를 지향한다. 구체적으로는 지역과 시민단체에 기반을 둔 협동조합(노동자 협동조합, 소비자 협동조합 등), 공정 무역, 대안통화(공동체 화폐), 윤리적 소비, 연대금융, 시민참가형 예산 편성, 오픈소스 운동 등의 형태를 띤다. 본문에서 언급된 만시(Euclides Mance, 1963~)는 라틴아메리카를 대표하는 브라질의 연대경제학자이다. 주요 저서로 『기아의 근절과 연대경제: 브라질의 지속가능한 발전과 구조변동』(Fome Zero e Economia Solidária: O desenvolvimento Sustentável e a Transformação Estrutural do Brasil, 2004) 등이 있다.

32. 이런 사유방식의 몇 가지 함의들을 잠시 짚어보자. 첫째, 이 사유 방식은 총체성의 모델, 즉 자본에 맞서는 대항 총체성의 모델을 제시 하는 한, 포스트모던적 사유와는 그 성격이 다르다.

33. 그러나 둘째, 이 사유방식은 다양성을 품은 총체성을 제시한다. 즉, 이 사유방식은 각각의 특수한 논리를 갖춘 다양한 공통재들(생태 사회적 공통재, 노동 공통재, 네트워크 공통재)의 상호작용으로 구성된 복잡하고 복합적인 비자본주의 사회에 대해 이야기하고 있는 것이 다. 이런 사회는 하향식의 동일한 사회주의 유토피아도 아니고, 대안 없는 자본주의의 유토피아도 아니다. 이 사유방식은 공통적 논리의 다양한 형태들로 구성된 새로운 잠재력의 편에 선다.

34. 셋째, 이 사유방식은 다양한 규모로 진행된다. 이 글은 단순하고 가장 기초적인 공통재와 어소시에이션의 세포 모델에서 시작해 가 정, 지역공동체, 전지구적 수준에서 생각할 수 있고 소규모로든 대규 모로든 충분히 실행 가능한 과정을 제시하고자 했다.

35. 넷째, 우리는 이 기획을 지금 당장 구축할 수 있다. 우리는 시장 의 즉각적 폐지를 단언할 필요가 없으며, 그 중심체계를 강력한 '공 통재'의 역학에 의해 둘러싸여 있고 그것에 종속되어 있는 하부체계 로 변형시키기만 하면 된다. 이것이 크리스토프 슈페어*가 '제국을

---

* Christoph Spehr(1963~). 독일의 정치가. 2009년 사회의 탈집중화와 사회운 동을 지지하는 해방좌파(Emanzipatorische Linke) 그룹에 참여해 현재 대변인을

넘어서[제국보다 더 잘] 협력하기'라고 묘사한 과정이다. 이런 논의가, 다가오기 마련인 근본적인 위기의 순간 혹은 순간들을 배제하는 것은 아니다. 이 논의가 제안하는 바는 공통재의 유통이 그런 순간에 선행하고, 그 전제조건을 확립하며, 그런 순간을 넘어서 자신의 잠재력을 실현시켜야 한다는 것이다.

36. 논쟁만을 불러일으킬지도 모르겠지만, 다음과 같은 점을 강조할 필요가 있을 것 같다. 공통재 유통의 지도에서 국가장치는 하나의 자리를, 그것도 꽤 중요한 자리를 차지한다는 점이 바로 그것이다. 나는 이 글의 서두에서, 운동들의 운동에 있어서 공통재와 관련한 중요한 점들 가운데 하나는 그것이 비국가적 사회 변화의 모델을 제시하고, 따라서 그 모델을 권위주의의 역사적 그늘로부터 자유롭게 한다는 점이라고 말한 바 있다. 하지만 그렇게 말했다고 해서, 우리가 국가의 문제를 회피한다는 의미는 아니다.

37. 앞서 나는 이 공통재의 유통 모델이 라틴아메리카 연대경제의 다양한 형태들과 관련되어 있다고 말했다. 공통재가 중심적으로 등장한 계기는 사파티스타의 투쟁이었다. 1994년 사파티스타가 일으킨 봉기(이것은 원주민들의 공유지를 지키기 위한 것이었다)는 공통적인 것을 위한 투쟁이었다. 또한 사파티스타는 존 홀러웨이가 '권력을 잡

말고 있다. 본문에서 언급된 슈페어의 표현은 다음의 인터뷰에 나온다. "Out-Cooperating the Empire?: Exchange between Geert Lovink and Christoph Spehr on Creative Labour and the Hybrid Work of Cooperation," *Institute of Network Cultures*, Amsterdam Media Research Centre, July 2006.

지 않고 세상을 바꾸기'라고 명명한 모델을 만들어냈다.* 이 모델은 아나키즘과 분권주의적 좌파들에게 적극 받아들여졌다. 그러나 그 이후 우리는 베네수엘라의 우고 차베스, 볼리비아의 에보 모랄레스 등 민주적으로 권력을 획득한 라틴아메리카 좌파 운동의 사례들을 목격해왔다. 이들은 국가가 무엇을 할 수 있는가를 보여주는 흥미롭고 중요한 실험실 역할을 하고 있다. 지역적 조건(석유 소득)에 의해 형성된 21세기 사회주의 실험은 국가와 공통재 제도들 간의 상호작용(예컨대 협동조합 설립)에 관한 사례연구를 제공하고 있다.

38. 진정한 과제는 국가를 접수하거나 분쇄하는 것이 아니라 "국가 자체가 (공통재를 배양하고 성장시키는 기계로서) 국가적이지 않은 방식으로 작동하게 만드는 것"**이라고 말할 때, 슬라보예 지젝은 옳다. 그런 이유로 최근 들어 나는 일부러 커머니즘이나 공통체보다는 바이오코뮤니즘에 대해 이야기하고 있다.***

39. 공통재 프로젝트는 계획의 프로젝트이다. 이산화탄소(혹은 기타 생태계 오염 물질들) 배출 규제, 기본소득(혹은 공중 보건과 공공 교육)

---

* John Holloway, *Change the World Without Taking Power: The Meaning of Revolution Today*, New York: Pluto Press, 2002. [조정환 옮김, 『권력으로 세상을 바꿀 수 있는가』, 갈무리, 2002.]

** Slavoj Žižek, *First As Tragedy, Then As Farce*, London: Verso, 2009, p.130. [김성호 옮김, 『처음에는 비극으로, 다음에는 희극으로』, 창작과비평사, 2010, 259쪽.]

*** Nick Dyer-Witheford, "Species-beings: For Biocommunism," a paper present-ed at the Historical Materialism Conference, "Many Marxisms," London School of Oriental and African Studies, Novemebr 7-9, 2008.

분배 프로그램, 네트워크 기반시설 구축은 정부의 권력의 행사 없이는 대규모로 실행하기가 상당히 어렵다.

40. 공통재의 유통에 대해 말하는 것은 다음과 같은 점을 동시에 생각하는 것이기도 하다. 거대한 그램분자적 정부 계획이 어떻게 자율적 프로젝트를 위한 조건들을 만들어낼 것인가(예컨대 조합들에 기금을 지원하고, 오픈소스나 P2P 표준을 채택함으로써). 다음으로 이 자율적인 분자적 단위들이 관료화, 경직성, 부문들 간의 이해관계 충돌 같은 위험에 맞서 어떻게 혁신을 이어나가고 투입물을 다양화하며 서로 다른 의견들을 조화롭게 제시할 것인가.

41. 운동들의 운동은 강력한 반국가주의적 입장의 자율주의와 아나키즘 그룹, 그리고 정부계획·복지에 몰두하는 사회주의·사회민주주의 운동들로 암암리에 쪼개져 있었다. 이 두 극 사이의 가능한 상호작용에 대해 생각해보는 것은 매우 의미 있는 작업일 것이다. 공통적인 것의 유통은 관료제와 폭정에 대항할 수 있는 자율적 조직들을 만들어내야 하고, 또 이들이 계획의 아이디어에 다양성과 혁신을 제공할 수 있는 조건을 구축해야 하며, 다원적인 계획을 수립해야 한다. 계획과 반계획은 서로에게 서로를 붙박아 넣어야 한다. 레이먼드 윌리엄스의 말을 빌면, 언제나 적어도 두 개의 계획이 있어야 한다.

42. 순수한 이론과 깔끔한 도식들로부터 벗어나자. 맑스가 "미래의 음식점을 위한 요리법"†이라 부른 추상적 유토피아에 대해 의심을 가지는 것은 당연하다. 요리 수업은 충분히 들었다고 생각하는 사람

들도 있을 것이다. 공통재의 유통은 투쟁의 유통에서 발생한다. 전쟁의 위험이 고조되고 있는 바로 이 순간에도 생태사회적 공통재, 노동 공통재, 네트워크 공통재를 위한 싸움이 벌어지고 있다.

43. 앞서 나는 생태적·군사적 위기와 포개져 있는 경제 위기를 언급했다. 자본의 유통이 자신이 내파될지 모른다고 위협할 때마다 국가가 매우 신속히 대규모 구제금융과 경기 부양책을 동원해 자본의 유통을 복구시키려고 한다는 것을 우리는 알고 있다. 반면 식량 위기나 HIV/AIDS 위기의 희생자들을 구하기 위한 대비는 마치 그것이 정말 하찮은 문제이기라도 한 것처럼 하찮고 둔감하게 여긴다.

44. 위기에 대한 커머니즘적, 공통체적 응답은 무엇일 수 있는가?

45. 신케인즈주의적 경기 부양책이 답일 수는 없다. 커머니즘적 응답은 관련 주체들이 공동 운영하는 공통재와 공유 자원을 구축·연결하는 데 막대한 국가 지출이 이뤄져야 한다는 요구여야 한다. 또한 금융 시스템 규제도 포함될 것인데, 여기에는 공동체와 노동자 소유의 기업들, 즉 노동 공통재의 구축에 대한 투자 요구가 포함될 것이다.

46. 구제금융을 받은 회사들은 공적으로 소유되거나 노동자 소유로 전환되어야 한다. 그 운영도 마찬가지이다. 구제 조치를 받으려는 금

---

† Karl Marx, *Capital*, vol.1, trans. Ben Fowkes, London: Penguin, 1976, p.99. [김수행 옮김, 『자본론』(제1권/상), 비봉출판사, 2001, 15쪽.]

융기업들에게는 파산할 위험에 빠진 가정을 구하고 산산조각 난 도시 중심부 재구축을 도울 것을 구제의 조건으로 부과해야 한다. 우리는 그 모든 돈에 대해 지역적·국가적 수준에서 참여적 예산 구성을 할 것을 요구해야 한다. 경기 부양책은 실로 사적 부문이 아닌, 집단적 자기조직화 역량을 구축할 수 있는 지역 에너지 체계, 재활용 공장, 도시 농업을 위한 계획에 의해 운영되는 그린 딜Green Deal을 위한 계기가 되어야 한다. 네트워크 공통재는 전통적인 언론의 위기에 대한 응답으로 새로운 협력적·공적 부문 언론을 지원함으로써 뉴스 보도의 붕괴에 대한 답을 제시해야 한다.

47. "우리는 땅을 점령하고, 생산적 능력을 발전시키고, 자기결정에 의한 창의적 경제가 어떤 것인지 생각하는 것을 시작할 수 있을까요?" 마이애미 노동자센터의 사무총장 기한 페레라의 말이다.

48. 공통재의 유통은 이런 투쟁들의 미래를 투영한 것이다. 이는 지금 이 순간 출현하고 있는 개념이다.

49. 그러나 이런 출현은 조정을 필요로 한다. 공통재의 미래는 조직화에 달려 있다. 나는 처음에 공통재 개념이 되살아난 것은, 국가사회주의의 망령을 떨쳐버리고자 했던 1989년 이후의 좌파들, 즉 리좀[뿌리줄기] 같고, 네트워킹되어 있고, 다양하고, 자발적이며 자기조직적인 좌파들의 작품이라고 말했다. 공통재는 집단적인 것에 대한 새로운 아이디어를 낳았다. 이제 문제는 조직화의 형태들이 이런 새로운 기획들을 횡단적으로 연결하는 데, 그리고 국가장치에 포획된 부

분들 가운데 공통재를 가두는 것이 아니라 열어젖히는 것들을 연결시키는 데 과연 적합한가이다.

50. 유적 존재로서의 인간이 가진 측면들 중에서 맑스의 관심을 끈 것은, 스스로를 변화시키는 능력만이 아니라 기존과는 다른 선택을 할 수 있는 능력이었다. 널리 알려진 한 구절에서 맑스는 최악의 건축가와 최고의 꿀벌을 비교한 적이 있다. 둘 모두 집을 짓지만 전자는 상상 속에서 설계하는 반면, 후자는 그렇지 않다고 여겨졌다. 오늘날 우리는 벌에 대해 맑스가 알았던 것보다 더 많은 것을 알고 있다. 벌들도 계획을 짠다. 설계 도면으로가 아니라 정교한 벌춤으로 말이다. 벌들은, 우리 인간도 이미 겪고 있는 것일지 모르는 벌집군집 붕괴 현상*으로 고통받고 있다. 우리는 또한 벌들이 낯선 환경에 적응함으로써 이런 운명을 피할 수 있다는 것도 알고 있다. 도시의 벌들이 교외의 벌들과 달리 벌집군집 붕괴 현상으로 고통받지 않는 것처럼 말이다. 그렇다면 이제 우리의 기획을 건축가의 기획 대 꿀벌의 기획이 아니라 꿀벌과 건축가의 기획으로 하자. 그리고 공통의 삶을 위한 미래를 실현할 수 있도록 함께 계획하자.

---

* colony collapse disorder. 꿀과 꽃가루를 채집하러 나간 일벌들이 돌아오지 않아서 그 둥지에 남은 여왕벌, 애벌레, 기타 미성숙 벌들이 몰살당하는 현상. 벌이 제대로 활동하지 못해 사라지면 벌을 매개로 번식하는 식물군 전체가 열매를 맺지 못하고 결국 멸종해버리는 심각한 상황이 초래될 수도 있다.

3부

공통적인 것의
구성을
위하여

"분노하는 것만으로는 충분하지 않다
Indignarse no es suficiente"

8 공통적인 것의 존재론
주체성의 생산과 그 정치적 과제

박서현

이 글은 안토니오 네그리와 마이클 하트에 의해 현대 정치철학의 주요 어휘로 부각된 '공통적인 것'을 존재론적으로 검토하기 위해 작성됐다. 공통적인 것을 존재론적으로 검토하는 이유는 단적으로 말해서 공통적인 것이 오늘날 세계가, 무엇보다 우리 '존재'가 생산되는 데 핵심 역할을 하고 있기 때문이다. 우리가 살아가는 세계가 **어떻게** 생산되는지, 다름 아닌 우리 자신이 **어떻게** 생산되는지 이해하기 위해서 공통적인 것을 존재론적으로 검토해야 하는 것이다. 그리고 이를 위한 핵심 단초는 바로 우리 자신의 존재, 즉 주체성이다.

물론 이 글에서 말하는 주체성은 우리가 통상적으로 생각하는 주체와 다르다. 곧 밝혀지겠지만 주체에 대한 통상적 표상을 넘어설 때에만 우리는 주체성의 생산이라는 문제틀 안에서 공통적인 것을 이해할 수 있다. 유의해야 할 것은 공통적인 것에 대한 존재론적 검토가 역사를 초월하는 논의가 아니라는 점이다. 우리의 논의는 오히려 우리가 지금 살아가고 있는 이 자본주의 세계에서 공통적인 것이 어떻게 주체성의 생산을 구성하는지 검토하는 것으로 이뤄진다.

중요한 것은 공통적인 것의 존재론이 정치적 존재론이라는 점이다. 왜? 공통적인 것이 오늘날 주체성의 생산방식(우리 자신이 생산되는 방식)을 구성한다는 점에서, 공통적인 것에 대한 이론적 탐구는 그에 대한 실천적 개입(자본의 포섭에 맞서 공통적인 것을 재전유하기)을 동시에 요구하기 때문이다. 공통적인 것은 결코 어떤 순수한 관조의 대상이 아니다. 따라서 이 글은 현대 자본주의에서의 주체성 생산의 문제를 다루면서 공통적인 것에 대한 존재론적 탐구가 어떤 정치적 과제를 제기하는지 또한 확인할 것이다.

| 주체성: 차이들로 이뤄진 공통적인 것 |

주체성은 단독자로서의 개체적 주체도, 단순한 집단으로서의 복수적 주체들도 아니다. 우리는 우리 자신인 인간 주체가 앞서 존재하며 이런 선재성에 기초해 이 주체가 다른 주체들 혹은 객체들과 관계맺는다고 생각하지만, 그것은 환상에 불과하다. 어떤 주체도 단독적으로 실존하지 않으며 다른 주체들·객체들보다 '앞서' 존재하지 않는다. 주체는 이미 항상 사회 안에서, 즉 자신이 그 안에서 태어나고 늙고 아파하고 죽는 사회 안에서 살아간다. 사회는 주체가 그 안에 하나의 지절枝節로서 포함되어 있는 관계들의 총체로 이뤄지는데, 주체는 이 관계들의 총체를 통해 어떤 특이한 주체로 만들어진다. 다시 말하면 주체는 자신이 그 안에 함께 속해 있는 관계들의 총체의 산물로서,[1]

---

[1] 주체가 관계들의 총체의 산물이라는 점에 대해서는 다음의 글을 참조하라. 안토니오 네그리, 정남영·박서현 옮김, 「정치적 주체: 다중과 구성권력 사이에서」, 『다중과 제국』, 갈무리, 2011, 148쪽.

어떤 고정된 속성을 담지하는 실체로 존재하는 것이 아니라 주체화되는 과정 안에서만 존재한다. 단독자로서의 개체적 주체와 단순한 집단으로서의 복수적 주체들은 모두 주체화 과정의 산물일 뿐이다. 주체성은 관계들의 총체를 통해 주체화 과정 안에서 파악된 주체를 의미하는 것으로서, 분명 주체와 연관되어 있지만 단독자로서의 주체로도, 단순한 집단으로서의 주체들로도 환원되지 않는다.

그런데 주체를 하나의 지절로서 포함하는 관계들의 총체를 우리는 구체적으로 어떻게 이해해야 하는가? 관계들의 총체란 주체와 다른 주체들 사이의 관계를 말하는 것인가? 아니면, 주체와 객체들 사이의 관계를 말하는 것인가? 그도 아니라면 또 다른 어떤 것인가? 무인도에 처음 도착했을 때 로빈슨 크루소는 다른 주체들과 관계맺으면서 살아가지 않는다. 그런데도 불구하고 크루소는 분명 어떤 관계 안에서 살아간다. 날짜를 새기고 성경을 읽는 등 크루소가 무인도에 가져온 것은 사실상 영국의 문화이며, 따라서 무인도에서 홀로 살아가면서도 크루소는 사회적 존재로서 살아가는 것이다.

주체가 그 안에 하나의 지절로서 포함되어 있는, 관계들의 총체로 이뤄진 사회가 단순히 주체와 다른 주체들 사이의 관계로 환원될 수는 없다. 물론 사회는 주체와 다른 주체들 사이의 관계를 포함한다. 하지만 사회는 그 이상의 관계를, 예컨대 날짜를 새기는 크루소를 통해 확인할 수 있듯이 주체와 객체 사이의 관계를 포함한다. 관계들의 총체의 가장 기초적인 항은 주체도 아니고 객체도 아니며 오히려 몸이다. 주체가 몸으로 이뤄져 있는 것과 마찬가지로 객체 역시 몸으로 이뤄져 있다. 주체가 관계들의 총체를 통해 주체화되는 과정에서 구체적으로 맺는 관계들 중 몸을 결여한 관계는 없다.

주체가 실체로서 존재하는 것이 아니라 주체화 과정 안에서만 존재한다는 것은 주체가 끊임없이 변하면서 실존한다는 것을 의미한다. 그리고 이때의 변화란 몸으로 이뤄진 주체가 다른 몸들과 관계맺으면서 새로운 몸으로 변형되는 것을 의미한다. 주체화 과정은 주체의 몸이 변형되는 과정이다. 이로부터 우리는 주체성을 더 분명하게 규정할 수 있는데, 이제 주체성은 다른 몸들과의 관계맺음을 통해 끊임없이 새로운 몸으로 변형되는 주체를 의미한다. 그리고 주지했듯이 이런 변형의 과정 외부에 존재하는 어떤 단독자로서의 주체는 없다. 주체성이 특이한 이유는 그것이 다른 몸들과 관계맺으면서 기존의 몸으로부터 다시금 새로운 몸으로 변형되는 과정 안에 존재한다는 점 때문인 것이다. 이런 의미에서 주체성은 두 가지의 차이를 내포한다. 하나는 주체성의 몸과 그것이 관계맺는 다른 몸들 사이의 차이이며, 다른 하나는 주체성의 몸이 끊임없이 변형되면서 발생하는 이전의 몸과 이후의 몸 사이의 차이이다.

하지만 주체성이 차이만을 내포하는 것은 아니다. 몸들 사이의 관계맺음은 공통적인 것을 구성하는 과정이기도 하다. 그것은 마치 연인이 대화할 때 서로 영향을 주고받으면서 각자가 달라질 뿐만 아니라 동시에 어떤 공통적인 것을 구성하는 것과도 같다. 물론 이 공통적인 것의 구성이 연인이 똑같은 생각을 하게 된다는 것을 말하는 것은 아니다. 대화를 주고받으면서 연인은 서로 다른 이해를 갖지만, 그럼에도 그들은 언어를 공유하면서 공감으로 표현될 수 있을 어떤 공통적인 것에 도달한다. 연인이 공유하는 언어도 공통적인 것이며, 그들이 도달하는 공감도 공통적인 것이다. 이로부터 우리는 공통적인 것이 동일성이 아니라 차이들로 이뤄진다는 점을 확인할 수 있다. 주체성이 다른 몸들과 관계맺으면서 특이한 몸으로 변형되는 과정은 차이뿐만 아니라 공통적인 것의 구성을 내포하는 과정, 아니 차이들로 이뤄진 공통적인 것의 구성을 내포하는 과정이다.

사실 차이들로 이뤄진 공통적인 것은 (주체성을 구성하는) 관계들의 총체이기도 하다. 주체성이 이미 항상 그 안에 하나의 지절로서 포함된 관계들의 총체는 주체성의 특이한 몸을 구성하는 동시에 그 몸에 의해 구성되는 것이다. 중요한 것은 몸들로 이뤄진 이 관계들의 총체가 차이들로 이뤄진 공통적인 것이라는 점이다. 관계들의 총체로서의 사회를 생각해보면 이 점을 쉽게 이해할 수 있다. 사회는 단순히 차이로서의 차이들로 이뤄진 것이 아니라 공통적인 것으로 이뤄져 있다. 사회적 존재로 살아갈 때, 우리가 분명 상이한 존재로 살아가면서도 동시에 어떤 공통적 지반 위에서 살아간다는 것은 분명하다. 아니, 더 정확히 말하면 사회적 존재로서 우리는 공통적 지반에 의해 구성되는 동시에 공통적 지반을 구성하면서 살아간다.

이제 우리는 주체성의 몸이 그 자신의 몸을 포함하는, 몸들로 이뤄져 있는 관계들의 총체를 기반으로 하여 다른 몸들과 구체적으로 관계맺을 때 변형된다고 말할 수 있다. 이처럼 주체성이 차이들로 이뤄진 공통적인 것을 내포하는 이유는, 주체성의 특이한 몸을 구성하고 또 그 몸에 의해서 구성되는 관계들의 총체가 공통적인 것이자, 몸들 사이의 관계맺음이 공통되기의 과정이기 때문이다. 그러므로 이제 우리는 다른 몸들과 맺는 관계들을 이미 항상 내포하는 주체성이 첫째, 단수성과 복수성을 넘어서 있는 어떤 역설적인 복수적 단수성의 심급을 함축한다는 점, 그리고 둘째, 주체-객체의 이분법을 넘어서 있는 심급을 함축한다는 점을 확인할 수 있다.

| 자본주의에서의 주체성 생산 |

지금까지 우리는 주체성을 마치 역사초월적인 것으로 설명했다. 이제 우리는 주체성의 생산을 다루며 이를 역사화해야 한다. 다시 말하면 주체성의 생산을 전 역사를 포괄하는 것으로 다루는 것이 아니라 특정한 역사적 시기에 한정해 다뤄야 한다. 물론 우리는 자본주의에서 주체성의 생산이 어떻게 이뤄지는지를 검토하고자 한다. 이를 위해서는 먼저 생산력의 역사적 변형이 검토되어야 한다.

의심할 수 없는 것은 주체가 자신의 물질적 삶을 생산하는 양식이 역사적으로 변했다는 사실이다. 우리가 우리의 물질적 삶을 생산하는 양식은 오늘날과 백 년 전, 그리고 천 년 전이 분명히 모두 다르다. 그렇다면 물질적 삶을 생산하는 양식이 역사적으로 변해왔다는 것은 구체적으로 무엇을 의미하는가? 이는 먹고 살기 위해서 주체가 다른 몸들, 즉 다른 주체들 혹은 객체들과 관계맺는 방식이 변해왔다는 것을 의미한다. 각 역사적 시기마다 주체는 자기의 물질적 삶을 다르게 생산했으며 이를 위해서 다른 몸들과 다르게 관계를 맺어왔다. 인류에게 일어난 굵직한 생산양식의 변형을 생각해보자. 농업혁명, 산업혁명, 정보혁명 등에서 구체적으로 무엇이 변한 것인가? 이 혁명들을 통해 주체가 다른 몸들과 관계맺는 방식이 변함으로써 **주체가 자신을 생산하기 위해 다른 몸들을 전유하는 방식이 변한 것이다.** 그렇다면 이런 역사적 변화를 낳은 요인은 무엇인가? 여기서 우리는 생산력의 역사적 변형이라는 문제와 만나게 된다.

생산력은 생산수단과 노동력으로 구성된다. 우리는 다소 직접적으로 노동력이 주체적인 것임을 알고 있다. 우리 몸을 써서 하는 작업들, 우리의 노동이 지출되는 작업들에 우리의 노동력이 쓰이며, 따라서 노동력이 주체적이라는 것은 분명하다. 그렇다면 생산수단은? 우리는 통상적으로 생산수단을 어떤 물화되어 존재하는 객체로, 우리가 우리 자신을 생산하기 위해 다른 객체를 전유하기 위한 도구로 이해한다. 생산력하면 으레 떠올리는 증기기관이나 컨베이어벨트가 우리 바깥에서 물화되어 존재하는 객체라는 것은 의심할 수 없는 듯하다. 하지만 사실 증기기관이나 컨베이어벨트는 당대 인류가 도달한 지성이 외화된 것이다. 맑스가 말했듯이 증기기관이나 컨베이어벨트는 '인간의 손으로 창출된 인간 두뇌의 기관들'이자 '대상화된 지력'이다. 즉 '일반지성'의 표현물이다.[2] 이로부터 우리는 생산수단을, 그리고 (생산수단과 노동력으로 구성되는) 생산력을 주체적 시각에서 이해할 수 있는 단초를 확보하게 된다. 하지만 이 단초를 더 전개시키기 전에 먼저 자본주의에서의 주체성의 생산을 검토해보자.

『임금노동과 자본』에서 맑스는 자본이 '축적된 노동'일 뿐만 아니라 '사회적 생산관계'이기도 하다고 말한다. 자본을 구성하는 노동도구·원료 등은 일정한 사회적 관계 안에서 만들어지고 축적된 것들로서 새로운 생산에 사용된다. 이 특정한 사회적 성격이 새로운 생산에 사용되는 생산물들을 자본으로 만든다.[3] 다시 말하면 자본이 사회적 생산관계인 이유는 자본을 구성하는 노동도구·원료 등의 생산수단이 일정한 사회적 관계 안에서 만들어지며, 또 그 관계 안에서 새로운 생산을 위해 사용되기 때문이다. 그런데 우리는 『임금노동과 자

---

2) 칼 맑스, 김호균 옮김, 『정치경제학 비판 요강』(2권), 백의, 2000, 382쪽.

3) 칼 맑스, 최인호 옮김, 「임금노동과 자본」, 『칼 맑스·프리드리히 엥겔스 저작선집』(1권), 박종철출판사, 1991, 555~556쪽.

본』에서 생산수단의 제작과 사용이라는 문제틀에 기초해 이해된 사회적 관계로서의 자본을 **주체성의 생산이라는 문제틀을 중심으로** 이해할 필요가 있다. 즉 우리는 사회적 관계로서의 자본을 소위 객체적으로 이해하는 것이 아니라 주체적으로 이해할 필요가 있다.

자본주의에서는 객체로서의 생산수단이 자본이라는 사회적 관계 안에서 제작되고 사용되는 것처럼, 주체 역시 자본이라는 사회적 관계 안에서 생산되며 소모된다. 요컨대 자본주의에서는 주체성이 자기 자신을 생산하기 위해 다른 몸들과 맺는 관계가 사회적 관계로서의 자본을 통해 표현된다. 자본주의에서는 주체성이 사회적 관계로서의 자본을 통해 생산되는 것이다. 하루 종일 나사못을 조이는 일을 하다가 결국 눈에 보이는 모든 것을 조이려는 강박증에 빠지게 되고 급기야 정신병원 신세를 지는 『모던 타임스』(1936)의 찰리 채플린이 좋은 예이다. 물론 극단적인 사례이지만 이것은 사회적 관계로서의 자본이 주체성을 어떻게 생산하는지 분명하게 보여준다.

이런 생산이 채플린의 몸과 나사못 등의 몸들 사이의 관계맺음을 통해 이뤄지는 것은 분명하지만, 사실 자본주의에서 주체성의 생산은 단순히 주체성의 몸과 다른 몸들 사이의 관계맺음을 통해서만 이뤄지는 것이 아니다. 주체성의 생산은 공통적인 것으로서의 관계들의 총체를 기반으로 하여 이뤄지는데, 자본주의에서 이 관계들의 총체는 특이한 주체성의 지성이 이미 항상 그 안에 하나의 지절로서 포함되어 있는 일반지성의 활동 속에서 구성된다. 그리고 이 일반지성의 활동을 통해 증기기관이나 컨베이어벨트 등의 자본주의적 생산수단이 창출된다. 바로 이것이 우리가 자본주의적 생산수단을 주체적 시각에서 이해할 수 있는 이유이다.

중요한 것은 이로부터 공통적인 것을 이해할 수 있는 또 다른 접근법을 얻는다는 점이다. 자본주의에서 공통적인 것은 일반지성인 동시에 그 일반지성이 표현된 생산수단이며, 그리하여 생산력이기도 하다. 자본주의에서 주체성은 공통적인 것으로서의 일반지성과 함께 생산되는 것이다. 이제 비로소 우리는 주체성의 생산을 현대의 자본주의적 생산양식 안에 자리매김할 수 있는 지점에 이르렀다.

| 현대의 자본주의적 생산양식: 비물질노동 |

현대의 자본주의적 생산양식을 검토하기 전에 우리는 구체제의 악습을 갈아엎으면서 등장한 자본주의가 역사적으로 한결같은 모습을 유지한 것이 아니라는 점을 분명히 해야 한다. 물론 자본주의가 탄생한 이래 변함없이 유지되는 것이 있기는 하다. 그것은 먹고 살기 위해 노동자가 자신의 노동을, 자신의 몸을 팔아야 한다는 사실이다. 인클로저 운동으로 경작지에서 쫓겨난 농민들이 먹고 살기 위해 도시로 몰려가서 자신의 노동을 팔아야 했던 것처럼, 오늘날의 성노동자뿐만 아니라 화이트칼라 노동자 역시 먹고 살기 위해 자신의 노동을 팔아야만 한다. 하지만 이처럼 자본-임금노동 관계가 유지되고 있더라도 자본주의적 생산양식이 변해오지 않은 것은 아니다.

자본주의가 탄생한 이래 자본주의적 생산양식은 발본적 변화를 겪어왔는데, 네그리는 특히 20세기에 이르러 자본주의적 생산양식이 다음의 두 굵직한 역사적 사건, 즉 1919년의 러시아 혁명과 1968년 혁명을 전후해 그런 변화를 겪었다고 파악한다. 우선 러시아 혁명을 전후해 일어난 생산양식의 변화는, 전문노동자가 성숙함으로써 자본주의적 생산관계와 국가의 사회정치적 조직화 양자에 위협임이 드러나자, 자본이 생산을 대량화하고 노동력을 탈숙련화해 전문노동자의 기반을 제공했던 공장 조직을 파괴하는 것으로 나타났다. 그리고 68혁명을 전후해 일어난 생산양식의 변화는 국가가 이전의 대량산업 발전의 길을 닦은 생산정책, 시장정책, 통화정책 등의 안정전략을 포기하는 것으로 나타났다. 더 구체적으로는 통제 수단이자 합법화 수단인 제도화된 집단 협상을 통해 노동계급과 상호작용하는 자본의 시도가 종식되는 것, 즉 '신자유주의' 국가의 도래라는 변화가 나타난 것이다. 중요한 것은 신자유주의 국가의 도래가 경제적, 사회적 개입주의의 축소를 의미하는 것이 아니라 반대로 사회적 노동력의 확대와 사회적 공장에 대한 국가 통제의 강화를 의미하는 것이었다는 점이다. 다시 말하면 1970년대 초에 이뤄진 생산양식의 변화는 더 이상 대량생산 공장이 아니라 사회 자체가 생산의 중심이 되는 것으로, 즉 '생산의 사회화'로 나타났다. 1919년과 1968년을 전후해 이뤄진 생산양식의 발본적 변화는 이와 같이 사회적 동요로부터 발생한 자본주의 체제 자체의 위기를 극복하기 위한 것이었다.[4]

그렇다면 현대의 자본주의직 생산양식은 어떤가? 맑스를 따라서 우리는 '경향'을 중심으로 그것을 이해해야 한다. 맑스가 『자본』을 썼던 시대에는 농민이 사회의 압도적 다수였고 노동자는 극소수였다. 하지만 맑스는 농업노동이 아닌 산업노동을 중심으로 당대의 자본주의적 생산양식을 분석한다. 왜 맑스는 산업노동을 중심으로 당대의

---

4) 20세기에 일어난 자본주의적 생산양식의 발본적 변화에 대해서는 다음을 참조하라. 마이클 하트, 정남영·박서현 옮김, 『네그리 사상의 진화』, 갈무리, 2008, 59~60, 100, 158쪽.

자본주의적 생산양식을 분석한 것일까? 그것은 당대에 이미 산업노동이 헤게모니적 지위를 차지하면서 그것의 사이클을 중심으로 사회적 생산이 재편되고 있었기 때문이다. 다시 말하면 사회적 생산에서 무엇이 헤게모니적 지위를 차지하는가에 대한 경향적 독해에 기초해 맑스는 당대의 자본주의적 생산양식을 해부했던 것이다.5)

『자본』에서 맑스가 했던 것과 같은 방식으로 우리 역시 현대의 자본주의적 생산양식을 경향을 중심으로 분석해야 한다. 오늘날 무엇이 헤게모니적 지위를 차지하고 있는가? 현상적으로는 양적인 면에서 1차·2차 산업 종사자에 대한 3차 산업 종사자의 우위를 확인할 수 있다. 하지만 우리는 1차, 2차, 3차 산업이라는 산업들 사이의 구분을 넘어서 도대체 무엇이 그 이전 시대와 비교해 발본적으로 변한 것인지를 '노동형태'를 중심으로 읽어내야 한다. '생산의 사회화'로 대변되는, 1968년을 전후로 이뤄진 발본적 변화가 현대의 자본주의적 생산양식을 특징짓는다면, 여기서 헤게모니적 지위를 차지하는 노동형태는 무엇인가? 단적으로 말해서 그것은 노동의 비물질화라는 변화의 결과인 비물질노동이다. 그렇다면 노동의 비물질화가 일어난 과정을 좀 더 자세히 확인하기 위해 1968년을 전후해 일어난 변화를 특히 노동형태를 중심으로 검토하기로 하자.

『디오니소스의 노동』에서 네그리와 하트는 1968년을 전후해 일어난 변화가 노동거부에 대한 대응으로서 이뤄졌다고 파악한다. 첫

---

5) 자본주의 사회의 생산양식에 대한 맑스의 경향적 독해에 대해서는 다음을 참조하라. 안토니오 네그리·마이클 하트, 조정환·정남영·서창현 옮김, 『다중: 제국이 지배하는 시대의 전쟁과 민주주의』, 세종서적, 2008, 181쪽.

째, 대공업의 훈육·임금체제에 종속된 노동에 대한 노동자들의 개인적 거부에 직면해 자본은 공장에 '자동화'를 도입했다. 둘째, 테일러주의적 공장노동 및 포드주의적 사회체제에 대한 대중적 거부에 직면해 자본은 생산관계의 '컴퓨터화'를 추진했다.[6] 중요한 것은 이와 같은 자본의 대응 속에서 노동 자체의 성격이 변했다는 점이다. 자동화와 컴퓨터화는 노동거부에 대한 자본의 대응이었지만 이런 대응에 뒤따르는 컴퓨터와 인터넷에 기초한 정보혁명을 통해 노동 자체의 성격이 변화된 것이다. 그리고 이런 변화된 노동형태가 바로 지식, 정보, 언어, 코드, 정동, 이미지, 아이디어 등의 비물질적 생산수단이 노동과정에서 중심이 되는 비물질노동이다.[7]

물론 현대의 자본주의적 생산양식에서 비물질노동이 헤게모니적 지위를 차지하고 있는 것이 맞더라도, 즉 물질노동에 비해 비물질노동이 우위를 점하고 있는 것이 맞더라도, 이것이 곧 물질노동이 소멸했다는 것을 의미하는 것은 결코 아니다. 물질노동은 분명 여전히 존재하고 있다. 하지만 중요한 것은 농업노동, 산업노동에서 손쉽게 확인할 수 있는 물질노동 역시 비물질노동에 의해서 변형되고 있다는 점이다. 이 점은 1차 산업으로 분류되는 농업노동에서도 확인할 수 있는데, 현대의 농업노동에서는 유전자 변형 식품의 생산이 이뤄지

---

6) 1968년을 전후해 이뤄진 개인적·대중적 노동거부에 대한 자본의 대응에 대해서는 다음을 참조하라. 안토니오 네그리·마이클 하트, 이원영 옮김, 『디오니소스의 노동: 국가형태 비판』(2권), 갈무리, 1997, 158쪽.

7) 네그리와 하트는 비물질노동을 비물질적 '생산물'을 창출하는 노동으로 파악한다. 이 글에서는 주체성 생산의 '과정적' 성격에 주목하기 위해 '생산물'이 아닌 '생산수단'을 중심으로 비물질노동을 검토했다. 네그리와 하트의 비물질노동 개념에 대해서는 다음을 참조하라. 네그리·하트, 『다중』, 144~145쪽.

고 또 지식과 기계가 영농에 적용됨으로써 이전과는 확연히 구분되는 농업생산이 이뤄지고 있다. 이런 변형은 자동화와 컴퓨터화의 직접적인 영향을 받은 산업노동에서도 마찬가지이며, 따라서 물질노동이 소멸한 것은 아니지만 분명한 것은 비물질노동에 의해서 물질노동 역시 변형되고 있다는 점이다.

노동의 비물질화는 특히 시간의 문제와 관련해 이전 시대의 물질적 삶이 생산되는 조건과 현격히 구분되는 조건을 창출하는데, 이것이 우리가 앞서 검토한 주체성과 일반지성의 문제를 오늘날 새로운 시각에서 조망할 수 있는 단초이다.

| 현대 자본주의에서 생산수단의 체화 |

『자본』에서 맑스가 사회적 필요노동시간이 상품의 가치량을 결정하는 요인이라고 말했을 때,[8] 맑스는 당대 자본주의적 생산양식에 대한 분석에 근거해 필요노동시간과 잉여노동시간 그리고 여가시간을 명확히 구분함으로써 상품의 가치량을 결정하는 요인이 사회적 필요노동시간이라고 말할 수 있었다. 문제는 필요노동시간, 잉여노동시간, 여가시간이 명확히 구분되는, 산업노동이 헤게모니적 지위를 차지했던 맑스 당대의 자본주의적 생산양식과 달리 비물질노동이 헤게모니적 지위를 차지하고 있는 현대의 자본주의적 생산양식에서도 이런 구분이 유지될 수 있는가하는 점이다. 단적으로 말해서 현대의 자본주의적 생산양식에서는 필요노동시간과 잉여노동시간 그리고 여가시간의 구분이 더 이상 지켜질 수 없다. 왜 그런가?

---

8) 칼 맑스, 김수행 옮김, 『자본론』(제1권/상), 비봉출판사, 2001, 49쪽.

이에 대해서는 사례를 통해 생각해보는 것이 좋을 것 같다. 우리가 어떤 아이디어를 떠올린 다음, 이를 스마트폰 유료앱으로 만들어서 온라인 마켓에 판매한다고 하자. 이 사례에서 아이디어를 떠올리는 노동에 대해 어떻게 그것을 필요노동시간과 잉여노동시간으로 구분할 수 있을 것이며, 나아가 또 (필요노동시간·잉여노동시간 같은) 노동시간과 여가시간을 분명하게 구분할 수 있겠는가? 물론 앱을 구현하는 데 일정 정도의 숙련도가 필요하며, 이런 숙련도를 갖추는 데 드는 비용과 시간을 추산하는 것이 불가능한 것은 아니다. 하지만 온라인 마켓에서 벌어들이는 수익과 관련해, 우리는 앱을 구현하기 위한 숙련도를 갖추는 데 드는 시간에 비해 좋은 아이디어를 떠올리는 데 드는 시간이 거의 무한대에 가까운 비중을 갖는다는 점을 어렵지 않게 이해할 수 있다. 좋은 아이디어를 떠올려서 인기 있는 앱으로 구현해 판매할 경우 그것의 비용(예를 들어 앱을 구현하기 위한 숙련도를 갖추는 데 드는 비용 및 온라인 마켓에 판매자로 등록하는 데 드는 비용 등) 대비 수익이 도대체 얼마가 될 것인지는 사실상 가늠할 수조차 없다. 그것은 유료앱의 경우 지구촌 어딘가에 살고 있을 누군가가 그 앱을 다운받을 때마다 판매자에게 수익을 발생시키지만, 기존의 물화된 객체로서 존재하는 상품과는 달리 거의 제로에 가까운 비용으로 무한히 재생산될 수 있기 때문이다.

이런 사례로부터 우리는 결국 비물질노동이 필요노동시간과 잉여노동시간 그리고 여가시간의 구분을 폐기시켰다는 점을, 다시 말해서 노동시간과 삶시간의 구분을 폐기시켰다는 점을 확인할 수 있다. 만약 우리가 오늘날 사회적 생산이 더 이상 삶시간과 노동시간이 구분되지 않는, 굳이 말하면 어떤 삶노동시간에 이뤄진다는 점을 받아들인다면, 그리고 이것이 이전의 자본주의적 생산양식에서는 존재하지 않았던 지극히 새로운 현상이라는 점을 받아들인다면, 이제 우리는 주체성의 생산이 새로이 조망될 수 있다는 점을, 특히 주체성의 생산을 함께 구성하고 있는 공통적인 것으로서의 일반지성이 이전과는 다른 면모를 가진다는 점을 확인할 수 있을 것이다.

생산력과 생산관계의 문제를 중심으로 이 문제를 검토해보자. 생산관계를 생산력이 그 안에서 운동하는 '관계'로 이해한다면, 우리는 자본주의적 생산관계가 적어도 다음의 두 가지 차원으로 구성된다는 것을 확인할 수 있다. 이미 살펴봤듯이 자본주의적 생산관계에는 자본주의가 탄생한 이래 변함없이 유지되는 자본-임금노동 관계의 차원이 있다. 하지만 동시에 우리는 이 자본-임금노동 관계의 차원으로 환원되지 않는 생산관계의 또 다른 차원이 있다는 점을 손쉽게 확인할 수 있는데, 그것은 (앞서 확인했듯이 생산력이 노동력과 생산수단으로 구성되기 때문에) 노동력을 담지하는 주체들이 생산수단과 맺는 관계 및 이 주체들 사이의 협동적 관계의 차원이다. 현대의 자본주의적 생산양식에서 헤게모니적 지위를 차지한 비물질노동이 자본-임금노동 관계로서의 생산관계를 변화시키는 것은 아니다. 하지만 생산관계의 또 다른 차원인 노동력을 담지하는 주체들이 생산수단과 맺는 관계 및 이 주체들 사이의 협동적 관계는 노동의 비물질화 경향에 따라서 발본적인 변화를 겪게 된다. 어떤 의미에서 그런가?

산업노동이 헤게모니적 지위를 차지했던 생산양식에서는 생산수단인 고정자본으로서의 기계, 물화된 객체로서 존재하는 기계를 중심으로 노동력을 담지하는 주체들이 배치된다. 이에 대해서는 컨베이어벨트를 중심으로 이뤄지는 대량생산 공장을 떠올리는 것으로 충분할 것이다. 이와 달리 노동의 비물질화는 노동과정에서 지식, 정보, 언어, 코드, 정동, 이미지, 아이디어 등을 핵심적 생산수단으로 만들며 따라서 (더 이상 대량생산공장이 사회적 생산에서 중심적 위치를 차지하는 것이 아니라) '생산의 사회화'가 이뤄지게 된다. 비물질노동이 사회 자체를 생산의 중심으로, 생산공장으로 만드는 것이다.

산업노동이 헤게모니적 지위를 차지했던 생산양식에서는 일반지성이 물화된 객체로서 존재하는 고정자본으로서의 기계로 표현된다. 그리하여 이 생산양식에서는 생산수단으로서의 기계에 특이한 주체성의 지성이 그 안에 하나의 지절로서 포함되어 있는 일반지성이 표현된다는 간접적·추상적 의미에서, 고정자본으로서의 기계가 주체적인 것일 수 있었다. 하지만 비물질적 생산수단이 노동과정에서 핵심 생산수단이 된 오늘날의 생산양식에서는 주체성들의 협동적 소통 속에서 비물질적 생산수단이 사회적 생산의 원천으로서 직접적이고 구체적으로 작용한다는 점에서, 일반지성의 표현물인 비물질적 생산수단은 직접적이고 구체적인 의미에서 주체적인 것이다.

여기서 직접적이고 구체적인 의미에서 주체적인 비물질적 생산수단이 일반지성의 존재론과 인류학을 결합시킨다는 점은 특기할 만하다. 오늘날 일반지성의 표현물인 비물질적 생산수단은 직접적이고 구체적인 의미에서 특이한 주체성에 체화된 채로 존재하며, 또 주체성들의 협동적 소통을 통해 공통적 두뇌로 구성되는 과정 안에서만 사회적 생산의 원천으로 작용한다. 그래서 오늘날의 주체성 생산은 특이한 주체성의 두뇌 및 이와 함께 인류의 공통적 두뇌가 직접적이고 구체적으로 변형되는 과정이기도 하다. 결국 일반지성의 존재론과 인류학의 결합은 공통적인 것인 일반지성이 함께 구성하고 있는 주체성의 생산이 오늘날에는 특이한 주체성의 두뇌 및 인류의 공통적 두뇌가 직접적이고 구체적으로 변형되는 과정이라는 점에 근거하는 것이다. 우리는 특이한 주체성의 두뇌가 직접적이고 구체적으로 변형되는 동시에 인류의 공통적 두뇌가 직접적이고 구체적으로 변형되는 이런 과정이 인류의 존재론적 변형의 과정임을, 일반지성이 주체성들의 협동적 소통 속에서 직접적이고 구체적으로 혁신됨으로써 인류가 진보하는 과정임을 명심해야 한다.

물론 이것은 앞서 확인했듯이 일반지성을 체화하고 있는 특이한 주체성의 두뇌가 인류의 공통적 두뇌의 한 지절이기 때문이며, 비물질적 생산수단으로 표현되는 일반지성이 직접적이고 구체적인 의미에서 특이한 주체성에 체화되어 있고 또 주체성들의 협동적 소통 속에서 끊임없이 혁신되기 때문이다. 이것이 바로 노동의 비물질화 경향을 통해 (이전 시대의 일반지성과 비교해) 오늘날의 일반지성이 비로소 갖게 된 면모이다. 이런 고찰로부터 우리는 이제 자본에 맞선 투쟁의 새로운 지형을 사유할 수 있는 단초를 발견할 수 있다.

| 현대 자본주의에서의 정치적인 것 |

비물질적 생산수단이 직접적이고 구체적인 의미에서 주체성에 체화된 채 존재하며 주체성들의 협동적 소통 속에서 끊임없이 혁신되는 것이라면, 그리하여 사회적 생산이 주체성들의 협동적 소통을 그 중심에 두고서 이뤄지는 것이라면, 이 협동적 소통을 자본의 포섭에 맞서 자율적으로 구성하는 것이 정치적인 것의 과제가 될 것이다. 즉 협동적 소통 네트워크의 자율성을 지키는 것이 정치적인 것의 과제이다. 중요한 것은 비물질노동에서는 노동시간과 삶시간의 구분이 폐기되며, 따라서 사회적 생산이 우리가 앞서 확인한 어떤 삶노동시간에서 이뤄지기 때문에, 결국 협동적 소통 네트워크의 자율성을 지키는 것이 곧 삶노동시간의 자율성을 지키는 것이 된다는 점이다. 이런 의미에서 노동의 비물질화 경향이 낳은 것은 결국 정치적인 것이 삶노동시간 자체를 둘러싼 투쟁이 된다는 사실이다.

그런데 자본의 포섭에 맞서 주체성들의 삶노동시간을 자율적으로 조직해 협동적 소통 네트워크를 자율적으로 조직하는 것이 정치적인 것의 과제이더라도, 이런 조직화가 애초부터 성취될 수 없는 것은 아닌가? 다시 말해서 사회적 생산을 조직하는 데 있어 자본이 여전히 핵심 역할을 담당하고 있다면, 자본의 포섭에 맞서 삶노동시간 및 협동적 소통 네트워크를 자율적으로 조직하는 것이 애초에 불가능한 것은 아닌가? 따라서 이제 검토해야 하는 것은 과연 자본의 포섭에 맞서 주체성들이 사회적 생산을 자율적으로 조직할 수 있는지, 우리가 우리의 삶을 자율적으로 생산할 수 있는지이다.

자본이 사회적 생산을 조직하는 데서 핵심 역할을 담당해왔다는 점을 부인할 수는 없다. 『정치경제학 비판 요강』에서 맑스는 '자본의 위대한 문명화 영향'에 대해 말했다.[9] 단적으로 말해 자본이 구체제의 악습을 철폐하면서 역사를 진전시키는 측면을 갖고 있었기 때문이다. 자본은 사회적 생산력을 최대치로 발전시키면서 이전에는 결코 도달할 수 없었던 물질적 부를 생산하고 사회적 삶을 변형한다. 물론 이 과정이 평화롭게 이뤄지는 것은 결코 아니다. 자본이 이룩하는 성과는 사실상 프롤레타리아트의 피와 땀의 결과이며, 프롤레타

---

9) 맑스, 『정치경제학 비판 요강』(2권), 20쪽.

리아트의 노동을 착취함으로써 이뤄지는 것이다. 그래서 자본이 이룩한 성과의 이면에는 부르주아지와 프롤레타리아트, 자본과 노동계급 사이의 계급적대가 존재한다. 중요한 것은 자본의 문명화 영향에서 자본이 수행하는 '생산적' 역할이다. 다시 말해서 이제 우리는 다음과 같이 질문할 필요가 있다. 자본은 프롤레타리아트의 노동을 단지 착취하기만 하는가? 물질적 부를 생산하고 사회적 삶을 변형하는 데 있어 자본이 수행했던 어떤 '생산적' 역할은 없는가?

19세기 오스트리아의 선도적 기업가들을 보고서 사회적 생산에 새로움을 낳는 핵심으로 '기업가 정신'을 주목했을 때,[10] 조지프 슘페터는 사실상 사회적 생산을 조직하는 데 있어 자본이 수행하는 중요한 기획적·혁신적 역할을 강조한 것에 다름 아니었다. 실제로 생산적 혁신을 낳은 선도적 자본가들이 있었으며, 이들은 단순히 프롤레타리아트를 착취했던 것이 아니라(물론 이들 역시 당연히 프롤레타리아트를 착취했지만 그럼에도 동시에) 자본주의 사회 자체의 진보를 앞당기는 역할을 담당했다. 하지만 노동의 비물질화 경향에 따라서 비물질적 생산수단이 주체성들에 직접적·구체적으로 체화되어 있는 현대의 자본주의적 생산양식에서도 과연 자본이 사회적 생산을 조직하는 데 있어 여전히 핵심 역할을 수행하는 것일까?

단적으로 말해서 전혀 그렇지 않다. 현대의 자본주의적 생산양식에서는 비물질적 생산수단을 체화한 주체성들 사이의 협동적 소통 네트워크가 사회적 생산의 중심이 됨으로써(이것이 바로 1968년을

---

10) 이 기업가 정신에 대해서는 다음을 참조하라. Michael Hardt and Antonio Negri, *Commonwealth*, Cambridge: Harvard University Press, 2009, p.297.

전후해 이뤄진 생산의 사회화 및 현대의 자본주의적 생산양식에서 헤게모니적 지위를 차지한 비물질노동의 결과이다), 사회적 생산이 주체성들의 협동적 소통 속에서 자율적으로 조직되는 경향을 갖는다. 이에 대해서는 비물질적 생산수단의 하나인 지식을 통해 확인할 수 있는데, 오늘날 지식은 그것을 독점해온 전통적 지식기관인 대학으로부터 사회 전체로 확산되어 이제 인터넷으로 대표되는 광범위한 사회적 소통 네트워크 속에서 주체성들이 자율적으로 생산을 조직할 수 있는 원천으로서 작용하고 있다.

이제 자본은 사회적 생산을 조직하면서 혁신을 이뤄내는 기획적 역할을 더 이상 담당하지 못한다. 자본은 협동적 소통 네트워크에서 이뤄지는 자율적이고 창조적인 활동들을 '포섭함으로써' 자신의 생명을 연장하는 '기생적 지위'로 전락했다. 사회적 생산을 조직하는 데 있어 기획적이고 혁신적인 역할을 수행함으로써 자본주의 사회 자체의 진보를 앞당기는 자본이 아니라 주체성들의 자율적이고 창조적인 활동들을 포섭함으로써 자신의 생명을 연장하는, 기생적인 것으로서의 자본이 이전의 자본과 오늘날의 자본의 차이이다. 이제 생산적인 것은 더 이상 자본이 아니라 주체성들의 협동적 소통 속에서 이뤄지는 자율적이고 창조적인 활동들 자체이다.

그런데 이는 비물질적 생산수단으로 표현되는 일반지성이 함께 구성하고 있는 주체성의 생산이 자율적·창조적 활동이며, 기생적 자본은 이 주체성의 생산을 포섭하며 생명을 연장할 뿐이라는 것을 함축한다. 그리고 이것이 바로 삶노동시간을 자율적으로 조직하고 협동적 소통 네트워크를 자율적으로 조직하는 정치적인 것의 과제를, 주체성의 생산을 중심으로 다시금 이해할 수 있는 단초이다.

| 현대 자본주의에서 정치적인 것과 주체성의 생산의 문제 |

정치적인 것의 과제가 자본의 포섭에 맞서 주체성들의 삶노동시간과 협동적 소통 네트워크를 자율적으로 조직하는 것이라면, 이 과제는 곧 정치적 주체성을 생산하라는 과제에 다름 아니다. 어떤 의미에서 그런가? 앞서 말했듯이 특이한 주체성의 두뇌는 인류의 공통적 두뇌 의 한 지절이고, 비물질적 생산수단으로 표현되는 일반지성은 주체 성에 체화되어 있으며, 또 주체성들의 협동적 소통 속에서 끊임없이 혁신된다. 그렇다면 정치적인 것의 과제는 결국 일반지성을 자본의 포섭에 맞서 재전유하는 것, 즉 자본의 포섭에 의한 가치화가 아닌 또 다른 방식으로 가치화하는 것이 된다. 우리가 **공통적인 것을 자본의 포섭에 맞서 자기가치화하는 정치적 주체성**을 다중이라고 부른다면, 정치 적인 것의 과제는 결국 다중의 자율적인 자기가치화가 되는 것이다. 우리가 다중의 자율적인 자기가치화를 공통적인 것으로서의 일반지 성이 특이한 주체성에 체화되고 또 혁신되는 과정을 중심으로 검토 하면, 정치적인 것의 과제는 결국 (인류의 공통적 두뇌인 일반지성의 한 지절인) 특이한 주체성의 두뇌를 자본의 포섭에 의한 방식이 아닌 새로운 방식으로 작동시키는 것이다.

물론 주체성의 두뇌를 새로운 방식으로 작동시키는 것은 사실 그 구체적 실천에 있어서는 자본이 코드화한 우리 몸의 감각을 새로운 방식으로 혁신하는 것에 다름 아니다. 우리 자신이 더 큰 자본가치를 갖도록 자본의 구미에 알맞게 우리 스스로를 채찍질하는 것, 예컨대 학점기계가 되어야 하며, 토익은 950점 이상을 받아야 하고, 어학연 수를 필수적으로 다녀와야 한다는 등의 자본이 코드화한 우리 몸의 감각을 말이다. 결국 정치적인 것의 과제인 협동적 소통 네트워크의 자율성과 삶노동시간의 자율성을 지키는 것의 핵심에 자리하는 것은 자본이 코드화한 우리 몸의 감각을 혁신하는 것 자체이다.

그리고 만약 삶정치가 협동적 소통 네트워크 및 무엇보다 삶노동시간을 장악한 삶권력으로서의 자본에 맞서 삶노동시간을 재전유하는, 즉 새로운 삶노동시간을 살아가는 정치적 실천이라면, 결국 삶정치는 자본이 코드화한 우리의 감각을 혁신하는 것이자 공통적인 것으로서의 일반지성을 체화하고 있는 우리의 특이한 몸을 삶권력에 맞서 새로운 방식으로 변형하는 것에 다름 아니다. 이런 의미에서 자본과 적대하며 공통적인 것을 자기가치화하는 다중의 실천은 **다중의 자기변형의 실천**이다. 즉 정치적인 것의 과제는 자본이 코드화한 우리 몸의 감각을 혁신하는 다중의 자기변형인 것이다.

다중의 자기변형은 자본이 포섭할 수 없는, 즉 자본의 포섭에 의한 가치화로는 담아낼 수 없는 어떤 초과의 삶정치적 노동을 발명하는 과정이기도 하다. 그것은 마치 예술작품에서, 예컨대 시에서 통상적인 의미망으로는 환원될 수 없는 어떤 초과가 일어나는 것과도 같이 초과를 발명하는 과정이며, 그래서 이 과정은 우리의 삶정치적 노동을 그 자체 마치 어떤 예술작품으로 만드는 과정이기도 하다. 물론 이 과정은 다중인 우리 자신을 자본과 적대하며 자기가치화하는 과정, 우리 몸의 감각을 혁신하는 자기변형의 과정이기 때문에, 우리 바깥에서 물화되어 존재하는 객체로서의 예술작품을 만드는 과정이 아니다. 그 과정은 삶권력으로서의 자본의 포섭에 맞서 새로운 삶정치적 노동시간을 살아가는 것 자체이며, 그리하여 우리의 삶을 자본의 포섭에 의한 가치화로는 담아낼 수 없는 초과의 그것으로 발명하는 것, 즉 우리의 삶을 예술로서 승화시키는 것이다.

초과의 삶정치적 노동을 발명하는 것은 우리가 사용하는 언어를 우리 몸에서 이미 항상 작동하고 있는 죽은 언어로서의 자본의 명령어에 맞서 살아 있는 언어로서, 예컨대 시어로서 창안하는 것이다. 시어는 통상적인 의미망으로 환원될 수 없으며, 그리하여 이를 접하는 사람에게 낯선 것이라는 점에서 특이어이다. 그렇지만 이와 동시에 단순히 이해될 수 없는 것이 아니라 정형화된 기존의 이미지로 포착될 수 없는 사유의 새로운 이미지를 환기시키면서 그 시어를 접하는 사람들에게 어떤 공명을 불러일으킨다는 점에서 공통어이기도 하다. 우리의 언어를 살아 있는 언어로 창안한다는 것은 마치 시어처럼 우리의 언어를 특이어-공통어로 창안하는 것이다. 사실상 언어를 두고서 일어나는 이런 전투, 자본의 명령어와 우리의 특이어-공통어 사이에서 일어나는 전투는 삶권력과 삶정치 사이의 핵심 전투이다.

앞서 언급했듯이 협동적 소통 네트워크를 자율적으로 조직하는 것은 공통적인 것으로서의 일반지성을 자본의 포섭에 맞서 새로운 방식으로 재전유할 때에만 가능하다. 다시 말하면 협동적 소통 네트워크를 자율적으로 조직하는 것은 자본의 포섭에 의한 가치화로는 담아낼 수 없는 초과의 삶정치적 노동을 발명할 때에만 가능하다. 중요한 것은 협동적 소통 네트워크를 새로운 방식으로 짜는 것이 비물질적 생산수단인 언어를 통해 이뤄질 뿐만 아니라 이 네트워크 자체가 언어로 구성되어 있다는 점이다. 언어는 협동적 소통 네트워크를 새로운 방식으로 짜기 위한 수단일 뿐만 아니라 이 네트워크의 짜임새의 원소이다. 주체성이 언어를 그 짜임새의 원소로 갖는 이 협동적 소통 네트워크의 산물이라면, 언어는 (단순히 의사소통의 수단이 아니라) 우리가 존재하는 방식 자체를 구축하는 원소인 것이다.

따라서 자본의 명령어와 새로운 주체성의 특이어-공통어 사이에서 일어나는, 언어를 두고서 일어나는 전투가 삶권력과 삶정치 사이의 핵심 전투가 되는 까닭은 언어가 우리가 존재하는 방식 자체를 구축하게 된 시대에 정치적인 것의 과제가 다름 아닌 우리가 존재하는 방식을, 그리하여 우리의 존재를 새롭게 조형하는 것 자체가 되기 때문이다. 우리의 존재를 새롭게 조형하는 것, 이것이 인류가 존재론적으로 변형되는 것의 요체이다. 결국 주체성의 생산을 중심으로 이뤄진 공통적인 것에 대한 존재론적 탐구가 우리에게 가르쳐준 것, 아니 요구하는 것은 인류의 존재론적·예술적 변형의 과정에 동참하라는 것, 즉 우리 자신을 변혁하라는 것에 다름 아니다.

9 공통적인 것과 새로운 해방의 공간

진성철

오늘날 전지구적 가난, 불안정, 경쟁, 폭력은 우리의 삶을 유례없이 비참하게 만들고 있다. 주거, 식품, 공공 서비스, 교육 등 거의 모든 부문의 물가는 치솟는 반면, 소득은 제자리 수준이며 삶은 점점 가난해진다. 비정규직이 '정규'적인 것이 됨에 따라, 고용이 불안정해지고 소득도 불안정해진다. 결과적으로 삶이, 아니 정확히는 생존 자체가 불안정해진다. 이런 불안정성은 사람들의 마음속에 공포와 함께 경쟁심을 심어놓는다. 사회 전체가 마치 일종의 거대한 서바이벌 프로그램이 된 것이다. 우리 앞에는 경쟁에서 이겨 살아남거나 사회라는 무대에서 탈락하거나 하는 두 개의 선택지만이 놓여 있는 듯하다. 이에 맞서 가난한 사람들은 최소한의 생존권을 지키기 위해 옥상에 망루를 설치했고, 크레인에 올랐으며, 스스로 옥쇄할 각오로 공장문을 걸어 잠갔어야 했다. 그리고 폭력은 매번, 이 서바이벌 프로그램이 얼마나 엄혹한 것인지를 극단적으로 보여줬다.

이런 사정은 전지구적으로 공통적이다. 지난 2000년 영국에서 일어난 등록금 투쟁, 고학력 청년 실업자 모하메드 부아지지의 분신에서 촉발된 튀니지 혁명, 그리고 2001년 주지사의 반노동법에 맞서 미국 위스콘신에서 일어난 투쟁 등은 그네들의 삶의 조건이 우리와 그리 다르지 않음을 보여줬다. 시장이 전지구화되고 금융자본 및 초국적 기업이 국경을 넘나들며 활동함에 따라, 비참한 삶의 조건 또한 전지구화된 것이다. 이제 가난의 전지구적 분할선은 더 이상 '제1세계 대 제3세계'에 따라 그어지지 않는다. 제1세계 내부에도 제3세계가 존재하며, 그 역 또한 마찬가지이다. 이처럼 가난은 그 외연적 면에 있어서나 강도적 면에 있어서나 전지구적으로 심화되고 있다. 여기에 '테러와의 전쟁'이라는 이름으로 행해지는 전지구적 폭력은 테러에 대한 공포와, 이에 못지않게 테러를 규정하고 응징한다고 자처하는 권력에 대한 공포를 일상적인 것으로 만든다.

이런 상황은 오늘날 우리의 삶을 "거대한 수용소에 갇힌 벌거벗은 생명"(조르조 아감벤)으로 이해하는 것에 일정한 타당성을 부여한다. 사실 그 어떤 논리적 설명보다도 매일매일 우리가 살아가면서 느끼는 비참함, 그리고 권력의 광포함이 벌거벗은 삶의 근거가 된다. 이것은 부정할 수 없는 '사실'이며, 이제 이 세계의 바깥에서 다른 세계를 만들어보겠다는 꿈을 꾸는 것은 어리석은 일처럼 보인다. 다른 한편으로, 이런 현실에 맞서 '정치'와 '정치적인 것'을 강조하는 새로운 흐름들이 등장한다. 이 새로운 흐름들에서 정치는 무엇보다 사회의 기존의 틀을 깨는 것, 그리하여 "기존 상황의 입장에서 비정규적"인 어떤 것의 출현이자(알랭 바디우), "기존의 감각의 나눔을 부수고 들리지 않던 목소리를 들리도록 하는 것"(자크 랑시에르)과 같다. 이 새로운 흐름들은, 실상 수용소가 되어버린 사회 내에도 언제나 어떤 잉여·공백이 존재함을 보여줌으로써, 정치(적 사건)의 보편성을 강조한다. 따라서 혁명은 한편으로는 사건적이다. 그것은 일어나기 전에는 우리가 파악할 수 없으며, 일어난 후에 우리는 그것을 "충실하게 따라야만" 하는 것이다. 다른 한편 그것은 언제 어디서나 일어날 수 있으며, 중요한 것은 "평등을 단언/주장하는 것"이다.

이상이 비록 거칠게 다뤘지만, 우리가 처한 삶의 조건과 해방에 관한 사유들의 현 주소이다. 이런 사유들 각각에는 경청할 만한 부분들이 있지만 한계들 역시 존재한다.

먼저 우리의 삶이 수용소에 갇힌 벌거벗은 생명이 됐다는 주장은 오늘날의 상황, 특히 오늘날의 주권에 대한 정확한 인식에도 불구하고 혁명적 주체와 미래에 대한 전망을 어둡게 한다. 더 이상 이 세계에 외부는 없고, 그런데 이 세계 자체에는 벌거벗은 생명만이 있다면, 대체 우리는 새로운 세계를 생각이나 해볼 수 있을까? 이와 달리 정치와 정치적인 것을 강조하는 사람들은 혁명에 대해 사유한다는 점에서 이와 구별된다. 그러나 이들에게 혁명은 단지 명멸하는 별빛 같이 아득하다. 혁명은 사건적이기에 그 기원을 알 수 없거나 혹은 기원을 갖지 않는 것이다. 따라서 그것은 불현듯 나타나 세계의 공백을 보여주고 다시 사라지는 것으로 생각된다. 이렇게 혁명의 사건성만을 강조하는 것은 혁명을 오로지 사후적으로 생각하게 한다. 또한 혁명을 보편적인 것으로만 생각하는 것은 혁명적 실천들 각각에 고유한 질적 특성을 탈각시키고, 그럼으로써 우리 시대의 적실한 혁명은 어떤 것인가에 대해 생각하는 것을 가로막는다. 요컨대 우리는 사건을 세계의 파열로서만 다루는 것이 아니라 무엇보다 세계의 창안으로서, 즉 바로 이 세계에서 성장하고 있는 주체들의 창조적 힘의 표현이자 그것의 결과로서 생각해야 한다.

이들이 공통적으로 놓치고 있는 것은 '생산'의 문제이다. 사실 이들에게 생산의 문제가 누락되어 있는 것은 실수라기보다는 의도적인 것이다. 지난 세기의 부정적 경험(생산이란 말이 경제와 동의어가 되고, 이것이 '상부구조-토대'론과 결합해 낳은, 경제가 사회와 혁명의 여타 모든 것을 결정한다는 식의 경제결정론)에 대한 반성이 이런 '정치적인 것'에 대한 강조를 이끌어냈던 것이다. 경제가 모든 것을 결정한다고 할 때 사라지는 것은 바로 주체의 문제, 체제에 예외적이며 그것을 파열시키는, 요컨대 비결정적 실천들이었다. 그리고 앞선 이론들은 바로 이 비결정적 실천들을 되살리려는 노력이라고 생각해 볼 수 있다. 분명 파열의 계기는 중요하다. 그러나 우리는, 우리에게 파열과 함께 구성의 능력이 있음을 인식해야만 한다.

요컨대 우리는 생산에 대한 경제주의적 왜곡과 정치주의적 거부 양자 모두를 극복해야 한다. 그리고 앞으로 살펴보겠지만, 오늘날의 생산이 더욱더 종래의 정치적인 것과 경제적인 것 사이의 구분을 흐리는 방식으로 되어감에 따라, 생산에 대한 이런 새로운 인식이 더욱 더 절실한 것으로 되어가고 있다. 간단히 말하면 오늘날 변화된 생산의 지형에서 새로운 사회를 위한 물질적 조건들과, 더 중요하게는 혁명적 주체성들이 성장하고 있음을 파악하는 것이 중요하다.

여기서 맑스의 자본주의 비판은 우리에게 중요한 시사점을 제공해준다. 맑스에 따르면 자본주의는 자신의 성장을 위한 조건들과 동시에 자신의 극복을 위한 조건들을 창출한다. 맑스는 이를 단적으로 "자본은 살아 있는 모순이다"라고 말하는데, 이런 자본의 모순은 다양한 층위와 방식으로 발생한다. 이 가운데 하나는 노동의 사회화와 관련된 것이다. 잘 알려진 맑스의 자본 규정 가운데 하나는 '자본은 자기증식하는 가치'라는 것이다. 자본의 성립은 가치의 정립을 전제하는데, 이는 다시 노동 일반의 성립에 기초한다. 따라서 자본은 일반 노동의 정립, 즉 노동의 사회화에 기초하며 이를 토대로 발전한다. 다시 말해서 자본주의적 생산양식에서 생산은 점점 더 사회화되는 경향이 있다. 그런데 이는 자본의 사적 성격과 갈등하며 자본에 위기를 불러일으킨다. 자본의 모순의 한 측면은 생산의 사회적 성격과 소유의 사적 성격 사이의 갈등에 놓여 있다. 다른 한편 더 중요한 자본의 모순은 자본의 발전과 함께 자본에 적대적인 주체가 형성된다는 점이다. 자본은 더 많은 이윤을 위해 대공업을 도입함으로써 더욱더 많은 노동자를 하나의 단일한 공장 안에 집결시킨다. 그런데 이는 동시에 많은 노동자들에게 착취·적대에 대한 공통의 경험을 제공하고 노동자의 정치적 조직화를 가능케 한다.[1]

이처럼 맑스의 정치경제학 비판은 자본주의적 생산양식의 분석을 통해 자본의 객관적 모순을 드러내는 한편, 그 안에서 성장하고 있는 주체성의 잠재력을 미리 그려봄으로써 해방의 정치적 기획을 위한 기초를 제공한다. 이 글은 맑스를 따라 오늘날 변화된 생산의 지형에서 더욱 극적으로 된 자본의 모순과 성장하고 있는 해방의 조건들을 탐구하고자 한다. 이 글에서 계속 언급될 삶정치적 생산과 공통

---

1) 사실 이런 경향은 개별 공장 안에서만 나타나는 것이 아니다. 자본주의가 성장함에 따라 사회 전체에 걸쳐 생산자들은 노동계급이라는 단일 계급으로 구성된다. 그에 따라 자본주의 이전 시기의 고립된 개별 노동은 이제 노동 일반으로서 정립되며, 노동은 협업과 분업을 통해 더 높은 수준에서 사회적으로 된다. 그리고 이것은 생산자들 사이의 공통화의 기초가 된다. 이에 따라 사회는 노동계급 대 자본계급이라는 단일한 적대선을 따라 재편되며, 맑스에 따르면, 이렇게 자본은 자신의 무덤을 파는 존재를 만들어내는 것이다.

적인 것은 각각 변화된 생산의 성격과 그 자체로 이 생산의 기초를 이루는 동시에 이 생산의 결과로 나타나는 부富의 성격을 지칭한다. 아래에서 드러나듯이 이 공통적인 것은 자본의 착취와 갈등하며 이 갈등은 자본에게 새롭고 더욱 강렬한 모순을 부과한다. 다른 한편 이 삶정치적 생산은 무엇보다 주체성 생산이며, 따라서 그 용어의 조합이 가리키는 바처럼 정치의 새로운 가능성을 제공한다. 요컨대 이 글은 변화된 생산의 지형에서 출발해, 그것이 어떻게 그리고 어떤 해방의 조건을 마련하고 있는지를 규명하려는 시도이다.

| 예비적 설명: 공통적인 것 |

본격적인 논의에 앞서, 잠시 공통적인 것이라는 용어를 이해하는 시간을 갖도록 하자. 사실 공통성은 특이성과의 관계 속에서 이해되어야 하며, 이때 공통적인 것과 특이한 것의 쌍은 기존의 개념쌍을 여러 차원에서 극복하려는 시도이다. 가령 철학적 차원에서 그것은 '보편과 개별'의 개념쌍을 극복하려는 시도이며, 경제적 차원에서는 '공적인 것과 사적인 것'의 개념쌍을 대체한다. 그러나 이에 대한 자세한 논의는 다음 기회로 미루고, 여기에서는 이 글의 목표를 위해 필요한 수준에서 공통적인 것의 구체적 형태를 살펴보고자 한다.

1) 공통적인 것의 두 형태

먼저 공통적인 것의 한 형태로서 우리가 주위에서 쉽게 관찰할 수 있는 공기, 물, 토지 등을 예로 들 수 있다. 안토니오 네그리와 마이클 하트는 최근작 『공통체』에서 다음과 같이 말한다. "'공통적인 것'이라는 말로 우리가 의미하는 것은 먼저 물질적 세계의 공통적인 부,

즉 공기, 물, 대지의 과실들, 그리고 모든 자연의 혜택이다. 이것들은 유럽의 정치적 텍스트들에서 종종 인류 전체가 물려받은 유산이며 따라서 모두에게 공유되어야 한다고 주장된다."[2] 우리가 흔히 천연자원이라고 부르는 이런 자연적 형태의 공통적인 것은 우리의 삶과 생산의 기초를 형성한다. 전통적으로 천연자원은 사적 소유의 대상이 아니었다. 네그리와 하트는 비록 유럽을 언급하고 있지만, 그 이외의 지역에서도 사정은 이와 다르지 않았다. 흥미로운 것은 오늘날 이렇게 인간에게 공통적으로 주어진 것으로서 사유됐던 자연적인 것들이 점차 사적 소유의 대상으로, 그리하여 매매의 대상으로 되어가고 있다는 사실이다. 자연적인 공통적인 것 가운데 특히 토지가 이런 경향을 먼저 겪게 됐지만, 오늘날은 물, 가스, 그리고 심지어는 공기마저 토지와 비슷한 운명에 처해 있다. 이런 사실은 오늘날 자본주의의 착취양식, 즉 공통적인 것의 사유화를 특징적으로 보여준다. 반대로 다중의 입장에서 이런 자연적인 공통적인 것의 사유화는 삶의 조건을 더욱 악화시키는 것이다. 이런 맥락에서 오늘날 이런 사유화에 맞선 전지구적 투쟁들이 벌어지고 있다. 이렇듯 자연적인 공통적인 것은 착취와 투쟁의 영역으로 편입되어가고 있다.

다음으로 정치경제학적으로 더 중요한 의미를 갖는 공통적인 것의 또 다른 형태로 언어, 지식, 정동 등을 들 수 있다. 앞서 인용한 부분에 뒤이어 네그리와 하트는 이렇게 말한다. "우리는 또한 그리고 더 중요하게는 공통적인 것을 사회적 소통과 그것에 기초한 생산의

---

2) Michael Hardt and Antonio Negri, *Commonwealth*, Cambridge: Harvard University Press, 2009, p.viii.

필요조건이자 사회적 생산의 결과물로 생각한다. 이런 것들은 지식, 언어, 코드, 정보, 정동 등이다."[3] 지식, 언어, 정보, 정동 등이 공통적임은 두말할 나위 없을 것이다. 예컨대 언어를 보자. 사회가 존재하지 않는 곳에서 언어는 아무런 소용도 없을 것임은 분명하다. 아니, 그곳에서 언어라고 할 만한 것이 생겨날 수 있을지 자체가 의문스럽다. 언어는 그 성격상 그것을 사용하는 사람들에게 공유될 때에만 비로소 언어로 기능할 수 있을 것이다. 네그리와 하트는 이런 형태의 공통적인 것을, 앞서의 자연적인 공통적인 것과 구별해 인공적인 형태의 공통적인 것이라 부른다. 그리고 오늘날 인공적 형태의 공통적인 것은 사회적 삶뿐만 아니라 생산에 있어서도 그 기초를 이룬다. 즉 근대적 생산양식에서 토지 및 기타 천연자원이 생산의 기초를 이루듯이, 탈근대적 생산에서는 언어가 생산의 주된 요소 가운데 하나로 자리잡은 것이다. 따라서 인공적 형태의 공통적인 것은 오늘날 변화된 생산양식의 특징과 긴밀히 연결되어 있다고 할 수 있다.

　이런 점에서 정치경제학 비판의 맥락에서는 인공적 형태의 공통적인 것이 더 큰 중요성을 갖는다.[4] 인공적인 공통적인 것의 특성 가운데 특히 강조해야 할 것은, **인공적 형태의 공통적인 것은 희소성의 논리를 따르지 않을 뿐더러 사실상 그것과 대립한다**는 점이다. 누구나 알고 있듯이 언어, 생각, 정보, 정동 등은 내가 그것을 다른 사람과 나눈다고 소모되거나 힘이 약화되지 않는다. 오히려 상황은 정반대이다. 언어,

---

3) Hardt and Negri, *Commonwealth*, p.viii.
4) 따라서 앞으로 이 글에서 '인공적 형태의' 혹은 '자연적 형태의'라는 수식어 없이 '공통적인 것'이라는 표현을 사용할 때, 이것은 우선적으로 인공적 형태의 공통적인 것을 의미한다.

생각, 정보, 정동 등은 더욱 많은 사람들에게 알려지고 소통됨으로써만 더욱 생산적이게 된다. 가장 전문적인 연구들에서조차도, 가령 논문을 작성한다고 할 때도, 동일한 주제에 대한 이전 연구의 검토와 이해는 필수적이다. 또한 어떤 경우에 우리는 자본주의적 가치화마저도 희소성이 아니라 유통성에 의존하는 것을 목격할 수 있다. 예컨대 카피라이터의 능력에 대한 평가와 그에 지불되는 보수의 크기는 그들이 만들어낸 유행어에 의존하며, 바로 그 유행어가 그를 고용한 기업에게 화폐를 가져다주기도 하는 것이다. 따라서 지식, 언어, 정보, 정동 등이 공통적이라고 말할 때, 한편으로 그것은 우리가 지식, 언어, 정보, 정동 등을 공유하면서 삶과 생산의 기초로 삼고 있음을 의미한다. 그러나 더욱 중요한 것은 그것들 자체가 공유의 과정 없이는 생겨날 수도 없으며, 생겨나더라도 그 생산력이 유지될 수 없다는 점에서 공통적이라는 사실이다. 따라서 앞으로 더 자세히 살펴보겠지만, 이렇게 희소성의 논리와 대립하는 공통적인 것이 생산에서 지배적인 역할을 차지하면 할수록 사적 소유는 공통적인 것과 갈등하고, 착취는 어려움을 겪게 되며, 자본은 모순에 처하게 된다.

2) 공통적인 것의 형성

그렇다면 공통적인 것은 어떻게 형성되는가? 이 질문은 그 자체로 공통적인 것에 관한 이해를 위해 매우 중요한 전제를 포함하고 있다. 그 전제란, 공통적인 것은 형성의 과정 속에서 새롭게 창조된다는 것이다. 우리는 대개 공통적인 것이란 단어를 사용할 때, 상이한 것들에게 공히 주어진 속성이나 질 등을 떠올리기 쉽다. 그러나 인공적인 공통적인 것은 우리에게 주어져 있기만 한 것이 아니라, 우리의 일상적 실천 속에서 변형을 겪으며 풍요로워진다. 네그리는 한 대담집에서 이에 대해 다음과 같이 말한 바 있다.

공통적인 것은 특이성들의 생산성을 풍요롭게 하는 것입니다! **공통적인 것은 당신과 내가 무엇인가에 대해서 말할 때 많은 생각들이 내게 몰려온다는 사실입니다!** 공통적인 것은 만일 내가 당신을 사랑한다면 **우리가 함께 어떤 것들을 창안**한다는 사실입니다![5]

인용된 글에서 네그리는 공통적인 것이 형성되는 한 예로, 다른 사람과 대화하는 와중에 새로운 생각들이 떠오르는 것을 말한다. 이런 경험은 많건 적건 누구에게나 있을 것이다. 공통적인 것은 이렇게 우리의 일상생활에서 부지불식간에 형성되기도 한다. 그러나 우리가 조금 더 주의를 기울인다면, 우리는 공통적인 것의 이해에 도움을 줄 수 있는 몇 가지 단초들을 얻을 수 있다.

먼저 공통적인 것의 형성은 공통적인 것의 혁신을 수반한다는 점이다. 공통적인 것의 형성은 다름 아닌 **기존의 공통적인 것의 새로워지기**이다. 당신과 내가 어떤 것에 관해 대화를 나눌 때 우리를 휩쓸고 지나가는 생각들은, 대화가 이뤄지기 이전에 서로가 갖고 있던 생각들과는 다른 새로운 생각들이다. 둘의 대화가 똑같은 결론에 도달하는가 그렇지 않은가는 일단 중요하지 않다. 공통적인 것은 대화 당사자

---

5) Cesare Casarino and Antonio Negri, *In Praise of the Common: A Conversation on Philosophy and Politics*, Minneapolis: University of Minnesota Press, 2008, p.83. 강조는 인용자.

둘이 모두 하나의 결론에 동의할 때에만 형성되는 것이 아니다. 중요한 점은 대화를 통해 서로의 생각이 교환되고 그러는 와중에 서로의 생각들이 변형을 겪으며 이런 과정이 지속되는 것이다. 이런 과정에서 이전에 나와 당신이 갖고 있던 생각들이 뒤섞여 새로운 생각이 형성되고, 때로는 원래 각자의 생각이 어떤 것이었는지를 가늠할 수 없을 정도가 되기도 한다. 따라서 공통적인 것의 형성은 언제나 기존의 것을 **초과**하는 성격을 지닌다.

다음으로 지적할 점은 **공통적인 것의 형성은 차이나는 것들의 만남에 기초한다**는 것이다. 당신과 내가 완전히 똑같은 생각을 한다면, 생각의 교류가 이뤄질 수 없을 뿐만 아니라 새로운 생각이 떠오르지도 않을 것이라는 점이다. 똑같은 생각을 가진 사람과의 대화와 다른 생각을 가진 사람 사이의 대화 중, 어떤 대화가 내게 새로운 생각을 떠올리게 하는지 생각해보라. 그렇지만 더욱 중요하게 강조해야 할 것은, 공통적인 것이 차이들로 구성된다고 하더라도 그것이 단지 차이들의 묶음 혹은 집합이 아니라는 점이다. 즉 공통적인 것은 다양한 차이나는 것들이 주어지면 자동적으로 형성되는 것이 아니다. 차이들이 공통적인 것을 형성하기 위해서는 우선 서로 만나야 한다. 즉 **공통적인 것은 무엇보다 차이들이 공통화를 이루려는 '활동'에 의해 구성**된다. 예컨대 당신과 내가 대화하지 않았더라면 지금의 이 새로운 생각들이 우리를 스쳐 지나가는 일은 발생하지 않았을 것이다.

[따라서] 우리를 모이게 하고 공통적인 것을 구성하는 것은 차이 그 자체가 아닙니다. 그것은 오히려 활동입니다. 즉, 이것, 저것, 그 어떤 것이라도 짓는 활동입니다.[6]

이런 맥락에서 인공적인 공통적인 것 가운데서도 특히 언어가 공통적인 것의 형성과 관련해 각별한 중요성을 갖는다. 위에서 살펴보았듯이 차이들이 공통화하려는 실천을 통해 공통적인 것이 형성된다고 할 때, 그것들의 표현과 소통이 공통적인 것의 형성에서 핵심적인 계기가 되며, 이로 인해 언어는 공통화의 과정에서 없어서는 안될 요소가 되기 때문이다.

| 탈근대 시기에 일어난 노동의 변형 |

이제 오늘날 탈근대적 생산방식이 겪고 있는 변형의 구체적 내용을 살펴볼 차례이다. 서론에서 말한 바와 같이 자본주의적 생산양식은 일견 단일한 작동원리를 갖고 있는 것처럼 보일지라도, 언제나 이질적인 두 요소들로 구성되어 있다. 그것은 곧 노동과 자본이다. 따라서 자본주의적 생산양식은 이 두 요소들의 적대로 인해 그 자체 내에서 변형을 겪게 된다. 이른바 노동과 자본의 변증법이라고 불리는 그런 변형은 '자본의 구조화 → 노동의 탈구조화 → 자본의 재구조화'라는 특징을 갖는다.[7] 생산의 지형이 착취의 장소인 동시에 우리가 세계를 구성하는 활동의 영역이라는 앞선 주장을 고수한다면, 이런 변증법에서 능동적인 것은 생산의 주체, 즉 노동이며 자본은 단지 그것에 수동적으로 대응할 수 있을 뿐이라고 할 수 있다. 그렇다면 현재 우리가 목격하고 있는 새로운 형태의 자본주의는 자본의 자기 변신이라기보다, 자본에 맞선 노동의 적대를 새로운 틀에서 포섭하

---

6) Casarino and Negri, *In Praise of the Common*, p.83.

7) 마이클 하트, 정남영·박서현 옮김, 『네그리 사상의 진화』, 갈무리, 2008.

려는 시도로 이해되어야 한다.[8] 이런 점에서 노동형태의 변형을 탐구하는 것은 우선 오늘날 일어나고 있는 착취의 새로운 형태를 보여준다. 그러나 이와 동시에 이 탐구를 통해 자본과의 변증법적 관계를 부수고 나와 자율적 조직화로 향할 해방의 잠재력이 새로운 노동형태에서 성장하고 있음을 확인할 수 있을 것이다.

1) 비물질노동의 헤게모니

탈근대적 자본주의에서 노동형태가 극적으로 변해가고 있음은 이미 많은 사람들이 지적한 바 있다. 예컨대 우리에게 익숙한 "오늘날 3차 산업이 성장하고 있다" 같은 말은 이런 변화의 교과서적 표현일 것이다. 이런 노동의 변형은 크게 세 가지 경향을 갖고 있다.[9]

첫 번째로 지적할 것은 **비물질노동의 헤게모니**, 즉 자본주의적 가치화 과정에서 비물질적인 생산이 헤게모니[10]를 갖는 경향이다. 컴퓨

---

8) 조정환은 새로운 형태의 자본주의를 상업자본주의와 근대자본주의에 이어 제3기 자본주의로서 '인지자본주의'로 규정한다. 조정환에 따르면, 오늘날의 자본주의를 인지자본주의라 규정하는 것은 자본이 아니라 노동이 그 변형을 주도하고 있다는 사실을 드러내기 위함이다. 조정환, 『인지자본주의: 현대 세계의 거대한 전환과 사회적 삶의 재구성』, 갈무리, 2011, 27~35쪽.

9) Hardt and Negri, *Commonwealth*, pp.131~137.

10) 이때 **헤게모니는 양적 측면이 아니라 질적 측면에서** 이해되어야 한다. 여기서 맑스의 역사적 경향의 방법에 기대어 문제가 되는 헤게모니의 의미를 이해해 보자. 맑스 시대에 산업노동은, 그것이 가장 발달한 영국에서조차 수적으로 경제의 아주 조그만 부분을 차지하고 있었다. 그런데도 맑스가 읽어내는 것은, 산업생산이 당장은 수적으로 소수이지만 생산력의 발전 정도에서 여타의 다른 생산양식보다 우위에 있다는 것, 그리하여 자신의 생산방식을 다른 생산 부문에게 관철시킬 것이라는 점이다. 그리고 이 예측은 곧 현실화됐다. 근대의 시기에 농업, 광업 등 다른 생산 부문은 산업생산 방식을 앞다퉈 받아

터 프로그래머 등이 행하는 정보노동, 전화안내원이나 창구의 직원 등이 행하는 서비스노동, 여러 교육기관 교사들의 지식노동, 보육교사나 간호사 등의 돌봄노동, 그리고 우리가 TV에서 매일 마주치곤 하는 연예인들의 정서노동 등의 노동들이 모두 비물질노동의 예들이다.[11] 사실상 대부분의 인구가 도시에 거주하는 오늘날, 산업노동은 우리의 눈에 잘 보이지 않는 반면 일상의 삶에서 마주치는 것들은 모두 위와 같은 노동들이다. 이런 비물질노동의 결과로 생산되는 것들은 지식, 정보, 코드, 소통, 정서, 정동, 그리고 사회적 관계들이다. 한 가지 강조해야 할 사항은 이 '비물질'의 의미이다. 비물질노동이라 말할 때 위에서 언급한 노동들이 물질적 활동, 그러니까 신체의 움직임 없이 수행된다는 의미는 아니다. 당연한 이야기지만, 컴퓨터 프로그램을 만드는 노동에는 두뇌와 함께 손의 움직임이 요구된다. 비물질노동은 생산과정의 결과로서 그 외부에 독립적으로 존재하는

들일 수밖에 없었던 것이다. 이뿐만 아니라 공장은 경제 영역을 넘어서 사회 전체의 모델로서 기능했다. 미쉘 푸코, 박정자 옮김, 『"사회를 보호해야 한다": 콜레주드프랑스 강의, 1976년』, 동문선, 1998, 288~289쪽. 이처럼 근대는 산업노동이 헤게모니를 갖고, 경제 및 사회 전체를 자신의 리듬에 따라 재편한 시기였다. 근대의 시기에 산업노동이 이런 식으로 헤게모니를 행사했던 것과 마찬가지로, 탈근대 시기에서는 비물질노동이 헤게모니를 행사하게 되며, 여타의 노동 부문은 이 비물질적 생산방식에 따라 재편된다.

11) 물론 이런 노동은 예시적 열거일 뿐이며 우리는 이밖에도 수없이 다양한 비물질노동의 사례를 들 수 있을 것이다. 이뿐만 아니라 비물질노동의 이런 분류 역시 다분히 편의적일 뿐이다. 현실에서 우리가 만나는 비물질노동은 대개의 경우 위의 분류 가운데 두 가지 형태 이상의 노동이 섞여 있기 때문이다. 이런 비물질노동의 다양한 형태들에 관한 분석으로는 다음을 참조하라. 마이클 하트·안토니오 네그리, 조정환·정남영·서창현 옮김, 『다중: 제국이 지배하는 시대의 전쟁과 민주주의』, 세종서적, 2008, 144~145쪽.

물질적 생산물이 더 이상 존재하지 않는다는 점에서 비물질적이다. 또한 비물질노동에서 생산의 과정은 곧 소비의 과정인 경우가 많다. 이런 점에서 비물질노동은 **수행적**performative이다.

다른 한편 이런 비물질 생산의 과정에서 생산되는 것은 이제 사람들의 사회적 삶이 된다. 근대 시기의 생산물, 예컨대 의류나 자동차 등은 사회적 삶을 영위하기 위한 수단이었다. 이에 반해 오늘날 비물질노동이 만들어내는 생산물은 주체 혹은 그/녀의 삶형태 자체이다. 의사·간호사의 노동에서부터 (보육)교사의 노동과 예술노동에 이르기까지, 이들이 만들어내는 것은 한 인간의 건강한 몸만이 아니라 지식, 성품, 정동, 사회적 관계 등 하나의 인간 자체이다. 또 예컨대 스마트폰을 생각해보라. 오늘날 상품의 경제적 가치는 그것이 생산해내는 새로운 삶형태에 달려 있다고 해도 과언이 아니다.12) 따라서 오늘날 수행적 노동이 대상으로 삼는 것은 역설적이게도 주체와 그들의 새로운 삶형태가 되고 있으며, 우리는 이런 생산을 **인간에 의한 인간의 생산**13)이라고 요약할 수 있을 것이다.

2) 시간의 유연화, 이주의 증가

노동의 탈근대적 변형의 두 번째 경향과 세 번째 경향은 각각 시간적 측면과 공간적 측면에서의 변화와 관련된 것이다. 먼저 소위 노동시간의 유연화라고 불리는 것으로, **노동시간과 삶시간 사이의 엄격한 구**

---

12) 최근 한 기업의 스마트폰 광고에 등장하는 다음과 같은 문구, "How to Live Smart"는 이런 경향을 잘 보여준다.

13) Hardt and Negri, *Commonwealth*, p.132.

분이 깨어진다. 근대적 노동형태에서 공장에서의 시간 대 공장 밖의 시간으로 명확히 구분됐던 양자는, 노동이 사회적 삶 자체를 생산하는 것으로 되어감에 따라 서로 중첩되는 경향을 가진다. 한편으로 지식, 정보, 아이디어, 특히 예술작품 등의 생산은 정해진 노동시간 내에서만 이뤄지지 않는다. 우리가 익히 경험하듯 이런 것들의 생산에는, 책상 앞에 앉아 있는 시간을 넘어 삶시간 전체에 걸친 고민, 연구, 실험들의 축적과 진행이 요구된다. 다른 한편 종래에는 여성의 노동으로 생각됐지만 오늘날의 생산에서 점점 더 중심적이게 된 정동노동이나 돌봄노동 같이, 사회적 관계를 생산하는 노동의 경우에서 이런 경향은 더욱 직접적으로 드러난다. 그런 노동에 요구되는 정서, 보살핌, 관계 등의 생산은 대개의 경우 주의를 뗄 수 없을 정도의 긴장을 요구하며 삶시간 전체에 퍼져 있기 때문이다.

세 번째 경향을 이루는 공간적 변화는 **노동의 전지구적 이주 증가**와 이에 따른 사회적·인종적 혼합이다. 사실 노동의 이주가 전지구적으로 됐다는 것, 그것이 유례없이 급증하고 있다는 것은 주위에서 감각적으로 쉽게 확인될 정도이다. 그렇지만 노동의 이주는 전지구적 노동시장의 형성과 함께 새로운 질적 변화를 겪고 있다. 그 가운데 하나로, 바로 여성 노동자의 이주가 증가하고 있는 것을 꼽을 수 있다. 특히 전지구적 남南의 여성들은 주로 가사노동 같은 전통적 의미의 여성 노동이나, 전자·의류 같은 저숙련 노동에 배치되고 있다. 일국 차원에서 구축됐던 노동의 젠더적 분할마저도 이제 전지구적 차원에서 이뤄지고 있는 것이다. 다른 한편으로 이주의 증가는 새로운 사회적·인종적 혼합을 가져오고 있다. 오늘날 곳곳에서 나타나는 인종적 분할과 갈등은 이런 변화가 부정적으로 나타나는 모습일 것이다. 요컨대 이주의 증가는 우리 앞에 하나의 새로운 전지구적 풍경을 펼쳐보이고 있다.

이 절을 정리하며 한 가지 밝혀둬야 할 것은, 지금까지 살펴본 탈근대 시대에 노동이 겪고 있는 변형이 '경향적'이라는 점이다. 이런 변형 가운데 어떤 것들은 이미 현실화되어 있고, 또 어떤 것은 아직 잠재적인 것으로 남아 있다. 더욱이 이 경향이 현실화될 때조차도 그것은 자본에 종속된 채로, 다시 말하면 자본의 힘으로 혹은 자본의 명령에 의해 강제된 것으로 나타나기도 한다. 이에 맞서 정치경제학 비판은, 맑스의 작업이 그랬던 것과 마찬가지로, 비참한 현실 속에서 해방적 잠재력의 경향을 읽어내는 것이어야 하며, 정치적 실천은 이런 경향을 실현하는 것이 되어야 할 것이다.

| 삶정치적 생산의 잠재력과 자율성 |

이렇게 변화된 생산의 지형에서 성장하고 있는 해방적 잠재력을 살펴보기 위해 특히 강조해야 할 것은 오늘날 생산이 사회적 삶 자체의 생산, 즉 '인간에 의한 인간의 생산'이 됐다는 측면이다. 즉 오늘날 생산은 **주체성의 생산**이 됐다. 네그리와 하트는 탈근대적 생산의 이런 결정적 변형을 가리키는 말로 **삶정치적 생산**이라는 말을 사용한다.

1) 삶정치적 생산으로의 변형

삶정치라는 용어는 미셸 푸코의 것이다. 푸코는 18세기부터 시작된 새로운 통치형태의 변화를 지칭하기 위해 이 말을 사용하는데, 여기서 핵심은 통치의 대상이 인체가 아니라 살아 있는 사람이 됐다는 것이다.[14] 질 들뢰즈는 이를 '훈육사회에서 통제사회로'라고 재정식화하며, 이제 삶이 권력의 대상이 됐다고 말한다. 네그리는 이들의 주장을 받아들이지만 근본적으로 변형시킨다. 실상 푸코가 분석한 삶정치의 탄생과정은 삶권력의 탄생과정이다. 이에 반해 네그리는 삶이 권력의 대상이 됐음을 인정하지만 이 삶에는 권력과 전혀 다른 힘(활력)이 존재하며,[15] 따라서 삶은 이제 이 두 힘의 각축장이 됐다고 주장한다. 더 나아가 네그리에 따르면, 오늘날 생산의 변형은 이 싸움의 결정적 전환점을 표지한다.[16] 생산이 주체성의 생산으로, 즉 삶정치적으로 되어감에 따라, 삶은 생산자들의 사회적 협력을 통해 생산되기 때문이다. 이처럼 삶정치적 생산은 우리가 삶권력에서 벗어나 대안적인 삶형태를 생산할 잠재력을 갖고 있음을 보여준다.

이 점을 강조하기 위해 우리는 다시 한 번 앞에서 분석했던 지점으로 돌아갈 필요가 있다. 이미 말했듯이 삶정치적 생산에서는 비물

---

14) 푸코는 삶정치를 이렇게 정의한다. "인구로서 구성된 살아 있는 사람들의 총체에 고유한 현상들, 즉 건강, 위생, 출생률, 수명, 인종 등의 현상들을 통해 통치실천에 제기되어온 문제들을 18세기 이래 합리화하고자 시도한 방식." 미셸 푸코, 오트르망 옮김, 『생명관리정치의 탄생: 콜레주드프랑스 강의 1978~79년』, 도서출판 난장, 2012, 435쪽.

15) 네그리는 삶과 관련한 두 이질적 힘을 단적으로 다음과 같이 말한다. 권력은 삶 위에 군림하는 힘(power over life)인 반면, 활력은 삶의 힘(power of life)이다. Hardt and Negri, *Commonwealth*, p.57.

16) 네그리는 사실 곳곳에서 푸코의 연구에 동의하며 찬사를 보낸다. 그럼에도 네그리는 푸코에게 생산의 영역에 대한 고찰이 없음을 비판하며 다음과 같이 말한다. "사실 이 지점에서 우리가 푸코에게 누가 혹은 무엇이 세계를 추동하는가, 더 정확히 말하자면 누가 '삶'(bios)인가 하고 묻는다면 그의 대답은 말로 표현될 수 없거나 전혀 발견될 수 없을 것이다. 푸코가 최종적으로 파악하지 못하는 것은 삶정치 사회에서의 생산의 현실적 동학이다." 안토니오 네그리·마이클 하트, 윤수종 옮김, 『제국』, 이학사, 2001, 59쪽.

질노동이 헤게모니를 가지며, 이 비물질노동이 생산하는 것은 지식, 언어, 정동, 사회적 관계 같은 것들이다. 이런 지식, 언어, 정동, 사회적 관계 등은 우리가 앞서 (인공적 형태의) 공통적인 것이라 불렸던 것이다. 그런데 공통적인 것의 생산은 특이한 주체들의 소통과 협력에 기초한다. 따라서 삶정치적 생산의 시기에 공통적인 것은 단지 생산의 결과일 뿐만 아니라 생산의 기초이기도 하다. 간단히 말해서 기존의 지식, 언어, 사회적 관계, 곧 공통적인 것을 통한 주체들의 소통과 협력이 새로운 공통적인 것을 생산한다는 것이다. 그리고 바로 이 새로운 공통적인 것의 생산이 곧 주체성들의 생산이다. 따라서 우리는 다음과 같이 **삶정치적 생산의 시기에 나타나는 주체성들과 공통적인 것의 나선형적 관계**를 정리해볼 수 있다.

주체성은 협력과 소통을 통해 생산되고, 다음에는 이 생산된 주체성 자체가 협력과 소통의 새로운 형태들을 생산하며, 이것이 다시 새로운 주체성을 생산하는 과정이 계속된다는 것이다.[17]

바로 여기서 우리는 삶정치를 생산의 문제와 관련해서 생각해야 하는 이유, 혹은 똑같은 말이지만 오늘날 생산이 '인간에 의한 인간의 생산'이 됐다는 것을 강조하는 이유를 알 수 있다. 주체성들과 공통적인 것이 맺고 있는 이런 관계는 오늘날 삶정치적 생산이 완전히 사회에 내재적으로 되어가고 있으며, 그리하여 주체성의 생산이 자기생산적이게 되는 경향을 보여준다.

---

17) 하트·네그리, 『다중』, 234쪽.

2) 삶정치적 생산의 자율성

공통적인 것은 삶정치적 생산과정의 시작과 끝에서만 나타나는 것이 아니라, 그 중간에서도 나타난다. 앞서 공통적인 것이란 개념을 설명하는 부분에서 지적했듯이, 공통적인 것의 형성은 주체들의 소통에 기반한 공통화의 노력 없이는 이뤄지지 않기 때문이다. 즉 삶정치적 생산의 시기에는 생산과정 자체가 공통적이고 협동적이며 소통적이다. 우리는 이 점을 비물질노동의 수행적 성격이라는 말로도 지적했다. 이렇게 생산이 수행적 성격을 갖게 될 때, 생산성은 공통적인 것을 생산하는 생산자의 수행 능력에 달려 있게 된다. 그리고 공통적인 것이 물질적인 재화가 아니라 지식, 언어, 정동 등의 비물질적인 것인 한에서, 이 수행 능력은 생산자의 삶 전체에 걸쳐 그/녀가 배우고 익히며 느낀 것들에 의존하기 마련이다. 따라서 삶정치적 생산의 시기에 생산도구는 바로 생산자의 사회적 삶이며, 그것이 응축되어 있는 장소로서 두뇌라고 할 수 있다. 정치경제학적 용어로 말하자면, 삶정치적 생산의 시기에 고정자본은 생산자의 두뇌가 된다.

이런 맥락에서 삶정치적 노동에서는 근대와는 다른 새로운 형식의 사회적 협력이 출현하게 된다. 맑스는『자본』제1권 13장에서 산업자본주의에서의 협업을 분석하고 있다. 산업자본주의에서 노동자들은 각자가 생산수단과 분리되어 있다는 조건으로 말미암아 독립된 존재로서 생산과정에 들어온다. 이들은 각자 자본과 관계맺을 뿐 서로는 아무런 관계를 맺지 않은 채 노동과정에 편입되는 것이다. 이들을 전체 생산과정의 각 지점에 배치해 협력적 노동을 조직하고, 그럼으로써 전체 생산과정을 유기적으로 조직하는 것은 자본의 역할이 된다. 따라서 자본은 협력의 지휘자로서 생산과정에 등장하는데, "자본의 지휘는 노동과정 자체의 수행을 위한 필요조건으로, 생산의 현실적 조건으로 발전해간다."[18] 산업자본주의 시기에 자본은 이렇게 생산과정에서 내부에 자리해 생산적 역할을 수행한다.

이와 달리 삶정치적 생산의 시기에서는 노동이 수행적인 것으로 되어감에 따라, 다른 말로 고정자본이 생산자의 두뇌로 이전함에 따라 노동의 사회적 협력이 극적으로 달라진다. 산업자본주의에서 요구됐던 지휘자의 역할, 실행과 분리된 구상의 필요성이 사라지는 것이다. 수행적 노동에서 지휘자와 수행자는 결코 분리되지 않으며, 오히려 이런 분리는 생산성을 약화시킨다. 정해진 매뉴얼을 그대로 실행하는 것이 아니라, 그때 그때 매뉴얼을 수정해나가고 유연하게 대처하는 것이 오늘날 수행적 노동의 핵심을 이루기 때문이다. 나아가 삶정치적 생산에서 생산되는 것은 공통적인 것이며, 이 공통적인 것이 그 자체로 사회적 소통과 협력의 산물인 이상, 생산과정 그 자체가 오늘날 사회적 협력과정이 되고 있다. 정보와 지식을 생산하는 노동은 일정 기간의 학습과 노력을 요하며, 정동과 사회적 관계는 무수한 마주침들 속에서 생산된다. 요컨대 오늘날 공통적인 것이 생산되는 공장은, 여러 번 강조했듯이, 사회적 삶 그 자체라고 할 수 있다. 그렇다면 자본은 설사 공통적인 것의 생산을 명령하고 또 그것을 위한 도구들을 제공하더라도, 공통적인 것의 생산을 통제할 수거나 생산적 협력을 제공할 수도 없다는 것이 분명해진다. 대체 오늘날의 어떤 자본가가, 산업자본가가 자신의 공장을 장악했던 것만큼 지식과 정동의 생산을 장악할 수 있겠는가? 이처럼 **자본은 오늘날 생산과정에서**

18) 칼 맑스, 김수행 옮김, 『자본론』(제1권/상), 비봉출판사, 2001, 447쪽.

점점 더 외부적인 위치에 머물게 된다. 또한 다른 말로 **삶정치적 생산은 점점 더 자율적이게 되는 경향**이 있다.

| 자본의 착취형태 변화와 새로운 모순 |

이렇게 우리는 오늘날의 자본 문제로 넘어오게 됐다. 지금까지 변화된 생산의 지형에서 성장하고 있는 해방의 잠재력을 확인했다면, 이제부터는 자본의 변화된 착취형태를 드러냄으로써 투쟁의 지점을 식별할 것이다. 사실 역사적으로 자본은 노동의 적대가 부과한 위기에 직면했으며 이것을 극복하기 위해 변신을 거듭해왔다. 그러나 맑스에 따르면 이런 자본의 대응은 자본에게는 더 큰 위기를 낳을 뿐이다. 예컨대 노동자들의 저항에 직면해 자본은 기계류를 생산에 도입함으로써 위기를 회피하지만, 이것은 결국 이윤율의 저하를 낳을 뿐이라는 것이다. 아래에서는 이런 경향이 오늘날에도 나타나고 있다는 것, 아니 오히려 자본 스스로가 불러오는 자본의 위기가 오늘날 가장 극적인 형태로 나타나고 있다는 것을 살펴보고자 한다.

1) 공통적인 것의 수탈로서의 삶정치적 착취

전통적으로 자본주의적 착취는 수탈과 구분됐다. 전자는 생산에 투여된 노동시간 중 임금으로 지불되지 않는 부분(잉여노동시간)의 전유로 정의되며 따라서 착취는 생산과정 안에서 이뤄지는 반면, 후자는 기존 소유(혹은 점유)의 박탈로서 이해되며 따라서 생산과정 안에서 이뤄지지 않는 것이다. 그리고 맑스가 『자본』에서 분석했다시피, 자본주의적 생산양식의 역사적 기초를 이루는 것은 거대한 수탈로서 시초 축적이지만, 그것의 고유한 부의 전유양식은 착취이다.

그런데 삶정치적 시대에서 자본의 착취는 근본적인 어려움에 부딪힌다. 먼저, 앞서 살펴봤듯이, 자본 자체가 생산과정에 외부적이다. 다음으로, 자본의 입장에서 더욱더 사정을 어렵게 만드는 것은 **공통적인 것의 측정 불가능성**이다. 삶정치적 생산의 생산물인 공통적인 것은 가치, 즉 사회적 필요노동시간으로 측정될 수 없다. 어떤 지식, 언어, 정동에, 예컨대 셰익스피어 희곡 한 편의 생산에 대체 얼마만큼의 노동시간이 투여됐다고 측정할 수 있을 것인가? 이미 우리가 살펴봤듯이 삶정치적 생산에서 노동시간과 삶시간이 중첩되며 공통적인 것 자체는 사회적 협력을 통해만 생산된다고 할 때, 공통적인 것의 생산을 위한 사회적 필요노동시간은 측정 불가능한 것이 된다.

이렇게 자본이 공통적인 것의 생산의 외부에 놓이고 공통적인 것의 측정 불가능성으로 인해 가치 법칙이 위기에 처함에 따라, 자본의 축적은 더 이상 착취가 아니라 수탈의 형태, 즉 **공통적인 것의 수탈**이라는 형태를 띠게 된다.[19] 간단히 말하면 산업자본주의가 수탈에서 착취로 이행했다면, 오늘날 자본은 다시 착취에서 수탈로 돌아간다. 오늘날 제3세계, 특히 전쟁, 내전 등으로 인해 국민국가의 주권이 약한 지역에서 일어나고 있는 다국적 기업에 의한 천연자원의 수탈은 자본이 자연적인 공통적인 것을 수탈하는 극적 형태이다. 이는 분명히 시초 축적의 상황을 떠올리게 하는 측면이 있다.

하지만 더 중요하게 살펴봐야 할 것은 인공적 형태의 공통적인 것의 수탈, 즉 삶정치적 노동의 착취이다. 이제 자본은 사회적 협력을 통해 생산된 공통적인 것을 수탈한다. 그런데 이런 것들은 희소성의

---

19) Hardt and Negri, *Commonwealth*, p.137.

논리와 대립하기에 생산자들로부터 그 소유를 박탈하기가 쉽지 않다. 여기서 자본이 의지하는 것은 소유권이다. 지적소유권으로 대표되는 이런 소유권은 사회적 협력을 통해 생산된 공통적인 것을 자본의 것으로 전유하는 명령의 근거로 작동한다. 예컨대 자본은 지식 노동자에게 임금을 주고 고용한 대가로 그의 지적 생산물에 대한 배타적 소유권을 주장한다. 그런데 실상 이 지적 생산물의 생산은 고용된 지식 노동자의 노동만이 아니라 그보다 더 많은 사회적 협력으로 이뤄진다. 사실 이런 측면에서 삶정치적 착취는 삶정치적 노동력 개인이 아니라 사회적 협력 자체를 착취한다고 할 수 있다. 따라서 자본의 입장에서 사회적 협력의 증가는 이득을 가져다준다. 반면 자본은 이런 사회적 생산성의 증가에 아무런 도움을 주지 않는다.

이런 맥락에서 자본이 축적하는 부는 **이윤의 형태에서 지대의 형태**로 변한다. 맑스는 지대의 특징을 다음과 같이 설명한다. ① 자본의 외부에 있다. ② 토지에 대한 배타적 소유권에 기초한다. ③ 가치를 창조하는 것이 아니라 이미 생산된 잉여가치, 즉 이윤이 전환된 것이다. ④ 지대액은 지대수취자의 행동에 의해 결정되는 것이 아니라 사회적 노동의 발전에 의해 결정된다. 지대에 관한 맑스의 이런 설명은, 앞서 우리가 분석한 삶정치적 생산의 시기에 자본의 성격과 일치한다. 여기서는 특히 다음과 같은 언급이 중요하다.

이 잉여가치와 잉여생산물의 발전에 적극적으로 기능하는 사람은 여전히 자본가이다. 토지소유자는 스스로 아무런 노력도 하지 않고 증대하는 잉여생산물과 잉여가치의 일부를 탈취하기만 하면 된다. 토지소유자의 지위의 특수성은 바로 이 점에 있[다].[20]

맑스의 이런 언급에 비춰보면, 오늘날 삶정치적 생산의 시기에 자본의 이윤은 지대로, 그리하여 자본가는 지대수취자로 변했음을 이해할 수 있다. 지대수취자로서 자본은 생산과정에 아무런 기여를 하지 않고 생산된 부를 탈취하는 반면, 사회적 협력이 증가함에 따라 더욱 많은 부가 그들에게 돌아가게 되는 것이다.[21]

2) 삶정치적 생산의 시대에 나타나는 자본의 위기와 모순

이렇게 삶정치적 생산의 시대에 결정적으로 변화된 자본의 축적양식은 사회적 협력을 조직하고 그리하여 생산적 역할을 수행하는 것이 아니라, 단순히 소유권에 기초한 명령의 형태로 나타난다. 자본의 이

---

20) 칼 맑스, 김수행 옮김, 『자본론』(제3권/하), 비봉출판사, 2004, 785쪽.

21) 사실 맑스는 지대를 절대지대와 차액지대로 구별해, 절대지대는 토지소유권에 기초한 반면에 차액지대는 토지의 비옥도와 위치(즉 토지 생산성)의 차이에 기인하는 것으로 말한다. 그리고 네그리에 따르면 현 시기 자본의 주요 형태인 금융자본은 바로 자본이 차액지대를 추구한 결과로 나타난다. 즉 오늘날 금융자본의 득세는 삶정치적 생산의 변화된 성격에 기인한다는 것이다. Hardt and Negri, *Commonwealth*, p.158. 삶정치적 시기에 생산이 점점 더 자본으로부터 자율적인 것이 되어감에 따라, 자본은 생산으로부터 떨어져 있으면서도 생산의 결과물을 착취할 수 있는 도구를 발견해야만 했던 것이다. 금융은 한편으로는 생산에 직접적으로 개입하지 않지만, 다른 한편으로 미래의 생산력을 예측하고 그 생산성의 차액만큼을 생산의 결과물로 착취한다. 정치적·경제적·사회적 요인들, 심지어는 자연적 요인들을 포함한 사회의 모든 요인들이 금융자본에게는 미래 생산을 (그리하여 미래의 주가를) 점치기 위한 자료들로 계산된다(예컨대 후쿠시마 원전 사태가 일어나자 국내에선 방사능 치료에 효과가 있다고 알려진 요오드 관련 제품 주식의 주가가 급등했다). 이렇게 금융자본은 공통적인 것, 그리고 그것에 기반을 둔 미래 생산에 시시각각 예민하게 반응한다. 그러나 공통적인 것의 생산과 관련해 어떤 역할도 수행하지 못하는 한에서, 그것은 기껏해야 생산된 공통적인 것을 재현할 수 있을 뿐이며 또 그럴 때에만 자신의 목적을 달성할 수 있다.

런 명령을 뒷받침해주는 것, 다른 말로 자신의 명령을 행사하기 위해 자본이 동원하는 것은 경제적이라기보다는 오히려 사법적이며 정치적인 것이다. 즉 자본은 생산에서 무능한 반면, 이를 대신해 지적소유권 같은 사법적 장치들이나 정치적 통제를 통해 자신의 소유권을 보존하고 이에 근거해 사회적 협력을 착취하는 것이다. 이런 점에서 오늘날 자본은 권력과 불가분의 관계를 맺게 된다.

이와 관련해 네그리는 맑스의 작업에서 '자본 규정의 전진'이 발견된다고 말한다. 즉 맑스에게서 자본의 정의가 잉여가치의 생산에서 사회적 관계의 재생산으로 나아간다는 것이다. 자본은 본질적으로 하나의 사회적 관계이며, 따라서 자본은 바로 이 관계의 재생산을 목표로 한다. 그에 따라 상품과 잉여가치의 생산은 이 관계의 재생산을 위한 계기로 배치된다.[22] 근대에서 이 관계는 (물질적인) 상품생산과 교환(시장)의 전면화로 유지된다. 따라서 교환을 위한 측정도구인 가치와 그것에 기반을 둔 잉여가치가 자본주의 분석에서 핵심적이게 된다. 반면 오늘날 우리가 경험하고 있는 탈근대의 시기에서 삶정치적 생산은 직접적으로 사회적 관계들을 생산한다. 따라서 오늘날 자본주의적 관계의 재생산은 생산의 영역에서 직접적으로 발생한다. 이런 점에서 자본은 생산에 무능한 반면, 다른 말로 삶정치적 생

---

22) 맑스는 자신의 노트에서 다음과 같이 말한다. "우리가 부르주아 사회를 고찰하면 사회적 생산과정의 마지막 결과로서 그곳에는 언제나 사회 자신, 즉 사회적 관계 속에서의 인간 자신이 나타난다. 생산물 등처럼 고정된 형태를 가지는 모든 것은 이 운동에서 계기로, 소멸적 계기로만 나타난다. 여기에서 직접적 생산과정 자체는 계기로서만 나타난다." 칼 맑스, 김호균 옮김, 『정치경제학 비판 요강』(2권), 백의, 2000, 389쪽.

산은 점점 더 자율적이게 되는 반면, 그리고 이 때문에 사회적 관계의 재생산 자체는 생산자들의 수중에 온전히 내맡겨져 있는 형편에 놓여 있다고 할 수 있다. 이것이 현 시기 자본의 위기를 규정하는 핵심적인 요소이다. 따라서 오늘날 자본의 로두스는 다름 아닌 삶정치적 생산의 통제, 그리고 그것의 기초가 되는 사회적 삶의 통제가 된다. 이런 점에서 **자본은 삶권력**이 되어간다.

그러나 삶권력으로서의 자본이 행하는 통제는 자본에 새로운 모순을 부과한다. 첫째로 지식, 정보, 정동 같은 공통적인 것이 갖고 있는 무한한 복제 가능성은 공통적인 것의 통제를 현실적으로 어렵게 만든다. 둘째로, 더욱 중요하게, 공통적인 것의 통제는 그 생산성을 약화시킨다. 앞서 우리가 살펴본 삶정치적 노동으로의 변형에 대한 자본의 대응들이 이를 극적으로 보여준다.

자본은 ① 비물질노동의 헤게모니에 대해서 분할과 고갈의 전략을 취한다. 감시와 규제 등을 통해 "생산적 협력의 공통된 장을 분할하고 조각내는" 한편, 갖가지 사유화 정책 등을 통해 "삶정치적 생산의 토대로서 기능하는 공통적인 것을 고갈"시키는 것이다. 전자의 사례로 정규직과 비정규직의 분할을, 후자의 사례로 대학 등록금의 인상을 들 수 있을 것이다. 그 다음으로 ② 시간적 변화와 관련해, 자본은 "노동시간과 비노동시간의 구분을 파괴하고 노동자로 하여금 항상 일하는 것은 아니지만 지속적으로 노동을 제공할 수 있는 상태를 요구함으로써" 결과적으로 노동자들이 스스로의 시간을 조직할 수 있는 가능성을 박탈한다. 이것을 단적으로 '시간의 빈곤화'라 표현할 수 있다. 마지막으로 ③ 공간적 변화와 관련해, 자본은 물리적·사회적 장벽을 세우고 이주를 불법화함으로써 '공간의 빈곤화'를 가져온다. 이런 자본의 대응은 모두 공통적인 것의 생산에 요구되는 사회적 소통과 협력, 기존의 공통적인 것에 대한 자유로운 접근, 삶시간의 자율적인 조직, 공간을 넘나드는 소통을 가로막는다. 요컨대 자본의 통제는 공통적인 것의 생산성을 침식한다.[23]

결국 맑스의 저 유명한 표현을 빌려서 말해보자면, 이런 자본의 대응들은 **오늘날 자본이 스스로 삶정치적 생산력의 족쇄가 됐음을** 드러내줄 뿐이다. 이것은, 앞서 언급했던 바와 같이, **생산의 사회적 성격과 자본주의적 축적의 사적 성격 사이의 모순**의 표현이다. 맑스는 어떤 역사적 생산관계가 당대의 생산력에게 질곡이 되어버리는 순간부터 사회의 거대한 전환이 준비되기 시작하며, 결국 이 모순이 극적으로 될 때 사회혁명의 시기가 도래한다고 생각했다. 그렇다면 위에서 살펴본 삶정치적 시대의 노동의 변형과 그에 대한 자본의 대응은 자본의 모순의 현재적 형태, 그것도 맑스 자신이 예견한 것처럼 극적으로 된 자본의 모순을 보여준다고 할 수 있을 것이다.

| 산 노동의 해방의 잠재력을 위하여 |

지금까지 삶정치적 생산과 공통적인 것이라는 개념을 중심으로 변화된 생산의 지형에서 성장하는 해방의 잠재력을 확인하는 한편, 새롭고도 더욱 강렬해진 자본의 위기와 모순에 대해 살펴봤다. 핵심은 삶정치적 생산의 시기에 공통적인 것의 생산은 자본과의 관계에서 더욱더 자율적인 것이 되어가는 한편, 자본의 모순을 특징짓는 생산의

---

23) 이 단락의 내용은 네그리와 하트의 다음 논의를 정리한 것이다. Hardt and Negri, *Commonwealth*, pp.142~149.

사회적 성격과 자본주의적 축적의 사적 성격 사이의 모순은 점점 더 심화되어 오늘날 자본은 삶정치적 생산의 생산력에 족쇄가 될 뿐이라는 것이었다. 그리고 바로 이런 사실들로부터 우리는 자본으로부터의 해방을 위한 실천의 물질적 기초가 다중의 매일의 생산적 활동 속에서 구축되고 있음을 알 수 있다.

그러나 이 글의 시작에서 그린 바와 같은 오늘날의 우리 현실, 그리고 그 현실이 안고 있는 비참함의 무게는 이런 희망적인 인식으로 감당하기에는 너무나 무겁게 우리를 짓누르고 있는 것 같다. 우리의 능력은 종종 회의에 부처지고, 희망은 쉽사리 순진한 낙관으로 이해되며, 비장함 혹은 냉소가 그 자리를 대체한다. 공포, 우울, 자포자기, 불안은 이제 사회를 지배하는 정서가 됐다. 그러나 노동이 정동적으로 됐듯이, 오늘날 지배 역시 정동적으로 되는 경향이 있음을 인식할 필요가 있다.[24] 삶권력이 된 자본이 이와 같은 슬픔의 정동들을 자신의 지배를 위한 장치로 배치한다면, 우리는 이 슬픔의 정동을 극복할 방법을 모색해야만 한다.

이 글에서 산 노동이 가진 세계를 짓는 힘으로부터 시작해 생산의 지형에서 해방의 잠재력을 읽어내고자 했던 것도 바로 이런 슬픔의 정동에서 기쁨의 정동으로 이행해야 한다는 인식에서 비롯됐다. 이 글을 통해 나는 그 이행이 가능하다는 것을 제시하고자 했다. 아래에

---

24) 조정환은 오늘날 자본주의가 인지자본주의로 변함에 따라 공황, 조울, 불안 같은 슬픔의 정동이 정동적 지배의 장치로 기능하는 경향을 분석하고 있다. 이런 분석은 우리에게 매우 귀중한 시사점을 제공한다. 우리에게 정동적 차원에서의 지배에 대한 저항의 중요성을 일깨워주기 때문이다. 조정환, 「5장. 착취와 지배의 인지화」, 『인지자본주의』, 119~161쪽.

덧붙이는 인용문들이 이 글의 부족함을 채워주는 동시에 다중의 실천으로 구축될 이행의 길에 든든한 벗이 되어줄 것이다.

요컨대 자본은 한 측면에서 보면 부의 창출을 그것에 이용된 노동시간에 대해 (상대적으로) 독립시키기 위해 사회적 결합 및 사회적 교류뿐만 아니라 과학과 자연의 모든 힘을 소생시킨다. 다른 측면에서 보면 자본은 이렇게 창출된 방대한 사회력을 노동시간으로 측정하고자 하며, 이미 창출된 가치를 가치로 유지하기 위해 필요한 한계 안에 이 사회력들을 묶어두고자 한다. 생산력과 사회적 관계들이 자본에게는 수단으로만 나타나며, 자본을 위해서는 그것의 협소한 기초에서 출발해 생산하기 위한 수단일 뿐이다. 그러나 사실 그것들은 이 기초를 공중에서 폭파하기 위한 물질적 조건들이다.[25]

사회적 삶은 공통된 것에 의존한다. 아마도 미래의 언젠가 우리는 이 시기를 회상하면서 우리가 얼마나 어리석었던가를 깨닫게 될 것이다. 사유재산이 그렇게 많은 부의 형식들을 독점하고 그래서 혁신에 장애물들을 세우며 삶을 부패시키고 나서야, 사회적 삶을 온전히 공통된 것에 맡기는 방법을 발견했다고 말이다.[26]

협소한 부르주아적 형식을 벗겨버리면, 부라고 하는 것은 보편적인 교환을 통해 창출된 개인적 욕구, 능력, 기쁨, 생산적 힘 등의 보편성

---

25) 맑스, 『정치경제학 비판 요강』(2권), 381~382쪽.
26) 하트·네그리, 『다중』, 233쪽.

이 아니고 무엇이란 말인가? …… 인간의 창조적 능력이, 선행하는 역사 단계 말고는 그 어떤 전제도 없이 절대적으로 발휘되어서 이런 발전의 총체(인간의 모든 능력의 발전 그 자체)를 미리 주어진 자로 재는 대상이 아니라 자기 목적으로 삼는 것이 아니고 무엇이란 말인가? …… 자신이 이미 되어버린 어떤 것에 머물려 하지 않고 절대적 생성운동의 상태에 있는 것이 아니고 무엇이란 말인가?[27)]

---

27) 맑스, 『정치경제학 비판 요강』(2권), 112~113쪽.

"예술과 더불어 살아라. 그것이 좋다"

10 공통되기를 통한 예술의 확장과 변용*
이종호

> **우**리는 예술을 삶을 변혁하는 힘으로 삼으려고 한다. 우리는 대중의 소통과 시의 분할을 폐지하려고 한다(프랑코 베라르디 '비포')[1]

오늘날 자본주의를 넘어서는 새로운 삶-형태를 창안하고 제도화함에 있어 맑스의 많은 저작들은 끊임없는 영감과 '붉은 실'을 제공하고 있는데, 「직접적 생산과정의 제결과」도 그런 문헌들 중의 하나이다. 맑스는 1861~63년의 '경제학 노트들'을 작성하고 난 뒤에 이 글을 『자본』세 번째 수고의 일부로 작성했는데, 모스크바연구소가 편집한 맑스·엥겔스 문서집에 수록되어 1933년 러시아어와 독일어로 출판되면서 공식적으로 세상에 알려지게 됐다. 하지만 이 문헌이 지닌 중요성과 그 탁월함은 '현실 사회주의'라는 암운에 가리어 30년

---

* 이 글은 제5회 '맑스코뮤날레' 세부프로그램으로 연구공간 L이 주최한 '공통적인 것과 코뮤니즘'(서울대학교, 2011년 6월 4일) 섹션에서 발표된 원고 「공통적인 것과 예술」을 수정·보완한 것이다. 토론자로 참여해주신 박은선(노마디스트 수유너머 N) 선생님과의 토론을 통해 필자가 잘못 알고 있었던 사실을 바로잡을 수 있었다. 이 자리를 빌려 감사의 말씀을 전한다.

1) Franco Berardi 'Bifo,' *Precarious Rhapsody: Semiocapitalism and the Pathologies of the Post-Alpha Generation*, London: Minor Compositions, 2009, pp.137~138. [정유리 옮김, 『불안정한 자들의 랩소디』, 도서출판 난장, 근간.]

남짓한 세월 동안 잊혔다가 '1960년대 후반'에 접어들면서 서서히 새롭게 조명되어 프랑스어, 이탈리아어, 독일어 등으로 번역되면서 서유럽을 중심으로 주목받기 시작했다.[2] 말하자면 맑스가 작성한 이 글이 담고 있는 의미와 그 의도가 제대로 진지하게 음미되어 독해되기까지는 한 세기가 넘는 시간이 필요했던 셈이다.

| 맑스가 남긴 것: 비물질노동으로서의 예술 |

「직접적 생산과정의 제결과」가 진지하게 탐구되기 시작한 '1960년대 후반'이라는 시기는 주지하듯이 통상적인 의미의 크로노스적 시간은 아니다. 거기에는 1917년 혁명에 상응하는 1968년 혁명이라는 단층과 같은 사건이 자리하고 있는데, 그런 의미에서 맑스의 이 문헌은 1968년 혁명을 전후로 한 문맥과 더불어 (재)발견되고 재해석됐다고 할 수 있다. 그리고 이는 정치, 경제, 사회, 문화, 나아가 인간의 삶-형태 자체의 단절과 변화를 의미하는 것이었다. 달리 말하면 이는 '근대에서 탈근대로의 불연속적 이행'이라는 패러다임 전환을 의미하는 것이었는데, 안토니오 네그리에 따르면 그 불연속에는 세 가지 층위에서의 근본적인 '휴지'休止/caesura가 놓여 있다.[3]

---

2) 「직접적 생산과정의 제결과」의 문헌학적 맥락에 대해서는 다음을 참조하라. 칼 맑스, 김호균 옮김, 「문헌학적 주해」, 『경제학 노트』, 이론과실천, 1988, 45~48쪽; Ernest Mandel, "Introduction," Karl Marx, *Capital: A Critique of Political Economy*, vol.1, New York: Penguin Books, 1976, pp.943~947; Andy Blunden, "Introduction," *Economic Works of Karl Marx 1861-1864*, Marxists Internet Archive (online), 2002.

3) Antonio Negri, *The Porcelain Workshop: For a New Grammar of Politics*, New York: Semiotext(e), 2006, pp.19~23; 杉村昌昭 訳, 『さらば, "近代民主主義": 政治

우선 생산의 층위에서는 비물질노동이 점차 헤게모니를 갖게 됐다. 전통적인 의미에서 노동은 오랫동안 물질적 재화의 생산활동으로 환원되어 이해됐지만 지적, 과학적, 인지적, 관계적, 소통적, 정동적인 비물질노동이 생산과 가치화의 과정에서 중요한 위치를 점하기 시작했다. 달리 말하면 포드주의적 생산양식에서 포스트포드주의적 생산양식으로의 이행이었다. 그리고 주권의 층위에서는 사회 영역 전체를 포괄하는 삶정치적 통치가 정착됐다. 맑스의 어법으로는 형식적 포섭에서 실질적 포섭으로의 이행에 해당하는 것이었으며, 질 들뢰즈의 용어로는 훈육사회에서 통제사회로의 이행이라고 할 만한 것이었다. 마지막으로 경제적 과정의 지구화로 인해 국민국가, 민중, 주권 등의 일국적 단위를 거점으로 삼는 근대적 개념이 점점 그 유효성을 상실해갔다. 그리하여 국민국가적 단위를 넘어서 전지구적 차원에서의 주권과 주체성의 관계, 즉 '제국'과 '다중'의 관계에 대한 고찰이 요구됐다. 더 이상 일국적 차원에서는 어떤 문제설정과 해결도 불가능해지는 국면이 도래했다. 요컨대 탈근대는 자본 아래로 노동이 포섭되는 과정이 심화·확대되면서 자본주의의 질적 전환이 야기된 시기였으며, 더 중요하게는 근대와는 다른 새로운 주체성, 새로운 인간형이 형성되고 구축되는 시기였다고 할 수 있다.

「직접적 생산과정의 제결과」의 주제와 내용은 근대에서 탈근대로의 이런 이행이 지니는 함의을 이론적으로 통찰하는 데 중요한 단초를 제공했다. 맑스의 이 글에는 '노동의 자본에의 형식적 포섭과 실질적 포섭,' '비물질적 생산'에 관한 고찰, 자본과 노동의 '적대'에 대

概念のポスト近代革命』, 東京: 作品社, 2008, pp.29~36.

한 논의, 사회화된 산 노동의 생산적 힘을 통한 '주체성의 구성' 등에 관한 내용이 글 전반에 걸쳐 상세하게 논의되고 있다. 이 문헌은 『정치경제학 비판 요강』과 더불어 기존의 낡은 맑스주의와 현실 사회주의적 전망을 극복하고, 맑스의 사유와 코뮤니즘에 대한 관점을 새롭게 정초하고 재구성하는 데 많은 시사점을 제공했으며, 그 영향은 오늘날에까지 계속 이어지고 있다.

이 글의 주제는 탈근대적 이행과 전환 속에서 예술 및 예술활동의 문제를 탐구하는 것이다. 전지구를 무대로 한 자본주의적 생산양식에 실질적으로 포섭된 삶정치적 세계에서 예술활동은 어떤 의미를 지니는 것이며, 어떻게 논의할 수 있을까? 즉 자본주의적 생산양식의 탈근대적 변형과 예술 생산양식은 어떤 관계를 맺으며, 그 속에서 예술 생산양식이 갖는 특이성은 무엇인가? 이 물음들을 풀어나가면서 예술에 관한 논의를 진전시켜 나가는 데도 「직접적 생산과정의 제결과」는 흥미로운 실마리를 제공한다. 맑스는 이 글에서 자본주의적 잉여가치의 생산 여부를 기준으로 삼아 생산적 노동과 비생산적 노동에 관해 논의하는데, 그 중에서도 '비물질적 생산'에 관한 서술은 자본주의적 생산양식과 예술에 관한 관계를 다층적으로 분석한다.[4] 이 서술은 한 쪽 남짓한 분량의 매우 짧은 내용이며 완결적인 형태로 서술되어 있지는 않지만, 예술을 신비화시키거나 초월적 것으로 이해하지 않는 방식, 즉 자본주의적 생산양식과 관련지어 이해함에 있어 여러 실마리를 제공한다. 필자가 보기에 이 서술은 대략 다음과 같은 쟁점들로 정리해볼 수 있을 듯하다.

---

4) 맑스, 『경제학 노트』, 116~117쪽. 번역 수정.

첫째로, 인간의 삶에 있어서 예술활동이 지니는 성격과 위상에 관한 문제이다. 맑스는 '비물질적 생산'을 논의하면서 '예술가의 예술행위'와 '예술 생산물'을 그와 같은 '생산'활동으로 규정한다. 다시 말해서 예술활동은 (자본주의적 생산 및 상품화의 여부와는 무관하게) 인간의 삶에서 '생산'한다는 의미에서 비물질적 '노동'의 성격을 갖는다. 물론 이 노동은 단지 자본주의의 생산적 노동, 즉 임금노동만을 의미하는 것은 아니며, 잉여가치를 산출하지 않는 비생산적 노동까지 포괄하는 의미로 사용되고 있다. 요컨대 맑스는 유적類的 본질로 사유한 노동의 한 범주로 예술활동을 규정하는 것이다.

둘째로, 비물질적 생산과 노동이라는 맥락에서 볼 때 예술활동은 두 가지 양태를 취한다. 한 양태는 실행하는 예술가의 예술행위, 즉 **생산자와 분리되어서 존재하는** 예술 생산물을 낳는 경우이다. 그림, 책 같은 구체적 작품을 생산하는 경우가 여기에 해당한다. 다른 양태는 생산물이 **생산하는 행위와 분리될 수 없는** 예술활동의 경우이다. 배우의 활동, 악기 연주자의 활동 등이 이에 해당한다. 예술이 노동의 범주로 규정되고 그리하여 예술활동이 곧 노동과정으로 된다면, 자본주의적 생산양식 아래에서 예술활동은 가치화 과정을 의미한다.

셋째로, 예술활동의 자본주의적 생산양식으로의 포섭 문제이다. 맑스는 예술활동을 비롯한 비물질적 생산이 매우 제한된 범위로만 자본주의적 생산양식에 적용될 수 있다고 서술한다. 그런데 이런 포섭 정도(즉 예술활동이 자본주의적 생산양식으로부터 갖는 자율성)가 초역사적으로 계속 그렇게 유지되리라는 것을 의미하지는 않는다는 점에 유의할 필요가 있다. 맑스가 이런 서술을 취한 것은 그가 살던 당대에는 대부분의 예술활동이 전前자본주의적 생산양식, 즉 자본주의의 외부에 머물러 있던 상황을 고려했기 때문이다. 맑스는 상품[잉여가치]을 생산하는 비물질노동(예술활동)이 당대에도 존재하고 있으며, 역사적 상황에 따라 달라질 수 있음을 명확히 하고 있다.

마지막으로 자본주의적 생산양식에 포섭된 예술활동의 이중성이다. 맑스는 "극장, 오락을 제공하는 사업장"에 고용되어 있는 '배우'의 경우에 한편으로는 "자신을 고용한 사람에 대해서는 생산적 노동자"로서의 의미를 갖지만, 다른 한편으로는 "대중에 대해서는 예술가"로서 관계를 맺는다고 논의하면서 예술활동의 이중성에 대해 서술한다.[5] 이런 예술의 이중성은 자본주의 시대의 모든 생산물이 갖는 이중성을 상기시킨다.

예술활동을 비롯해 비물질적 생산과 노동에 대한 맑스의 언급은 그가 살았던 당대의 자본주의적 상황에 기초해 서술된 것이다. 그렇기 때문에 탈근대로의 이행이 충분히 현실화된 오늘날의 상황에 맑스의 서술을 '자구 그대로' 기계적으로 적용해 표면적으로 이해하는 방식은 분명 시대착오적인 접근이 될 것이며, 그것은 초역사적 접근을 항상 경계한 맑스가 의도한 방식도 아닐 것이다. 따라서 자본주의적 생산양식과 예술활동 간의 관계를 탐구하는 작업은 맑스의 예술활동에 대한 사유를, 오늘날의 상황을 충분히 고려하면서 재해석하

---

5) 이 서술은 『잉여가치학설사』에 기재되어 있다. 『잉여가치학설사』에는 「직접적 생산과정의 제결과」의 '비물질적 생산'에 관한 서술이 '(h) 비물질적 생산 영역에서의 자본주의 현상'이라는 소제목 아래 거의 동일한 내용으로 반복되고 있다. 비물질적 생산의 생산물이 생산행위와 분리되지 않는 경우를 논하면서 그 사례로 이 부분을 덧붙이고 있는 점이 차이라면 차이이다. 칼 맑스, 편집부 옮김, 『잉여가치학설사』, 아침, 1989, 458~459쪽.

는 방식으로 이뤄져야 할 것이다. 앞서 언급한 쟁점들은 그런 작업을 진행함에 있어 적절한 징검다리가 되어줄 것으로 보인다.

| 예술의 노동화, 노동의 예술화, 삶의 예술화 |

맑스는 올리버 크롬웰의 후원을 받기도 했던 존 밀턴의 『실낙원』과 서적상을 위해 공장노동을 제공하는 소설가의 작업을 비교하면서 전자를 '비생산적 노동자'로 후자를 '생산적 노동자'로 구분한다.[6] 이런 구분의 기준이 되는 것은 노동의 자본에의 포섭 여부이다. 다시 말해서 두 사람 모두 글쓰기라는 '동일한 내용의 노동'을 수행함에도 불구하고 밀턴은 자본에 포섭되지 않는 상태로, 그리고 공장에 고용된 소설가는 자본에 포섭된 상태로 노동을 행하기 때문에 이런 구분이 이뤄지는 것이다. 맑스가 예술활동을 자본주의적 생산양식과 관련짓는 논의는 당대의 이런 역사적 상황과 경험에 기반을 두고 있다. 맑스가 예술활동에 대해 자본주의적 생산이 매우 제한된 범위로만 적용될 수 있으며, 따라서 자본주의적 생산 전체에 대해서는 고려될 수 없다고 서술하는 것은 이런 맥락에 놓여 있는 것이다.

　맑스가 살았던 당대에 있어 대부분의 예술은 여전히 자본주의 외부에 머물러 있었고, 그 예술적 장場이 작동하는 메커니즘은 자본주의에 대해 일정한 자율성을 유지하고 있었다. 주지하듯이 (서구에만 한정시켜 놓고 본다면) 예술활동은 중세에 이르기까지 수공업과 유사한 형태를 취하면서 발전하다가 르네상스 시기에 접어들면서 후원제도를 통해 점차 독립적인 지위를 획득하게 된다. 이 후원제도를 통

---

6) 맑스, 『경제학 노트』, 112쪽.

해 예술활동과 예술가들은 일정 시기 동안 자본주의의 외부에서 상대적으로 '자유'(?)로울 수 있었다.[7] 하지만 이 비생산적 노동으로서의 자유로움(자율성)이 언제까지고 지속되지는 않았다. 외부를 향한 자본주의의 지배와 포섭이 점차 확장되어감에 따라, '매우 제한된 범위'를 넘어서면서 예술활동이 점차 시장 속으로 편입되어간 것이다. 예를 들어 근대적인 출판자본과 출판제도가 형성됨에 따라, 다시 말해서 '직업으로서의 예술,' '분업으로서의 예술'을 통해 전업 작가가 등장하고 발전하는 자본주의적 시장제도를 거치면서 이런 현상은 더욱 공고화되어간다. 바야흐로 근대적인 의미에서의 '예술가(작가)의 탄생'이라고 할 만한 시대가 도래하고, 이렇게 탄생한 예술가(작가)는 자본주의의 여러 생산적 노동 중에서 예술이라는 업종을 담당한다. 말하자면 예술이 하나의 분업적 활동으로 자리잡게 된 것이다. 그런 의미에서 오늘날 우리가 통상적으로 떠올리는 특정한 개인에 기초한 직업적 예술과 예술가라는 관념은 이런 역사적 과정을 통해 형성됐다고 봐도 좋을 것이다. 아쉽게도 맑스는 이런 상황이 자본주의 아래에서 전면화되는 것을 목도하지는 못했다. 그런 까닭에 맑스는 예술을 비롯한 비물질적 생산을 인간의 중요한 노동으로 충분히 고려하면서도, 자본주의적으로 분석하지는 않았던 것이다.

---

7) 자본주의의 지배가 사회 전반에 걸쳐 발달되어 있지 않았던 시대에는 후원제도를 통해 예술가들이 자본의 노예가 되어야 할 필요성으로부터 해방되어 외부에, 즉 전(前)자본주의 영역에 머물러 있을 수 있었다. 예술가들은 후원제도에 대해 끊임없이 불평을 제기했지만, 출판업자에게 의존하는 것보다는 그래도 상황이 나은 편이었다. 이에 대해서는 다음을 참조하라. 안토니오 네그리, 심세광 옮김, 『예술과 다중』, 갈무리, 2010, 137쪽.

그러나 자본주의가 발전하고 노동이 자본에 포섭되는 정도가 점점 더 심화됨에 따라, 예술활동의 자본주의적 생산양식에 대한 자율성 또한 상실되기 시작했다. 이런 자율성의 상실은 곧 예술작품의 상품화를 의미하는 동시에 예술의 생산양식과 자본의 생산양식이 점차 동일한 리듬으로 조응하게 됐음을 의미한다. 1917년 혁명 이후 노동의 자본에의 형식적 포섭이 가속화되며 대량생산·대량소비에 기반을 둔 포드주의적 생산양식이 정착되는 가운데, 예술활동은 점차 문화산업으로 재편되는 경향이 뚜렷해진다. 그리하여 예술활동은 포드주의적 산업생산의 특질에 따라 '제작자-소비자' 모델에 기반해 마치 상품을 공장에서 제조하듯이 획일적으로 대량생산되고 대량소비되는 대중문화의 형태를 띠게 된다. 이런 상황은 "문화가 완전히 교환법칙 밑에 종속"되어 예술활동은 '획일화된 규격품,' 즉 "보편과 특수의 잘못된 동일성"으로 귀결됐으며, 그리하여 예술의 자율성이 불가능한 시대로 접어들었다고 분석하는 비판이론[8] 등을 통해 상세히 분석되기도 했다. 비판이론의 논의는 문화산업을 통해 예술활동이 이데올로기화되어 집합적 주체의 저항 가능성을 봉쇄한다는 식으로 귀결되고는 하는데, 이런 폐쇄회로와 같은 문제설정은 1968년 혁명을 거치면서 수정되지 않을 수 없었다.

1968년 혁명을 진압하고 산 노동의 힘을 재포섭하기 위해 자본은 노동의 재구조화를 통해 질적 도약과 변형을 감행해야만 했다. 생산양식은 포드주의에서 포스트포드주의로 이행하고, 포섭의 정도는

---

8) 테오도르 아도르노·막스 호르크하이머, 김유동 옮김, 『계몽의 변증법: 철학적 단상』, 문학과지성사, 2001, 183~251쪽.

산업공장뿐만 아니라 사회 전체를 하나의 공장으로 재편하는 실질적 포섭단계로 접어들게 됐으며, 나아가 인간의 삶 자체를 권력의 장으로 포섭하는 삶정치적 경향이 본격화됐다. 그리하여 자본주의적 생산양식의 외부는 완전히 사라진다. 전지구가 자본주의 시장의 영역이 되고, 교환가치가 그 모든 영역을 지배하기 시작한다. 요컨대 자본주의에서 더 이상의 '외부'는 존재하지 않는다.9) 자본주의적 생산양식이 '외부'를 허용하지 않는다면 예술활동을 파악하고 생각할 수 있는 장소는 그 '안'에 존재할 뿐이다.10) 예술활동은 상품화라는 오래된 경향을 가속화하면서, 획일화된 문화를 만들어내는 포드화된 문화산업에서 차이화와 다양성에 입각한 포스트포드화된 문화산업으로 변한다. 그리고 예술의 산업화가 질적 변환을 이루는 가운데, 예술작품이 금융자본의 투자대상이 되는 등 예술의 금융화11) 또한 심화되고 있다. 이처럼 예술의 상품화 정도가 고도화되고 그 성격이 변한다는 것도 매우 의미심장한 흐름이지만, 더욱 근본적인 변화는 자본의 생산양식 자체가 예술화되고 있다는 점에 있다. 예술의 생산양식과 자본의 생산양식 간의 혼효가 발생하고 나아가서는 양자 사이에 역전이 일어난다. 포드주의 아래에서 예술이 산업의 논리에 종속됐다면, 포스트포드주의 아래에서는 산업이 예술의 논리에 종속되는 전도가 일어난다. 즉 생산과정 자체가 예술화되는 것이다.

---

9) 안토니오 네그리·마이클 하트, 윤수종 옮김, 『제국』, 이학사, 2001, 252~257쪽.

10) 네그리, 『예술과 다중』, 36쪽.

11) 서동진, 「포스트-스펙터클 시대의 미술의 문화적 논리: 금융자본주의 혹은 미술의 금융화」, 『진보평론』(겨울/제42호), 2009, 228~249쪽.

안토니오 그람시의 분석에 따르면 포드주의에서 노동자의 지성·상상력·창조력 같은 인지 및 예술활동은 구상과 실행의 분리를 통해 생산과정의 외부에 놓이게 되는데,[12] 이 외부에 놓인 인지 및 예술활동은 비판이론가들에 의하면 다시 문화산업으로 포섭되어 상품화가 이뤄지는 구조였다. 가령 일괄라인에 배치된 노동자들은 작업이 마무리된 뒤에야, 사람들과 대화로 소통하고 획일화된 문화와 예술작품을 수동적으로 소비하는 흐름에 맞춰져 있었다. 한 노동자에게 육체노동과 정신활동은 시공간적으로 분할되어 있었으며, 예술과 관련된 활동도 특정한 제약 속에서 이뤄지는 분업적 성격을 지니는 것이었다. 하지만 포스트포드주의 시대로 접어들면서 한정된 시공간에 독립적으로 외화되어 있던 예술활동은 생산과정에 전면적으로 침투하면서 상품의 성패를 좌우하는 핵심 상수로 자리하게 됐다. 그리하여 상품이 '생산—유통—소비'라는 순환을 순조롭게 완료함에 있어, 그 상품이 지닌 기능성과 실용성은 필요조건이지 충분조건은 아니게 된다. 그보다 관건이 되는 것은 상품이 지닌 예술성(감성적 아름다움)이다. 다시 말해서 거의 대부분의 상품과 산업은 소비자의 미적 욕구를 충족시켜야만 자본주의적 경쟁 속에서 살아남을 수 있게 됐다. 예컨대 손바닥 안의 스마트폰으로 대변되는 첨단 IT산업은 말할 필요도 없고, 산업화 시대의 대표주자였던 자동차산업은 차별화된 디자인 등을 통해 소비자의 감성적·미적 욕구를 만족시키는 데 사활을 걸고 있다. 비단 이뿐만이 아니다. 전통적 1차 산업인 농업도 색깔, 포장, 향기 등의 다양한 디자인과 문화를 결합시킨 '감성농업'

---

12) 안토니오 그람시, 이상훈 옮김, 『그람시의 옥중수고 1』, 거름, 1999, 362~373쪽.

으로의 이행13)을 표방하고 있으며, 효율성을 중시해 성냥갑처럼 획일적인 주거 공간을 산출했던 아파트산업도 '아름다운 아파트'를 지향하며 예술적 공간을 창출하기 위해 주력하고 있다. 간단히 말하자면 자본주의적 생산양식의 패러다임 자체가 심미성, 감성 등에 기반을 둔 예술활동을 중심으로 재편되고 있는 것이다. 감성과 문화를 판매 전략으로 내세우는 '애플사'는 이런 경향을 단적으로 보여주는 상징적 사례이다. 그리하여 '정보화 사회에서 컨셉과 감정의 사회로'의 이행이라는 한 미래학자의 견해14)를 굳이 경청하지 않더라도, 우리는 상품과 산업의 예술화, 공간과 생활의 예술화, 그리고 나아가 삶의 예술화가 일어나고 있는 모습을 도처에서 생생하게 목격하고 있으며 감각적으로 깨닫고 있다.

이와 같은 상품과 산업의 예술화는 당연하게도 생산과정의 예술화(달리 말하면, 노동의 예술화)를 동반하기 마련인데, 이는 구매자들의 예술적 욕망을 충족시키고 끊임없이 수용하는 소통방식을 통해 이뤄진다.15) 구매자들의 시시각각 변하는 욕망에 시차 없이 즉각적으로 대응하는 소통 없이는 상품의 판매와 자본 축적을 장담하기 어려운 시대가 되고 있다. 소프트웨어는 주기적으로 업데이트가 이뤄

---

13) 이철희·박기도 외, 「디자인 시대의 감성 농업」, 『RDA 인테러뱅』(제2호), 농촌진흥청, 2011. [www.rda.go.kr]

14) 다니엘 핑크, 김명철 옮김, 『새로운 미래가 온다』, 한국경제신문사, 2006.

15) 바우만의 언급도 이런 맥락에서 이해할 수 있다. "삶의 다른 활동과 마찬가지로 노동은 이제 우선적으로 미적 감독 아래에 놓인다. 그 가치는 즐거운 경험을 만들어내는 능력에 따라 평가된다. 그런 능력이 없는 노동은 가치가 없는 노동이다." 지그문트 바우만, 이수영 옮김, 『새로운 빈곤: 노동, 소비주의 그리고 뉴푸어』, 천지인, 2004, 64쪽.

져야 하며, 하드웨어 역시 그런 방식에 따라 끊임없는 업그레이드가 수반되어야 한다. 포드주의 시대의 노동은 침묵 속에서 이뤄져 왔으며, 작업장을 채우는 소리는 기계의 소음으로 한정됐다. 공장 내 노동 규율은 잡담하는 노동자를 가만히 내버려두지 않는 방식으로 노동생산성을 극대화하려고 했다. 하지만 포스트포드주의 시대의 경우 노동과정에 직접적으로 참여하는 노동자들은 수다스러워지지 않으면 안 된다.16) 노동자들은 무수한 회의, 토론, 정보 공유 등과 같은 소통을 통해 상품의 내용과 형식을 결정하며, 또한 이런 결정의 절대적인 기준이 되는 것은 상품 구매자들의 예술적 감각이다. 그런 의미에서 구매자의 욕망, 정동, 지성 등은 노동과정 외부에 놓여 있는 것이 아니라 직접적으로 노동과정 및 결정에 참여하고 있는 것이다. 노동과정은 구상과 실행의 분리를 통해서가 아니라 상호작용을 통해서 이뤄지며, 그 상호작용은 작업장의 범위를 넘어 지식, 정보, 문화 등과 같은 사회적 관계를 기반으로 이뤄진다.

이런 의미에서 오늘날 상품의 생산은 제작-소비로 분리됐던 공업 모델에서 벗어나 창작-수용으로 구분되는 예술 모델로 진화하고 있다.17) 상품의 생산과정 자체가 하나의 예술적 활동으로 변모되고, 임금노동과 예술활동 간의 구별이 모호해진다. 그리하여 전통적인 생산자와 소비자의 관계는 예술활동을 실행하는 창작자와 그것을 향

---

16) 파올로 비르노, 김상운 옮김, 『다중: 현대의 삶형태에 관한 분석을 위하여』, 갈무리, 2004, 240~248쪽.

17) 조정환, 「플럭서스와 우리」, 『플럭서스 예술혁명: 예술체험과 예술창조의 새로운 가능조건에 대한 미학적 탐구』, 갈무리, 2011, 9~10쪽; 마우리치오 라자라토, 「비물질노동」, 『비물질노동과 다중』, 갈무리, 2005, 199~201쪽.

유하는 수용자의 관계로 재조정되며, 나아가서 수용자 또한 생산과정에 참여하는 상호소통적 생산이 이뤄지게 된다. 이처럼 맑스 시대에는 자본주의의 외부에 놓여 있었던 '비물질적 생산' 및 노동이 오늘날에는 자본주의의 핵심에 위치하고 있는 것이다.

　　나아가 "자본주의적 생산은 고유하게 자본주의적인 생산관계의 생산 및 재생산"[18]이라는 의미에서 자본은 상품뿐만 아니라 사회적 관계를 생산하고, 그리하여 삶-형태 자체도 끊임없이 생산한다. 생산과정에서의 예술화 경향은 인간의 삶 전체로 확산된다. 신체뿐만 아니라 소소한 일상을 디자인하는 미시적 영역에서부터 도시를 디자인하고 행정과 경영을 디자인하는 거시적 영역에 이르기까지 총체적인 삶-형태가 예술화하는 경향으로 확장된다. 임금노동을 비롯해 삶 자체가 예술화됨으로써 일상과 임금노동과 예술의 경계가 점점 사라지고 통합되는 현상이 두드러진다. 요컨대 한편으로 예술이 삶정치화되고, 다른 한편으로는 삶정치가 예술화되는 시대이다.

| 공통적인 것의 생산으로서의 예술활동 |

앞서 언급했듯이 맑스는 비물질적 생산 및 노동으로서의 예술을 두 가지 양태로 구분한다. 생산과정과 분리된 최종적 생산물이 있는 활동(물질적 결과를 낳는 예술)과 생산과정 자체가 곧 생산물이기 때문에 외화된 생산물이 없는 활동(물질적 결과를 낳지 않는 예술)이 그것이다. 자본주의는 이 두 유형의 활동을 끊임없이 잉여가치를 생산하는 노동으로 변형시키는 형태로 예술을 그 내부로 포섭해왔다. 언어

18) 맑스, 『경제학 노트』, 128~133쪽.

를 통해 책을 창작거나 그림을 그리거나 하는 최종적 생산물이 있는 활동은 특별히 다른 과정을 거치지 않고서 그 자체만으로도 상품화하기에 용이했으며, 배우들이나 악기 연주자들의 행위처럼 최종적 작품을 낳지 않는 활동들은 문화산업이라는 형태를 거쳐 오늘날에 와서는 대부분의 생산과정(노동과정)과 삶에 스며드는 형태로 포섭되어왔다. 그리고 나아가 오늘날 예술활동은 분업적 '예술' 분야를 넘어서 노동과 삶 전체로 확산되고 있으며 일상 자체가 예술화되고 있는 시대로 접어들고 있다. 그렇기 때문에 이 시대에는 물질적 결과를 낳는 예술보다는 물질적 결과를 낳지 않는 예술활동이 경향적으로 우세해지고, 점점 일상화되고 있다. 그리고 물질적 결과를 낳는 예술이라고 하더라도 그것의 본질적인 측면(유용성, 사용가치)은 그 물질성보다는 비물질성에 있다. 가령 문자 언어로 구성된 문학작품의 경우, 그것은 종이나 책이라는 형태의 물질성으로부터 자유로울 수는 없지만 그 물질성은 부차적인 것이다.[19] 본질적인 측면은 비물질적인 언어의 구성물에 있으며, 그로부터 얻는 유용성은 창작자와 수용자 모두에게 새로운 감성과 정동을 창조하는 데 있다.

그런데 비물질적인 예술활동의 생산, 유통, 소비는 산업생산으로 대표되는 물질적인 재화의 생산 및 소비와는 상이한 특질을 지닌다는 점에서 우리의 주의를 요한다. 앞에서는 이 점을 제작-소비의 공업 모델과 창작-수용의 예술 모델로 간단히 규정했다. 여기서는 일단 이 예술 모델의 지니는 함의를 생산, 유통, 소비라는 측면으로 구분해 좀 더 자세히 살펴보도록 하자.

---

19) 오늘날의 생산과정에서 이런 물질적 제약도 디지털의 발달로 줄어들고 있다.

생산의 측면에서 보면, 예술 생산은 사적 소유에 기반을 둔 일반적인 재화의 생산과는 다른 과정을 거친다. 예를 들어 시인의 예술 창작인 '시'는 통상적으로는 개인의 생산으로부터 출발하는 것처럼 묘사되지만, 비물질적인 언어를 질료를 삼는다는 점에서 그 개인성으로 환원될 수 없다. 언어는 개인이 사적으로 소유할 수 있는 대상이 아니며, 언어를 비롯한 다양한 표현의 질료들은 집단적인 공동체를 상정하지 않고서는 존재 자체가 불가능하다. 언어는 사회적 관계와 소통에 기반을 둘 때에만 그 본래적 의미를 획득할 수 있기 때문에, 그것에는 사적 소유라는 개념이 들어설 자리가 없다.[20] 시를 창작하는 개인적 주체는 사회적 관계로부터 구성된 개인이지, 그 자체 홀로 완성된 개인이 아니다. 그리고 창작자가 시를 통해 표현하는 정동 및 정서, 형상화는 자연적·인공적·인간적 타자들과의 관계 속에서 산출되는 것이며, 이런 것들이 없이는 그 어떤 시적 표현도 불가능하다. 이런 언어와 정동 및 아름다움, 나아가 그것의 기반이 되는 사회적 관계와 소통은 근대적 의미의 사적인 것과 공적인 것이라는 전통적 이분법으로는 규정할 수 없는 영역이다. 이를 규정하기 위해서는 그 이분법을 넘어서는 새로운 이름이 요구되는데, 네그리를 비롯한 자율

---

20) '공통적인 것'으로서의 언어와 인간 존재에 관해서는 다음과 같은 서술도 참조할 수 있다. "언어란 의식만큼이나 오래 전부터 있어온 것이며, 타인에 대해 존재하는, 그리고 바로 그런 이유 때문에 나 자신에 대해서도 또한 존재하는, 즉 실천적이고 현실적인 의식이다. 의식과 마찬가지로 언어는 다른 인간과 교류하고 싶다는 욕구에서, 그 절박한 필요성 때문에 비로소 발생한 것이다. …… 이렇듯 의식이란 바로 그 첫 순간부터 하나의 사회적 산물이며, 무릇 인간이 존재하는 한 언제나 그러하다." 칼 맑스·프리드리히 엥겔스, 박재희 옮김, 『독일 이데올로기 1』, 청년사, 1988, 59쪽.

주의자들은 이를 '공통적인 것'이라고 명명한다. 이는 인간의 사회적 관계를 구성하는 다수의 특이성들이 서로 연결되어 창조적인 협력을 통해 새로운 차원의 특이성을 산출한다는 의미에서 '공통적인 것'이다.[21] 특이한 개인의 예술작품인 시는 공통적인 것을 기반으로 해서만 창조 가능하며, 개인은 처음부터 개별적인individual 존재가 아니라 집단적인 공통성을 토대로 연결되고 구성된 특이성이다.

---

21) '공통적인 것'에 관한 논의는 네그리와 하트의 3부작인 『제국』(2000), 『다중』 (2004), 『공통체』(2009) 등에서 지속적으로 다뤄지며 발전해왔다. '공통적인 것'에 관한 다층적이고 심도 깊은 논의를 담고 있는 책으로는 본서 이외에도 다음을 참조하라. 조정환, 『인지자본주의: 현대 세계의 거대한 전환과 사회적 삶의 재구성』, 갈무리, 2011. 최근 들어 슬라보예 지젝도 네그리와 하트, 카를로 베르첼로네 등의 자율주의 연구 성과를 수용하면서 '공통적인 것'에 관한 논의와 주장을 전개하고 있다(슬라보예 지젝, 김성호 옮김, 『처음에는 비극으로 다음에는 희극으로』, 창작과비평사, 2010; 유영훈 옮김, 「스스로와 사랑에 빠지지 말 것」, 『점령하라: 세계를 뒤흔드는 용기의 외침』, 알에이치코리아, 2012; 인디고 연구소, 『불가능한 것의 가능성: 슬라보예 지젝 인터뷰』, 궁리, 2012). 지젝은 '공통적인 것'에 관한 논의를 통해 '혁명'과 '공산주의'라는 주제로 나아간다. 한편으로 지젝의 주장과 논의는 혁명의 가능성을 잠정적으로 포기하고 저항과 비판, 시민불복종 같은 부정적인 소명에만 머무르고 있는 좌파의 정치적 기획에 일정한 청량감을 주기도 한다. 하지만 다른 한편으로 지젝이 말하는 '혁명'과 '공산주의'란, 간단히 말해 전위(前衛)로서의 "레닌으로 돌아가는 것"을 의미한다는 점에서 문제적이다. 지젝은 집단지성, 대중지성, 다중지성의 시대에 아이러니하게 혁명과 공산주의의 원동력을 공통적인 것의 물적 담지자인 프롤레타리아트(다중)의 위에 혹은 외부에 위치시킨다. 그리하여 결과적으로 지젝이 말하는 혁명과 공산주의는 공통적인 것과는 아무런 상관이 없게 되고 만다. 또한 지젝은 (네그리와 하트가 서술한) 공통적인 것의 범주를 받아들이면서도 그것을 의제화하고 허구화함으로써 공산주의의 유물론적 기초를 스스로 허물어버린다. 지젝이 전개하고 있는 '공통적인 것과 공산주의'에 대한 비판적 독해로는 다음을 참조하라. 조정환, 「지젝의 '공산주의'와 반역사적 주의주의 비판」, 『자율평론』(제33호), 자율평론, 2010.

물질적인 재화는 유통될 때 한 주체로부터 다른 주체에게 최종적으로 양도되는 형태를 취한다. 유통과정에서 재화는 희소성의 논리에 입각한 배타적인 전유와 소유의 대상이 되는 것이다. 동일한 물건을 생산자와 소비자가 모두 소유할 수는 없다. 즉 교환이 발생하면 누군가 한 사람은 손실을 입게 된다. 물론 유통의 대가로 화폐가 건네질 수는 있겠지만 원래 물질적 재화를 생산한 사람이 그것을 상실하게 된다는 사실에는 변함이 없다. 예술활동은 이런 유통방식과는 전혀 다른 형태를 취한다. 시인이 시를 창작해 누군가에게 유통을 시킨다고 할 때(그 시인은 원고료와 같은 형식으로 화폐를 받을 수도 있지만) 시인에게서 그 시가 다른 사람에게 양도되는 형태를 띠는 것은 아니며 시인을 비롯한 다수의 독자들은 동일한 시 작품을 공유하게 된다. 게다가 그 시의 유통이 증가하면 증가할수록 그 시가 지니고 있는 언어적, 정동적 활력은 증가되고 확장된다. 이는 단순한 양적 확장만을 의미하는 것이 아니다. 언어와 정동이 서로 유통되고 소통됨에 따라 그 이전과는 다른 형태로 새롭게 의미화될 수 있는, 즉 특이화될 수 있는 잠재력을 함유하게 되기 때문이다.

마지막으로 소비의 측면으로 옮겨와보자. 예술활동이 만들어낸 생산물의 소비는 여타의 다른 물질적 재화의 소비와는 다른 방식으로 이뤄진다. 일반적으로 물질적 재화가 소비된다고 할 때에는 생산물을 '써서 없앤다'는 의미에서의 파괴가 이뤄지며 그 과정을 통해 그 재화는 소멸한다. 한 편의 시가 '소비'될 때, 생산자인 시인과 소비자인 독자 사이에서 그와 같은 파괴적 소비는 발생하지 않는다. 유통의 무한성은 소비의 무한성으로 연결되며, 그리하여 예술작품의 소비는 그 시가 지닌 활력을 더욱 증폭시키고 새롭게 재특이화하는 과정을 의미한다. 시인이 언어의 구성물을 통해 만들어낸 인간의 새로운 정동은 독자의 입장에서 다시금 새롭게 창조되는 것이다. 다수의 특이한 독자들은 각자가 시를 소비할 때마다 새로운 정동을 경험하게 되며, 그리하여 새로운 존재로 변형된다. 역설적이게도 한 예술 생산물이 소비되면 소비될수록 그것이 지닌 활력은 더욱 풍부해지고 다양해지며 생산적으로 된다.

요컨대 '생산-유통-소비'의 과정에서 예술활동의 생산물은, 물질적인 "자본-노동 관계의 만질 수 있고, 전유할 수 있고, 교환할 수 있고, 소비할 수 있는 생산물들"과 달리 "만질 수 없고, 전유할 수 없고, 교환할 수 없고, 소비할 수 없다."[22] 바로 이 차이가 중요하다. 예술활동은 공통적인 것을 기반으로 창작(생산)되고, 소통(유통)과정에서 양적으로나 질적으로 새로운 공통적인 것을 만들어내며, 수용(소비)과정에서 그 수용자 역시 새로운 공통적인 것을 창안하는 생산과정으로 진입하게 된다. 즉 예술활동은 창작과정, 소통과정, 수용과정 모두에서 오직 공통적인 것에 기반을 둔 특이성이 무한 생산되는 활동이라고 할 수 있다. 그리고 이 과정에서 창작자와 수용자 모두 신체적 변형을 경험하게 되고, 이를 통해 새로운 존재로 거듭나게 된다. 궁극적으로 새로운 주체성으로 거듭나게 되는 것이다.

이런 맥락에서 예술활동은 자본주의에 임금노동이라는 형태로 실질적으로 포섭되어 있지만, 생산·노동의 전통적 메커니즘인 '생산-소비'라는 공업 모델로 포착하기 어려우며, 그것을 항상 초과해

---

22) 마우리치오 라자라토, 서창현 옮김, 「자본-노동에서 자본-삶으로」, 『비물질 노동과 다중』, 갈무리, 2005, 267쪽.

작동한다. 따라서 이보다는 '창작-수용'이라는 예술 모델이 더 적실하지만, 여기서도 수용은 또 다른 특이성을 생산한다는 능동적인 의미로 해석되어야 한다. 예술 모델에서의 수용은 단지 창작의 특이성을 있는 그대로 받아들이는 것이 아니라, 그것을 끊임없이 증폭시키고 재특이화하는 과정[23]을 의미하기 때문이다. 따라서 "하나의 예술 작품은 실로 반은 예술가의 활동의 결과이고, 다른 반은 (그것을 바라보고, 그것을 읽고, 혹은 그것을 듣는) 대중의 활동의 결과"[24]라고 할 수 있다. 그렇다면 예술활동에서 더욱 중요해지는 것은 창작자와 수용자 간의 소통 관계에서 창안되는 공통적인 것이며, 공통적인 것의 관점에서 보자면 창작자와 수용자의 경계는 점점 사라지게 된다. 물론 각자의 특이성은 보존되면서.

오늘날 자본주의에서 한편으로 예술활동이 임금노동으로 포섭되고, 다른 한편으로 노동이 예술화된다는 것은 단지 노동형태의 변화만을 의미하지 않는다. 예술 모델에 기초한 오늘날의 포스트포드주의적 생산양식은 아리스토텔레스에서 한나 아렌트에 이르기까지 서구 정치사상에서 일정한 토대를 이뤄온 노동(포이에시스), 정치적 행위(프락시스), 그리고 지성(정신활동)이라는 고전적 분리의 경계선을 무너뜨린다.[25] 생산과정에서 매 순간 발생하는 예술활동은 그때마다

---

23) 예술적 생산에서의 재특이화에 관한 상세한 논의로는 다음을 참조하라. 정남영, 「현대 자본주의와 미적 생산」, 『비물질노동과 다중』, 갈무리, 2005.

24) 라자라토, 「자본-노동에서 자본-삶으로」, 267쪽.

25) 비르노, 『다중』, 79~82쪽. 네그리와 하트 또한 아렌트가 인간의 근본 활동을 노동, 작업, 행위로 구분한 점을 비판한다. 아렌트의 '활동적 삶'(vita activa)에 대한 구분, 즉 자연과 필연성에 속하는 것으로서의 '노동,' 인공성과 관련된 것

물질적 결과물을 산출하는 것이 아니라 활동 그 자체가 고유한 목적이 된다. 그리고 이 활동은 상호소통 관계를 통해 이뤄지기 때문에 정치적 행위의 전제조건인 "타인의 지속적인 현존"[26]에 의존한다. 아렌트도 공연예술과 정치와의 강한 친밀성을 인정하듯이, 공연예술 같은 물질적 결과물을 낳지 않는 예술활동(노동)에는 청중과의 끊임없는 소통과 교류, 공적으로 조직된 공간이 필요하다고 말한다.[27] 그런데 오늘날 잉여가치를 생산하는 노동자들은 이런 공연예술가처럼 행동하는데, 이로써 노동은 곧 정치적 행위와 동일한 함의를 가지게 된다. 노동과정에서 오고가는 수많은 언어와 정동적 표현이 상호소통 관계를 기반으로 한다는 것은 이 글에서 누차 반복해온 내용이다. 이는 끊임없는 우발성, 초과, 조율, 소통 등을 통해 창조적인 공통성을 산출하는 과정이다. 여기에 만약 포드주의 같은 일률적 통제와 규격이 가해진다면, 그 창조성(자본의 입장에서는 잉여가치)은 순식간에 고사되고 말 것이다. 이런 행위양식과 과정은 소위 '공공 영역'에서 정치적 행위가 이뤄지는 메커니즘과 완전히 일치한다. 그리고 예술노동에서 유적 인간의 능력으로서의 지성은 매 순간 생산수단으로서의 역할을 담당한다. 생산과정에 참여하는 모든 존재의 지성들 사

으로서의 '작업,' 다원성 또는 사회성과 관련된 것으로서의 '행위' 사이의 구분이 유용하지 않다는 비판이다. 네그리와 하트에 따르면 이 세 구분은 지속적으로 유동하기 때문에 안정적이지 못한 구분이다. 그리하여 네그리와 하트는 노동을 자연적 필요, 인공적 욕구, 사회적 관계 등을 지칭하는 실천을 통칭하는 것으로 사용한다. 안토니오 네그리·마이클 하트, 이원영 옮김, 『디오니소스의 노동: 국가형태 비판』(1권), 갈무리, 1996, 35쪽.

26) 한나 아렌트, 이진우·태정호 옮김, 『인간의 조건』, 한길사, 1996, 74쪽.

27) 한나 아렌트, 서유경 옮김, 『과거와 미래 사이』, 푸른숲, 2005, 201쪽.

이의 협력을 통해 새로운 잉여가치, 공통성이 창출된다. 오늘날 노동은 예술적 행위로의 변형을 통해 정치적 행위의 함의를 획득하며, 지성의 협력적 소통을 그 전제조건으로 삼는다. 주지하듯이 전통적인 노동, 정치적 행위, 지성의 구분은 공적 영역과 사적 영역이라는 이분법을 정초함에 있어 근거가 됐는데, 이제 이런 구분이 무의미해짐으로써 공적인 것과 사적인 것이라는 전통적 분할도 근거를 상실하고 위기에 처한다.[28] 실제로 공적 영역과 사적 영역은 구분되지 않는다. 공사의 분할이 사라짐으로써 그 분할선에 의해 오랫동안 은폐됐지만 존재론적으로 선행하는 공통적인 것이 출현한다. 물론 은폐됐던 공통적인 것이 출현한다고 해서 착취와 모순이 사라지지는 않는다. 이로부터 한 걸음 더 나아가야 하는 것은 분명하지만, 그런 진전은 공통적인 것을 기반으로 할 때에만 가능하다.

---

28) 오늘날의 시대에 사적 영역과 공적 영역이라는 이분법이 위기에 처했다는 자각은 광범위하게 이뤄지고 있다. 가령 비판이론의 전통 속에서 '감정자본주의'를 개념화한 에바 일루즈도 그 특징의 하나로 공적 영역과 사적 영역 간의 경계가 사라지는 현상에 주목한다. 일루즈가 말하는 "감정자본주의란 감정 담론들 및 실천들이 감정 담론들 및 실천들을 구성하는 문화, 한편으로는 정동이 경제적 행위의 본질적인 측면으로 변모하고 다른 한편으로 감정 생활(특히 중류계급의 감정생활)이 경제적 관계 및 경제적 교환의 논리를 따라가는 문화이다." 에바 일루즈, 김정아 옮김, 『감정자본주의: 자본은 감정을 어떻게 활용하는가』, 돌베개, 2010, 19쪽(나는 원문의 정서[affect]를 인용하면서 '정동'으로 바꿨다). 자율주의적 맥락에서 보면, 일루즈의 입론은 비물질노동의 헤게모니화와 관련된 것이다. 이 외에도 하버마스의 '공적 공간'(public space)이라는 범주는 사적인 것과 공적인 것이라는 이분법의 위기를 초월적 론적인 방식으로 재구축하기 위한 시도였다. 미국의 공동체주의 학파 역시 공통적인 것이라는 주제를 상당히 발전시켰지만, 그것은 복지국가에 내적인 공적 경향들을 변형하고 안착시키는 것에 머물렀다. Negri, *The Porcelain Workshop*, pp.70~71; 『さらば, "近代民主主義"』, pp.98~99.

| 예술활동의 근본적 자율성을 위하여 |

자본주의적 생산양식에 모든 것이 실질적으로 포섭되고 나아가 삶정
치화된 세계, 더 이상 외부가 존재하지 않는 세계에서 예술활동은 어
떻게 그 폐쇄회로를 내부에서 파열시키고 새로운 회로를 구축할 근
본적인 자율성의 선을 그려낼 수 있을까? 이 물음을 숙고하려면 맑
스가 지적한 예술활동의 이중성을 재확인하고, 그 함의를 되새겨볼
필요가 있을 듯하다. 앞서 언급했듯이, 맑스는 예술활동이 한편으로
는 자본주의적 임금노동의 성격을 지니고 있으면서도, 다른 한편으
로 예술 그 자체가 목적이라고 봤다. 이 이중성은 오늘날 노동이 예
술적 활동으로 변형되고 있는 시대에서도 동일하게 나타난다. 예술
모델 아래에서 '창작'은 그 특이성을 상품생산을 위한 생산과정에 부
합하도록 변형할 것을 강요받는다. 그리고 '수용'은 의견 수렴자로서
의 소비자 역할에 그칠 것을 요구받는다. 그렇게 예술활동은 포섭과
정 속에서 상품형태를 띠는 경향이 있다. 그렇지만 예술활동의 자본
주의적 포섭과 그 생산물의 상품으로의 변형이 예술활동의 특이성과
'창작-수용' 사이에서 창출되는 창조적 소통관계, 공통적인 것의 생
성을 폐지할 수는 없다. 이 점은 강조될 필요가 있다. 표면적으로 매
끄러워 보이는 자본주의적 생산양식에서는 이런 이중성이 빚어내는
긴장을 통해 자본과 노동 사이에 근본적인 적대가 발생하고, 이 적대
는 새로운 구성의 선을 그릴 거점이 되기 때문이다.

예술활동이 자본주의적 노동으로 포섭됨으로써 발생하는 이중성
은 자본주의 안에서 모든 노동이 지니고 있는 특성이기도 하다. 즉
상품인 동시에 활동인 이중성이다. 자본의 입장에서는 노동을 상품
생산, 즉 잉여가치 창출을 위한 행위로 끊임없이 환원하려고 한다.

노동은 자본에 의해 대상화되고 자본주의적 노동으로 변모되어 결국 죽은 노동이 된다. 하지만 이에 존재론적으로 선행하는 대상화되지 않은 활력으로서의 노동, 즉 산 노동을 간과해서는 안 된다. 산 노동은 이로부터 끊임없이 탈주하고 새로운 삶-형태를 창안해 기존의 질서에 포섭되지 않는, 그렇기 때문에 자본의 가치 법칙으로는 측정 불가능한 '초과'(잉여)를 계속 생산해낸다. 요컨대 자본의 입장에서 죽은 노동은 잉여가치를 생산하고, 삶의 입장에서 산 노동은 초과를 창출한다. 예술활동이 노동인 한에서는 통상적인 자본주의 노동처럼 잉여가치를 생산한다고 볼 수도 있다. 그렇더라도 잉여가치는 이제 가치 법칙에 의한 착취의 메커니즘을 통해 산출되는 것이 아니라 직접적인 명령에 의한 수탈의 메커니즘을 통해 산출된다.[29] 왜냐하면 예술활동이 생산하는 것이 한마디로 말해 '아름다움'이라면, 그것은 어떤 가치 법칙으로도 측정할 수 없기 때문이다. 그런 의미에서 예술활동이 생산하는 것은 잉여가치로 완전히 포섭될 수 없는 존재론적 활력이다. 자본은 강제로 수탈하지 않고서는 이를 예속시킬 수 없다. 자본은 예술활동이 산 노동으로서 지닌 활력을 교환가치 및 사적 소유로 포획하기 위한 제도적 장치를 끊임없이 만들어낸다. 가령 지적 소유권 등과 같은 사법적 장치가 대표적인 사례일 것이다.

하지만 인간이 예술활동을 그만두지 않는 이상, 이 수탈과 포획의 기도는 결국 실패로 돌아갈 수밖에 없다. 인간 노동이 생산하는 초과들 중에서도 "예술은 …… 가장 잘 구축되고 가장 보편적이며 동시에

---

29) Antonio Negri·Michael Hardt, *Commonwealth*, Cambridge: Harvard University Press, 2009, p.137.

가장 특이한"30) 초과를 생산하는 활동이다. 산 노동으로서 예술활동이 지닌 잠재력은 그 어떤 노동보다 강렬하며 근본적이다. 예술활동은 노동임에도 불구하고, 여타의 임금노동들과 달리 '소외된 노동'이 아닐 수 있는 잠재력을 아주 충만하게 지니고 있기 때문이다. 예술활동이 자본주의적으로 포섭되어 있더라도, 그 활동은 강제로 이뤄지는 것이 아니라 자발적인 욕구에 기반을 두고 이뤄지며, 창출된 예술작품은 창작자의 손을 쉽게 떠나지 않는다. 매문賣文이더라도 그것을 통해 창작자는 유적 존재로서의 활력을 표현한다. 예술이 여타의 집단노동의 생산물과 구별되는 특유함은 여기에 찾을 수 있다. 즉 예술은 노동으로 포섭되어 있지만, "예술의 역설은 오늘날 세계, 즉 신체와 운동을 **다른 방식으로** 생산하려는 데 있다고 할 수 있[다]"(208). 즉 "예술활동은 생산양식을 생산하고 그것에 이의를 제기하며, 그것을 받아들이고 또 그것을 파괴한다"(209). 파괴와 구성. 바로 그때, 예술활동은 말 그대로의 "해방된 노동"(111)이 된다.

여기서 중요한 것은 해방된 노동으로서의 잠재력을 충만하게 지니고 있는 예술활동이 세계의 모든 노동을 관통하며, 일상을 비롯해 삶 그 자체를 예술화하고 있다는 사실이다. 오늘날 노동과 예술 그리고 삶은 점점 서로 닮아가고 있다. 상품생산과 노동과정은 언어와 정동의 협력으로 충만해지고, 재생산과정에서는 그 협력과 네트워크의 힘이 한층 고양되고 증폭되며, 그리하여 삶-형태 자체는 "예술을 실천하려는 특별한 의지"(210)인 "예술의욕"Kunstwollen(210)으로 흘러넘친다. 예술은 말할 것도 없고, 노동에서도, 상품에서도, 일상에서

---

30) 네그리,『예술과 다중』, 110쪽. 이하 본문의 괄호에 쪽수만 병기. 강조는 원문.

도, 기업과 국가에서도 "자신의 시대를 혁신시키는 지향성"(211)과 협력 및 소통에 기초한 예술성, 곧 예술의욕이 핵심이 되고 있다. 인간의 소통과 창조성 같은 공통적인 것이 곧 생산력이 되는 이 시대에 '생산력'은 더 이상 양적인(측정 가능한) 개념이기를 멈춘다. 생산력은 얼마나 축적됐는가의 문제가 아니라 어떻게 새로운가의 문제로 제기되고 있으며, 이는 곧 생산력에 '사건'으로서의 시간성이 부여됨을 의미한다. 상품도, 자본도, 노동도, 신체도, 일상도, 기업도, 국가도 매 순간 미적으로 갱신되지 않으면 아무런 의미가 없는(혹은 가치가 없는) 그 무엇으로 전락하는 세상이다. 따라서 예술을 실천하려는 의지는 '예술력'이 되고, 이는 다시 생산력이 된다.

예술의욕은 근대적 분업체계에 기반을 둔 '직업으로서의 예술'이라는 영역을 넘어서 삶정치적으로 확장되고, 그럼으로써 살아 있는 모든 인간은 현실적으로 예술활동에 참여하며 잠재적으로 예술가가 되어간다. 물론 착취나 수탈은 계속 이뤄지고 있다. 실제 노동과정에서 행해지는 예술적 활동은 분업적 경계를 무너뜨리며 전방위적으로 이뤄지지만, 자본은 여전히 분업체계와 '직업'이라는 범주를 공고화하면서 사람들을 특정한 배타적 노동(활동) 영역 속으로 분할하려고 한다. 이는 자본의 지배 전략이기도 하지만, 다른 한편으로는 자본에게 끊임없는 딜레마를 제공하기도 한다. 공통적인 것이 곧 생산력으로 되어가고 있는 이 시대에, 이런 분할은 그런 공통되기를 가로막아 궁극적으로는 잉여가치를 산출하고 생산력을 증강시키는 데 하나의 장애물로 작용할 공산이 크기 때문이다. 이 간극과 모순, 그리고 그로부터 발생하는 투쟁과 혁신은 예술적 생산양식과 자본주의적 생산양식 모두에게 새로운 가능성을 열어 놓는다.

예술의욕의 확장, 예술적 표현욕망의 증식, 즉 예술력의 발전은 기존의 예술관계[31]가 구축해 놓은 자명성에 끊임없이 의문과 회의를 제기한다. 주지하듯이 오늘날 우리가 제도적으로 경험하고 관념화해온 예술 및 예술가의 개념, 범주, 지위, 예술제도, 예술장場 등은 분업에 입각한 자본주의의 발달에 따라 역사적으로 구축되어온 구성물이지 그 자체로 자명한 것은 아니다. 막스 슈티르너의 '예술노동의 독자성'을 비판하면서, 맑스는 "예술적 재능의 배타적인 귀속"과 "광범위한 대중의 예술적 재능의 억제"는 "노동분업의 한 결과"라고 주장한다.[32] 그런데 오늘날 자본주의는 분업의 경계를 넘어 모든 인간의 예술적 재능을 고취하고 있으며, 모든 인간이 노동과정 속에서 예술적 재능을 발휘하는 데 사활을 건다. 그리하여 실제로 모두가 노동과 일상 속에서 예술가되기를 경험하며 실제로 매 순간 예술가가 된다. 그런 의미에서 오늘날의 예술활동은 기존의 낡은 예술관계를 넘어선다. 오늘날 예술은 신적인 영감, 혹은 개인의 예술적 천재성, 아니면 시장과 아카데미 같은 제도에 의해서 구축되고 조정되는 것을 넘어선다. 예술은 삶과 통합되고 있으며, 만인이 예술가로 변신한다. 따라서 현재 분업적·직업적 예술관계에 기초한 예술을 둘러싼 관념들은 역설적이게도 궁극적으로는 예술이 지닌 해방적 활력을 봉쇄하는 장애물로 기능한다. 따라서 오늘날의 예술력에 걸맞은 새로운 예

---

31) '예술력과 예술관계'에 대한 문제구성은 다음의 글에서 시사받은 바가 크다. 조정환, 「예술력과 예술관계의 개념 정립을 위하여: 것, 때, 그리고 예술」, 『조정환의 공통기계』(개인 블로그) [http://amelano.net/21182]

32) 칼 맑스·프리드리히 엥겔스, 김영기 옮김, 『마르크스·엥겔스의 문학예술론』, 논장, 1989, 185~187쪽. (『독일이데올로기』 1권 3편에 해당하는 부분이다).

술관계와 예술적 생산양식이 요구된다. 물론 이는 자동적으로 주어지는 것이 아니며 그 구체적인 모습은 예술활동에 참여하는 모든 행위자들의 집단적 결정에 따라 좌우될 것이다. 그리고 노동과 삶의 예술화를 통해 모두 예술가가 되어가는 시대에 '예술적 천재성'이 존재한다면 그것은 공통적인 것에 기반을 두고 공통되기를 통해 공통적인 것을 발현하는 "다중의 천재성"[33]에 다름 아닐 것이다.

마지막으로 예술활동의 힘, 예술의욕, 예술력이 생산력으로 된 자본주의적 생산양식이란 어떤 가능성을 함의하는 것일까? 이에 대해 간단히 언급하면서 글을 끝맺도록 하자. 자본주의의 역사 속에서 발생한 소외된 노동과 이를 넘어서기 위한 수많은 투쟁들은 간단히 말하자면, 생산수단의 사적 소유에 그 연원을 두고 있다고 할 수 있다. 그런데 노동이 예술화된 이 시대의 생산수단은 사회적 개인들의 두뇌와 신체의 협력, 소통, 즉 '공통되기'를 통해 구성된다. 그렇기 때문에 아주 엄밀하게 말해(잠재적이기는 하지만) 사적 소유에 종속된 생산수단은 더 이상 존재할 수 없다. 소외된 노동이 아닌 해방된 노동, 자유로운 노동의 가능성이 점쳐진다. 이런 공통되기를 통해 자유로운 교류와 소통이 가능해지고, 또 이를 통해 공통적인 것의 생산이 이뤄진다. 이것이 예술력이 생산력으로 된 자본주의의 모습이다. 이 과정들에서는 전통적으로 구분됐던 노동, 정치행위, 지성의 경계와

---

33) 예술이 근본적으로 공통적인 조건으로부터 출발해 공통적인 과정을 거쳐 존재를 초과하는 공통적인 것의 생산을 낳은 활동임을 고려한다면, 예술이란 곧 다중의 창조·혁신·구성을 의미한다. 안토니오 네그리·마이클 하트, 조정환·정남영·서창현 옮김, 『다중: 제국이 지배하는 시대의 전쟁과 민주주의』, 세종서적, 2008, 400~405쪽.

구분은 무너지며, 따라서 생산과정에서 이뤄지는 수많은 소통과 교류, 그리고 이를 기반으로 하여 매 순간 내려지는 결정은 곧 정치적 결정이 된다. 이 과정 자체에 적실한 이름을 부여한다면 그것은 절대적 '민주주의'밖에는 없을 것이다. 요컨대 "다중의 창조, 네트워크들 속에서의 다중의 혁신, 그리고 공통으로 의사결정할 수 있는 다중의 능력이 오늘날 최초로 민주주의를 가능하게 만"[34]들 것이다.

---

34) 네그리·하트, 『다중』, 404쪽.

"기계와 도구들은 인간의 손에 의해 창조된 인간 두뇌의 기관들이다. 즉 앎의 힘이 대상화된 것이다. 그것들의 발전은 사회적 삶의 과정 자체의 조건들이 일반지성의 통제 아래 어느 정도 들어와 있고, 또 어느 정도 그에 따라 변형됐는가 하는 것을 보여준다"(칼 맑스, 『정치경제학 비판 요강』, 1858년)

11 맑스의 자본 분석과 공통적인 것
정남영

맑스가 자본 분석을 통해 하려던 일은 무엇이었을까? 이에 답하기는 어렵지 않다. 맑스 자신이 이렇게 말한 적이 있다. "자본가의 의지는 분명 가능한 한 많이 취하는 것이다. 우리가 해야 하는 것은 자본가의 의지에 대해서 말하는 것이 아니라 그의 힘을 연구하는 것, 그 힘의 한계를 연구하는 것, 그 한계의 성격을 연구하는 것이다."[1]

여기서 세 측면이 언급된다. ① 그의 힘을 연구하는 것, ② 그 힘의 한계를 연구하는 것, ③ 그 한계의 성격을 연구하는 것. 이는 물론 동일한 대상의 세 측면이다. ②와 ③은 사실상 동일한 측면을 조금 다르게 말한 것이라고 볼 수 있다.[2] 그렇다면 자본의 힘과 그 힘의 한계에 대한 연구라는 두 측면으로 좁혀서 논의를 전개해볼 수 있을 것이다. 사실 전자는 후자를 뒷받침하기 위해서 존재한다고 봐야 할 것이다. 후자가 없는 전자라면 그것이 자본에 대한 비판의 수사를 아

---

1) Karl Marx, "Value, Price and Profit," *Economic Works: Marx, 1857-1865*, Marx-ists Internet Archive (online), 1995.
2) '조금 다르게 말하기'는 맑스의 문체의 특징 중 하나이다.

무리 동반하더라도 결국 자본의 절대화(자본을 인류의 영원한 생산양식으로 제시하는 것)로 귀결되는 것을 피하기 어려울 것이다. 만일 그렇다면 맑스는 자본에 대해 더 잘 이해했다는 점 말고는 고전적 정치경제학자들과 다를 바가 없게 된다.

물론 이것은 가정이며 실제는 이와 전혀 다르다. 맑스의 자본 분석의 힘은 자본주의적 생산양식을 역사적으로 상대화한 데 있다. 다시 말해서 자본주의적 생산양식을 인류가 종국에는 벗어던질 (또한 인류가 더욱더 활력적이 되기 위해서는 반드시 벗어던져야 하는) 일시적인 것으로서 제시한 데 있다. 이 글이 하려는 일은 이런 상대화를 '공통적인 것'의 관점에서 보는 것, 혹은 조금 다르게 말하자면 맑스가 공통적인 것이 형성되는 경향을 역사 속에서 포착함으로써 자본을 상대화하고 있음을 읽어내는 것이다.

맑스가 '공통적인 것'이라는 개념 혹은 용어를 사용하는 것은 아니다3)(이와 연관되는 '특이한 것'the singular이라는 개념 역시 맑스에게는 없다). 그러나 자본을 상대화할 때 맑스는 훗날 안토니오 네그리와 마이클 하트가 '공통적인 것'이라는 개념으로 집약하는 어떤 관계를 바탕으로 한다. 다만 이 바탕이 눈에 잘 드러나지는 않는다. 이글은 맑스를 다루는 자리이기 때문에 네그리와 하트의 '공통적인 것'의 개념을 소개하는 데 많은 노력을 들일 수는 없다. 오히려 예의 '바탕'을 드러내보임으로써 네그리와 하트의 '공통적인 것'이라는 개념, 그리고 그것과 연결되어 있는 '특이한 것'이라는 개념이 더 잘 이해되도록 돕는 것이 이 글의 의도이다.

---

3) 맑스는 '헤겔적'이라고 부를 수 있는 용어들을 사용하는 편이다.

예의 '바탕'이 되는 '어떤 관계'는 보편적인 것 혹은 일반적인 것 das Allgemeine이라는 헤겔식 개념으로 온전히 포착되지 못한다. 맑스는 자본주의적 생산양식 및 그것에 이르는 역사적 과정의 서술에서 보편의 여러 형태. 보편과 개별(혹은 특수) 사이의 여러 관계형태를 말하는데, 공통적인 것에 해당하는 관계는 이 중 하나라고 할 수 있다. 여기서 (사용되는 용어를 제쳐놓고 그 내용만을 보면) 맑스는 공통적인 것을 헤겔식의 보편과 구분하며, 더 나아가 후자의 현실태(예컨대 화폐, 즉 자본)를 극복의 대상으로 본다. 구체적으로 어떻게 그런지는 이 글의 진행과정에서 제시될 것이다(네그리가 공통적인 것을 '구체적 보편'이란 말로 설명한 적이 있긴 하지만, 이는 공통적인 것이 헤겔적 범주들로 환원될 수 있어서가 아니라 헤겔의 병기고에서 공통적인 것에 가장 가까운 것을 찾아서 설명하는 방식을 택한 것일 뿐이다).

이 글은 공통적인 것의 개념의 전사前史를 다룬다고 할 수 있다. 철학사의 관점에서 보는 전사를 말하는 것이 아니다. 질 들뢰즈가 어느 글에서 말한 바 있듯이 새로운 개념은 철학사('내적 변수들')적으로만이 아니라 현실('외적 변수들')과의 관계 속에서 창조된다.[4] 다만 이 현실은 계속 변하기 때문에 각각의 개념이 뿌리를 내리는 현실적 지형이 다를 수밖에 없다. 그리고 이 지형의 변화가 낡은 개념을 무력하게 하는 것이다. 이 글은 공통적인 것이라는 개념을 가능케 하는 현실적 지형이 이뤄지는 과정을 맑스가 어떻게 포착하고 제시하는지를 살펴보고자 하는 것이다.

---

4) 질 들뢰즈, 박정태 옮김, 「주체의 질문에 대한 답변」, 『들뢰즈가 만든 철학사: 생성과 창조의 철학사』, 이학사, 2007, 526쪽.

| 자본주의적 생산양식 및 그 이전과 이후 |

앞서 말했듯이 자본주의적 생산양식을 상대화하는 것의 핵심은 그것을 어디까지나 **역사적인** 것, 즉 **일시적인** 것으로서 보는 데 있다.

> 다른 한편,5) 우리에게 훨씬 더 중요한 것은 우리의 방법이 역사적 연구가 들어서야 하는 지점을, 혹은 부르주아 경제가 단지 생산과정의 역사적 형상으로서 스스로를 넘어서 그 이전의 역사적 생산양식들을 가리키는 지점을 보여준다는 점이다.6)

과거를 공부하지 않고서는 현재를 잘 알 수 없다는 흔한 말이 아니다. "역사적으로 생성된 관계"(460)로서 부르주아 경제의 법칙들을 정확하게 관찰하고 연역하면 이 부르주아 경제체제의 뒤에 놓여 있는 과거를 암시받을 수 있다는 말이다. 따라서 맑스는 부르주아 경제의 법칙들을 전개해내기 위해서 **"생산관계의 현실적 역사"**(460)를 쓸 필요는 없다고 한다. 이런 암시가 다시 "과거를 이해하기 위한 열쇠를 제공"(461)한다. 그런데 이 암시는 뒤로만 작용하는 것이 아니다. 그것은 또한 앞으로도, 즉 미래로도 작용한다. 그리하여 "현재 형태의 생산관계의 지양이, 따라서 미래의 예시가, 생성의 운동이 암시되

---

5) 바로 앞에서 맑스는 자본주의적 생산양식을 영원하고 자연적인 것으로 보는 부르주아 경제학자들을 비판했다.

6) Karl Marx, *Grundrisse: Foundations of Critique of Political Economy* (Rough Draught), trans. Martin Nicolaus, Harmondsworth: Penguin Books, 1993, p.460. 이후 본문의 괄호에 쪽수만 표기. 인용 쪽수는 편의상 영어판(펭귄판)을 기준으로 했으나 우리말로 옮길 때는 독일어판을 기준으로 했다. [김호균 옮김,『정치경제학 비판 요강』(전3권), 백의, 2002.]

는 지점"(461)으로 이르게 하기도 하는 것이다. 맑스는 이 대목을 이
렇게 마무리짓는다.

전前부르주아적 국면이 **단지 역사적인** 것으로, 즉 지양된 전제로 나타
나며, 현재의 생산조건 역시 **자신을 지양하는** 것으로서, 따라서 새로운
사회상태의 역사적 전제를 정립하는 것으로서 나타난다(461).

여기서 공통적인 것과 관련해 특히 관심을 끄는 대목은 현재 속
에서 미래에 대한 암시를 읽어내는 부분이다.[7] 이는 두 측면으로 나
뉜다. 하나는 자본 자신의 한계이다. 다른 하나는 맑스가 자본의 '역
사적 사명'이라고 부른 부분이다. 전자에 따르면 자본은 늘 자신을
가로막는 장벽을 넘어서서 발전하지만 일정 지점에 도달하면 자신의
내적 모순으로 인해 스스로를 '지양'하게 된다. 후자에 따르면 자본은
스스로를 지양하기까지의 과정에서 자신의 뒤를 잇는 생산양식의 전
제들을, 그 물질적 토대를 구축한다. 바로 이 후자가 자본주의적 과정
에서 이뤄지는 공통적인 것의 구축과 긴밀하게 연관된다.

그런데 후자를 공통적인 것의 구축이라는 관점에서 보려면 자본
주의 이전 생산양식과의 연관도 함께 고려해야 한다. 만일 이것을 생
략한다면 자본주의가 인류의 역사에 고유하게 기여하는 바가 가시
화되지 않을 수 있기 때문이다. 따라서 결국 자본주의 이전의 생산
양식에서 자본주의적 생산양식을 거쳐 자본주의 이후의 생산양식으

---

7) 현재 속에서 과거와 미래에 대한 암시를 읽어내는 이런 방법을 우리는 네그
리·하트와 함께 '역사적 경향의 방법'이라고 부를 수 있을 것이다.

로 가는 어떤 역사적 흐름 혹은 경향을 배경으로 했을 때에만 맑스의 자본 분석이 자본주의의 틀 내에서 공통적인 것이 형성되는 것을 포착하고 있다고 말할 수 있을 것이다. 이제 소유, 가치, 노동이라는 주요 범주들과 관련해 이것을 살펴보기로 하자.

| 사적 소유와 공통적인 것 |

맑스에게 소유의 문제는 법의 문제이기 이전에 생산의 주체와 생산 조건이 맺는 관계의 문제이다(실상 법이란 이런 물질적 관계의 형식적 정식화일 뿐이다). "소유란 (그 아시아적·슬라브적·고전고대적·게르만적 형태에서는) 원래 노동하는 (생산하는, 혹은 재생산하는) 주체가 그 자신의 것인 생산·재생산의 조건과 맺는 관계를 의미한다"(495). 이와 달리 노예제나 농노제에서는 생산 주체가 생산의 자연적 조건에 속한다. 이 두 형태는 서로 다르지만 생산의 주체와 객관적 조건이 분리되지 않았다는 점에서는 같다. 자본주의적 사적 소유의 형성은 생산 주체와 생산의 객관적 조건의 분리를 전제로 한다. "자본에 대한 노동의 관계, 혹은 자본으로서의 노동의 객관적 조건에 대한 노동의 관계는 노동자가 소유자였던, 혹은 소유자가 노동을 했던 여러 형태들을 해체시킨 역사적 과정을 전제한다"(497). 교환관계의 전면화, 따라서 화폐의 권력화는 이런 주객 분리의 전면화에 다름 아니다. 이제 자본주의에서 노동자는 **순전히** '주체적으로' 노동의 객관적 조건과 마주한다. 그리고 자신의 노동력과 교환하지 않고서는 (과거의 생산자들은 스스로 소유하고 있던) 생활필수품을 얻을 수 없다. 이런 변화의 결과로 자본주의에 고유한 사적 소유, 즉 **타인의 노동에 기반을 둔 사적 소유**가 발생한다. "자본주의적 사적 소유는 자신의 노동에 기반을 둔 사적 소유의 말살, 즉 노동의 강탈을 그 근본적 조건으로 한다."[8] "스스로의 힘으로 버는 사적 소유, 즉 서로 고립된 상태로 독립적으로 노동하는 개인들이 자신의 노동조건과 융합되어 있는 데 기초하는 사적 소유가 타인의 형식적으로 자유로운 노동에 기반을 두는 자본주의적 사적 소유에 의해 대체된다."[9]

맑스가 예컨대 『1844년 경제학-철학 수고』에서 말하는 사적 소유의 지양은 생산의 주체가 생산조건과 맺는 관계 일반의 지양이 아니라 생산 주체와 객관적 생산조건의 분리에 기반을 두는 사적 소유의 지양이다. 그런데 이 자본주의적 사적 소유에 대한 맑스의 태도는 결코 단순하지 않다. 자신의 노동에 기반을 두며 생산의 객관적 조건들과 분리되지 않았던 생산자들(자신의 토지를 소유한 자영농이나 길드의 장공匠工)의 삶은 하나의 어엿하고 온전한 삶이었음이 분명하다. 그러나 이는 낮은 생산력에 조응하는 것이었다. 자본주의적 사적 소유의 등장은 더 높은 생산력으로의 이행에 해당한다.

그 구성원들이 생산조건과 특정의 객체적 통일성을 이루는 것이 공동체의 전제가 되거나, 그 구성원들의 특정한 존재방식이 공동체 자체를 생산조건으로 전제하는 모든 형태들(이것들은 다소 자연발생적이며 그와 동시에 모두가 역사적 과정의 결과이다)은 필연적으로 생산력의 단지 제한된, 원리적으로 제한된 발전에 상응한다. 생산력의 발

---

8) 칼 맑스, 김수행 옮김, 『자본론』(제1권/하), 비봉출판사 1989, 973쪽. 이 저작에서 인용할 경우 독일어판을 기준으로 김수행판을 다소 수정했다.

9) 맑스, 『자본론』(제1권/하), 958쪽.

전이 이 형태들을 해체한다. 그리고 이 형태들의 해체는 그 자체가 인간 생산력의 발전이다(496).

그렇다면 우리가 공통적인 것과 관련해 주목해야 하는 것은 자본주의적 사적 소유에 상응하는 생산력보다 더 높은 생산력의 발전이다. 바로 그렇기 때문에 맑스가 말하는 사적 소유의 철폐는 결코 그 이전의 어떤 형태로, 예컨대 공동 소유가 사적 소유와 분리되지 않았던, 아니 아예 사적 소유라는 것이 없었다고 할 수 있는 아시아적 형태로 돌아가는 것이 될 수 없다.[10]

그러면 생산력의 발전은 소유와 관련해 어떤 귀결을 가져올 것인가? 맑스가 말하는 생산력의 발전은 단순한 양적 증가가 아니다. 맑스는 생산 주체와 생산의 객관적 조건이 분리된 상황에서도 객관적 조건은 궁극적으로 주체의 차원으로 연결된다고 말한다. 따라서 생산력의 증가란 주체성의 변화, 인간성 그 자체의 변화이다.[11] 맑스가 『정치경제학 비판 요강』 전체(집중적으로는 「기계에 관한 단상」 부분)에서 말하는, 고도로 발전된 자본주의에 의해서 개발되고 가동되는 핵심적 생산력은 지적 능력(일반지성)과 사회적 결합인데 양자 모두 주체성의 변화를 낳는다.

---

10) 물론 우연히 남아 있게 된 과거의 것이 새롭게 현재화되는 것은 과거로 돌아가는 것과는 다르다.

11) 이는 고정된 인간의 본질을 설정하는 이른바 '휴머니즘'과 다르다. 맑스는 인간과 비인간(비유기적 몸으로서의 자연)의 구분을 절대적인 것으로 보지 않듯이 인간의 인간됨을 고정된 것으로 보지도 않는다. 맑스에게 인간은 역사적으로 '자기생성'하는 존재이다.

다른 한편 맑스는 이런 생산력의 발전이 가치 법칙의 붕괴를 가져 온다고 본다. 가치 법칙의 붕괴란 잠재적으로는 사적 전유의 필수 조건인 측정 가능성의 붕괴를 의미한다. 이는 잉여가치의 사적 전유를 원칙적으로 어렵게 만든다. 사적 개인들(개별 자본가)이 자신의 몫을 어떻게 나눌지 알 수 없게 되기 때문이다. 더 자세한 것은 가치를 다루는 부분에서 논하겠다. 여기서는 생산력의 발전이 '사적' 소유라는 말이 적용되는 형태의 소유를 원칙적으로 불가능하게 만드는 경향을 가진다는 점을 짚어 놓는 것으로 충분하다. 다음 대목에서 맑스는 심지어 노동자들(대부분 자신이 가진 재산의 부재 혹은 부족함으로 고통받을 사람들)에 대해서도 '사적인 것'이 사라짐을 지적한다.

분업이 발전하면 개인이 수행하는 거의 모든 개별적 노동작업은 전체의 일부가 되어 그 자체로 가치나 사용가치를 갖지 않는다. **이것은 내 생산물이다. 이것을 내가 가질 것이다라고 노동자가 주장할 것이 없다**(709).

그렇다면 대체 무엇을 기준으로 얼마의 임금을 받아야 하는가? 여기서 도출될 수 있는 것은 임금과는 다른 형태의 사적 전유이다. 그리고 이 전유가 공통적인 것이 가리키는 지형에 속하려면 상품으로서의 노동력과 교환되는 것이 아니어야 한다.

맑스는 주식회사를 "자본주의적 생산양식 자체의 한계 내에서 사유재산으로서의 자본을 지양하는 것"[12]이라고 부르며, 그것을 "새로운 생산형태로의 단순한 이행점"으로 본다.[13] 물론 주식회사는 여전

---

12) 칼 맑스, 김수행 옮김, 『자본론』(제3권/상), 비봉출판사 1990, 530쪽.

히 사적 생산에 속한다. 그러나 그것은 "사적 소유에 의해 통제되지 않는 사적 생산"[14]이다. 이런 맑스의 통찰이 요약적으로 제시된 곳은 **"자본주의적 생산에서 핵심적으로 중요한 세 가지 사실"**[15]에서이다. 그 가운데 두 가지는 다음과 같다.

(1) 소수인의 수중에 생산수단이 집중된다. 이를 통해 생산수단은 직접적으로 노동자의 소유로서 나타나지 않게 되며, 그 반대로 사회적 생산 능력으로 전환된다. 비록 생산수단은 처음에는 자본가의 사유 재산이긴 하지만 말이다. 자본가들은 부르주아 사회의 수탁자임에도 불구하고 이 수탁의 모든 과실을 혼자 취득한다.

(2) 노동 자체가 사회적 노동으로 조직된다. 협력, 분업, 노동과 자연과학의 결합을 통하여.

이 두 가지 점에서 자본주의적 생산양식은 사적 소유와 사적 노동 모두를 (비록 대립적인 형태로이긴 하지만[16]) 지양한다.

그렇다면 이 모든 것의 연장선상에 있는 생산(아직 온전하게 실현됐다고 할 수는 없는 것)은 어떤 형태의 것일까? 아마 "사적 소유(사유 재산)의 통제가 없는" 사회적 생산일 것이다. 현대 자본주의를 살고 있는 우리에게 중요한 것은 맑스의 이런 예측적 통찰이 현재 완

---

13) 맑스, 『자본론』(제3권/상), 539쪽.

14) 맑스, 『자본론』(제3권/상), 539쪽.

15) 맑스, 『자본론』(제3권/상), 317쪽.

16) 공통적인 것이 자본가들의 사유 재산으로 전유되어 있기 때문에 "대립적인 형태"라고 한 것이다.

전히 적중됐느냐 아니냐가 아니라 점점 더 적중되고 있느냐 아니냐일 것이다. 예측 혹은 저널리즘이 말하는 예언으로 나타나는 것은 사실 맑스의 방법에서는 경향의 포착이며, 이는 단번에 드러나는 것이 아니라 과정의 형태로 나타날 것이기 때문이다.

| 가치와 공통적인 것 |

자본이 공통적인 것과 맺는 관계를 살펴보기 위해서 우선 자본의 질료를 이루는 '가치'에 눈을 돌릴 필요가 있다. 여기서도 시야를 넓혀 자본주의의 이전을 포함하도록 해야 한다. 가치 혹은 교환가치는 자본의 산물이 아니라 자본주의 이전부터 형성됐기 때문이다.

1) 교환가치

자본은 유통에서 왔다고 맑스는 『정치경제학 비판 요강』 여기저기서 말한다. 교환의 전면화가 자본의 전제조건이라는 말이다. 교환이 전면화되기 전에는 고립적으로 존재하는 공동체들의 변방에서 (잉여가 있을 경우) 산발적으로 교환이 행해졌다. 각 공동체들의 삶은 산발적으로만 서로 연결되어 있었다(그래서 각 공동체들의 삶은 그 공동체 내에서만, 그 공동체의 외연만큼만 **공통적**이었다). 교환의 전면화는 무엇보다 이런 외연적 연결성을 전지구적 규모로 가능케 한다.

그런데 맑스가 보는 교환의 전면화는 결코 외연적인 차원에서만의 일이 아니다. 생산의 성격이 달라진다. 직접적인 욕구의 충족을 위한 생산은 사라지고 교환을 위한 생산, 즉 상품생산이 헤게모니를 쥐게 된다. 상품생산이란 사용가치와 함께 교환가치를 생산하는 것인데,[17] 사용가치는 물질적인 것으로서 특수성^{Besonderheit}에 묶여 있는 반면에[18] 교환가치는 모든 사물과의 교환 가능성에 다름 아니기에 이미 그 안에 다른 모든 것과의 관계를 잠재적으로 품고 있다. 달리 말하자면, 특수성이 일반성Allgemeinheit과 공존한다. 따라서 이제 생산활동은 무엇보다 생산자 개인의 욕구를 충족시키기 위해 이뤄지는 것이 아니라는 의미에서 사회적 활동이 된다.

그런데 이는 온전한 의미의 사회적 활동이 아니다. 개인들은 철저하게 자신의 사적 이익을 위해서 생산하기 때문이다. 교환이 전면화되기 이전에, 즉 상품생산이 일반화되기 이전에 사람들은 자신이 속한 공동체 내에서는 상호의존적 관계를 맺고 있었다. 개인들의 관계는 그 자체가 (좁은 의미에서지만) **사회적**이었다. 그런데 이제 교환가치의 전면화에 의해 이런 상호의존적 관계들이 해체되고 교환에 의한 매개를 통해만 다시 연결된다.[19] 따라서 교환의 전면화는 일종의 보편화이긴 하지만 이는 원자화된 사적 인격들의 보편화와 동전의 양면을 이루는 보편화이다. 사적 인격들 모두에게 공통되는 것은 단지 사적이라는 것뿐이다.

사적 인간들의 등장이라는 점에서 볼 때 교환가치의 전면화 과정은 단순한 경제적 현상일 뿐만 아니라 새로운 형태의 사회가 등장하는 것이기도 하다. 맑스는 사회형태를 크게 셋으로 구분한다.

---

17) 교환가치는 처음에는 '잠재적으로'(ideell) 가격으로서 존재하며, 유통과정에서 실제로 교환이 이뤄지면 화폐로 실현된다.

18) 사실 실제로 교환이 이뤄지는 것은 이 특수성에 대한 욕구가 구매력을 가지는 경우이다.

19) 여기서 사물들의 관계가 사람들의 관계를 가리는 이른바 '사물화'(Verdinglichung) 현상이 발생한다.

인간의 상호의존(이는 처음에는 완전히 자연발생적이다)이 첫 번째 사회형태인데, 여기서 인간의 생산성은 미미하게만 그리고 고립된 지점들에서만 발전한다. **사물에의** 의존성에 기초한 개인들의 독립성이 두 번째 거대한 사회형태인데, 여기서 비로소 일반적인 사회적 질료교환의 체계, 보편적 관계의 체계, 전면적 욕구와 보편적 능력의 체계가 형성된다. 개인들의 보편적 발전과 그 공동체적·사회적 생산성을 사회적 부로 삼는 데 기반을 둔 자유로운 개성이 세 번째 단계이다. 두 번째 단계는 세 번째 단계의 조건을 창출한다(158).

두 번째 단계, 즉 교환가치에 기반을 둔 생산이 이뤄지는 자본주의 사회에서 **모두가 서로 연관을 이루는 관계**를 향한 움직임이 비록 사물화된 형태로나마 진행되는 것은 사실이다. "분명히 사물을 통한 연관은 무연관성, 혹은 혈연이나 주인-노예 관계들에 기반을 둔 순전히 국지적인 연관보다는 낫다"(161). 또한 이는 주체성의 변화를 동반한다("전면적 욕구와 보편적 능력의 체계"). 이것을 맑스는 "외부와의 교역이 주는 문명화하는 효과"(256)라고 불렀다.

이렇듯 두 번째 단계에서 총체성이라고 부를 수 있는 것이 나타나지만, 이는 해방적 성격이 아니라 권력의 형태를 띤다.[20]

그들의 상호접촉은 그들 위에 군림하는 **이질적인** 사회적 힘을 산출한다. 즉 그들의 상호작용을 그들로부터 독립된 과정과 권력^{Gewalt}으로

---

20) 이런 의미에서 앞에서 말한 사물화 현상(사람들의 관계가 사물들의 관계로 나타나는 것)은 아직 반밖에는 말하지 않은 것이다.

서 산출하는 것이다. 유통은 사회적 과정들의 총체이기 때문에, 사회적 관계가 가령 화폐나 교환가치에서만이 아니라 사회적 운동 전체에서 개인들과 독립된 어떤 것으로 나타나는 최초의 형태이기도 하다. 개인들을 지배하는 자립적 권력이 된 사회적 상호관계는 자연력, 우연, 혹은 다른 어떤 형태로 이해되든 그 출발점이 자유로운 사회적 개인이 아니라는 사실의 필연적 결과이다. 유통이 경제적 범주들 중 최초의 총체성이라는 점이 이것을 밝히는 데 적합하다(197).

사회적 관계가 자립적 권력으로 되는 것이 바로 성숙기의 맑스가 포착하는 '소외'의 핵심이다. 『1844년 경제학-철학 수고』에서 맑스가 '유적 존재로서의 인간'으로부터의 이탈을 다소 추상적으로 제시하는 방식으로 소외를 말했고, 그래서 이른바 '휴머니즘'이라는 혐의를 받을 수 있었다면, 『정치경제학 비판 요강』의 맑스는 역사적 과정 속에 구현된 것으로서 소외를 파악한다. 그리고 소외가 놓이는 맥락은 첫 번째, 두 번째, 세 번째 단계를 거치는 역사적 과정이다(이런 의미에서 맑스에게는 분명 '거대 서사'가 있다). 이 맥락에서 볼 때 두 번째 단계의 사회형태 혹은 사회적 관계는 결코 영원한 것이 아니다. 또한 두 번째 단계는 비록 소외를 동반하지만 부정적이기만 한 것이 아니다. "두 번째 단계는 세 번째 단계의 조건"을 창출하기 때문이다. 세 번째 단계의 삶이란 바로 본격적인 의미의 **사회적** 삶이다.

이 연관이 개인들에게 낯설고 자립적인 것으로 다가오는 것은, 그들이 여전히 사회적 삶의 조건들의 창출에 종사하고 있음을, 이 조건 위에서 사는 것은 아직 시작하지도 않았음을 입증할 뿐이다. 그것은 특정의 협소한 생산관계 속에 있는 개인들에게서 자연스럽게 나오는 연관이다(162).

공적/사적인 것이라는 범주는 두 번째 단계에 해당한다. 공적인 것이란 사적 개인들의 외부에 있으면서 외부로부터 사적 개인들에게 덮어씌워지는 방식(위로부터의 코드화)으로 존재하는 '일반적인 것' 이다.[21] 따라서 자본주의적 관계를 넘어서는 관계에 공적/사적인 것이라는 범주를 적용하는 것은 과거의 범주를 미래에 적용하는 것이다. 공통적인 것이라는 개념의 필요성은 바로 여기서 나온다.

그러면 역사적 과정이 향하는 세 번째 단계에 대해서 맑스는 어떻게 말하는가? "개인들의 보편적 발전과 그 공동체적·사회적 생산성을 사회적 부로서 삼는 데 기반을 둔 자유로운 개성"이 그 특징임은 이미 말했다. 맑스가 말하는 자유란 과연 무엇인가? 소외로부터의 해방이란 과연 어떤 상태인가?

맑스는 두 번째 단계의 '매개된 사회성'과 달리 세 번째 단계에서의 생산은 **"직접적으로 사회적"**unmittelbar gesellschaftlich이라고 한다. 이는 "연합의 산물"the offspring of association이다(158).[22] 이어지는 내용이 더욱 의미심장하다. 두 번째 단계에서는 "개인들이 사회적 생산에 포섭되어, 사회적 생산이 개인의 외부에 운명으로서 존재하는" 반면에 세 번째 단계에서는 사회적 생산이 "개인에게 포섭되며 개인들이 사회

---

21) 『헤겔 법철학 비판』에서 맑스는 봉건 시대에는 사적인 것이 그 자체로 동시에 정치적 영역이었으며, 순전히 사적인 것이라는 추상은 자본주의 시대에 고유한 것이라고 한다.

22) 독일어 원본에도 영어로 표기되어 있다.

적 생산을 그들의 공통적 부(능력)^{Vermögen}로서 운영"한다(158). 맑스
는 다른 곳에서도 이와 유사한 설명을 한다. 세 번째 단계에서는 "**전
제 그 자체가 매개되어 있다. 즉 공동체적 생산, 공통성**^{eine gemeinschaftliche}
^{Produktion, die Gemeinschaftlichkeit}이 생산의 토대로서 전제된다. 개인의 노
동은 처음부터 사회적 노동으로서 정립된다"(172).

그가 직접적으로 혹은 간접적으로 창조하는 생산물의 특수한 물질
적 형상이 무엇이든, 그가 자신의 노동으로 산 것은 특정의 특수한
생산물이 아니라 공동체적 생산에의 일정한 참여이다. 따라서 그는
교환해야 할 특수한 생산물이 없다. 그의 생산물은 **교환가치가 아니다.**
생산물은 각자에게 일반적 성격을 가지기 이전에 먼저 특수한 형태
[요컨대 화폐]로 옮겨져야 할 필요가 없다. 교환가치의 교환에서 필
연적으로 창출되는 분업 대신에 각자가 공동체적 소비에 참여하게
되는 노동의 조직화가 발생한다. 첫 번째 경우에는 생산물이 교환가
치로 고양되고 이 교환가치들이 교환됨으로써 생산의 사회적 성격
이 사후에 **정립됐다.** 두 번째 경우에는 **생산의 사회적 성격**이 이미 전제
되며, 생산물들의 세계, 즉 소비에의 참여가 서로 독립된 노동 혹은
노동생산물의 교환을 통해 매개되지 않는다. 오히려 개인이 그 안에
서 활동하는 사회적 생산조건들을 통해 매개된다. 따라서 각자의 노
동을 (또한 자신의 생산물을) 직접적으로 **화폐로, 실현된 교환가치**로 만
들려고 하는 것은 노동을 **직접적으로** 일반적 노동으로 규정하는 것이
다. 즉 노동이 화폐와 교환가치로 되어야 하는, 그리고 사적인 교환
에 의존하는 조건들을 부정하는 것이다. 이 요구[23]는 그것이 더 이
상 제기될 수 없는 조건에서만 충족될 수 있다. 교환가치에 기초한

노동은 각자의 노동이든 그의 생산물이든 **직접적으로** 일반적이지 않음을, 생산물이 이 **대상화된 매개**를 통해, 자신과 상이한 **화폐**를 통해 비로소 일반적 형태를 띰을 전제한다(172).

개인, 즉 특이성에 종속되는 공통적 부로서의 사회적 생산, 이것이 바로 맑스가 포착해낸 공통적인 것과 특이한 것의 관계이다. 공통적인 것과 특이한 것의 관계야말로 살아 있는 코뮤니즘의 터전이라고 할 때, 우리는 두 번째 단계에 속하는 "**교환, 가치, 화폐**를 토대로 삼아 총생산을 통제하는 것을 전제하는 것보다 더 잘못되고 불합리한 것은 없다"(158~159)고 맑스와 함께 말할 수 있을 것이다.

여기에 덧붙여지는 것은 세 번째 단계로 이행하는 과정이 자연적인 과정이 아니라 역사적으로 구축되는 과정이라는 것이다. "이와 마찬가지로 분명한 것은, 개인들이 자신의 사회적 연관을 창출해내기 전에는 그 연관을 자신에게 종속시킬 수 없다는 점이다. …… 보편적으로 계발된 개인들, 그 사회적 관계가 그들 자신의 공통적 관계로서 자신들의 공통의 통제에 맡겨진 개인들은 자연의 산물이 아니라 역사의 산물이다"(161~162).

맑스가 (특히 「기계에 관한 단상」 부분에서) '사회적 개인'이라고 부르는 형상은 바로 이런 자유로운 개성의 잠재태이다.

일단 이런 전환이 일어나면 생산과 부의 초석이 되는 것은 인간이 수행하는 직접적 노동이나 지출되는 노동시간이 아니라 노동자 자신에

---

23) 노동이 화폐와 교환가치로 되어야 한다는 것.

의한 일반적 생산력의 전유, '자연'을 이해하는 능력과 사회적 존재인 덕분에 자연을 지배하게 되는 능력, 즉 사회적 개인의 발전이다(705).

여기서 다시 한 번 우리는 맑스가 '자본의 역사적 사명'이라고 부르는 것, 즉 자본이 그 부정적 측면에도 불구하고 새로운 사회의 토대를 구축한다는 점에 주목하게 된다.

생산력과 사회적 관계들(사회적 개인의 발전의 두 상이한 측면들)은 자본에게 단순한 수단으로 나타난다. 단순히 그 제한된 토대 위에서 생산을 하기 위한 수단이다. 그러나 실상 이 힘들은 그 토대를 날려 버릴 물질적 조건들이다(706).

우리는 이제 이것을 공통적인 것의 구축과정이라고 부를 수 있을 터인데, 자본주의를 이렇게 보는 것만이 코뮤니즘과의 온전한 관계 속에 놓고 보는 것이 된다. 우리가 코뮤니즘과 자본주의를 추상적으로 대립시키고 후자를 단순히 타도의 대상으로만 본다면, 다음과 같은 맑스의 통찰을 무시하는 것이 된다.

새로운 생산력과 생산관계는 **무**에서, 공기에서, 스스로를 정립하는 이념의 품에서 발전해 나오지 않는다. 기존의 생산력 발전과 물려받은 전통적 소유관계 내부에서, 그것과 대립하면서 발전한다(278).

이윤율 저하 경향의 법칙에 대해서도 우리는 같은 관점을 적용할 수 있다. 이 법칙의 한 측면은 자본주의적 생산양식이 발전할수록 자본의 처지가 점점 더 곤란해진다는 것이다. 이것을 이해하려면 수리적 연관을 이해하는 것이 중요하다. 그러나 공통적인 것의 형성이라는 관점에서 보면 이윤율 하락은 ① 생산력+과학의 힘, ② 직접적 노동의 감소, ③ 엄청난 규모의 교류, ④ 사회적 개인의 풍요로운 발전을 의미한다(748~749). 따라서 자본이 곤란해지는 점보다는 새로운 생산양식의 물적 토대가 구축되는 점이 부각되는 것이다.

2) 가치

가치와 가격의 관계 등 기본적 사항을 설명하는 것은 이 자리에서의 일이 아니다. 여기서는 교환가치가 한 상품의 다른 상품과의 교환 비례를 나타낸다는 점에서 외적인 것이라면 가치는 그 비례를 결정하는 내적인 것이며, 가치의 척도는 노동시간이고, 척도로서의 노동시간은 손으로 만질 수 있는 대상이 아니라 잠재적 차원의 실재라는 점을 짚어 놓는 정도로 충분할 것이다. 우리의 관심사는 공통적인 것의 구축이라는 관점에서 가치를 다루는 것이다. 이 관점에서 볼 때 가치 및 그 척도인 노동시간은 사용가치들에 공통적인 요소라는 점이 중요하다. 사용가치는 "사용가치들에 공통적인 요소(노동시간)가 외적인 척도로서 사용가치에 적용되는 것을 통해서만 특정의 교환가치가 된다"(269). 따라서 가치가 나타내는 공통성은 측정과 척도에 기반을 둔 공통성이다. 교환가치의 전면화는 가치의 전면화이며 이는 곧 노동시간이라는 척도의 전면화, 즉 가치 법칙의 전면화이다. 이는 다시 측정과 척도에 기반을 둔 공통성의 확대이다. 전지구적 삶이 자본에 포섭됐다 함은 이런 공통성이 전지구적으로 확대됐다는 말이다. 그런데 맑스는 자본주의의 발전에서 이런 확대와는 상이한 방향을 가진 경향도 포착해낸다(이것을 자본의 모순이라고 부른다). 축소의 경향을 말하는 것이 아니다. 맑스는 자본주의의 발전이 가치 법칙을 **붕괴**시키는 경향, 다시 말해서 가치 법칙이 함축하는 공통성(만일 용어의 유사성으로 인해서 혼란스럽다면 그냥 '일반성'이라고 해도 좋을 것이다)이 붕괴하는 경향을 포착해낸다. 이는 「기계에 관한 단상」 부분에 집중적으로 개진되어 있다. 한 대목을 들어보자.

> 산 노동의 대상화된 노동과의 교환(사회적 노동을 자본과 임금노동의 대립으로 정립하는 것)은 **가치관계**의 궁극적 발전이며 가치에 기반을 둔 생산의 궁극적 발전이다. 그 전제는 직접적 노동시간의 순전한 양, 고용된 노동의 양이 부의 생산에서 결정적인 요인으로 작용하는 것이며, 또 그런 것으로 남아 있다. 그러나 대규모 산업이 발전하는 정도에 따라 실질적인 부의 창출은 노동시간과 고용된 노동의 양에 의존하기보다는 노동시간 동안 가동되는 요인들의 힘에 의존한다. 이 힘(그 강력한 효율성)은 생산에 지출된 직접적인 노동시간과 아무런 비례관계를 갖지 않으며, 과학의 일반적 상태와 기술의 진보에, 혹은 과학의 생산에의 적용에 의존한다(704~705).

자본의 발전이 자본의 해체를 낳게 되는 이런 자본의 모순적 경향을 지적하는 대목들은 『정치경제학 비판 요강』에서 여러 군데 발견된다. 모두 가치의 척도였던 노동시간이 부의 원천이 되기를 그친다는 통찰을 담고 있는데, 그 원인으로 제시되는 것은 지식(일반지성)의 생산력화와 사회적 결합, 요컨대 노동의 성격 변화이다. 그리고 이는 더 나아가 부 자체의 성격 변화를 가져온다.

자본의 모순적 경향은 항상 한편으로는 **처분 가능한 시간**^{verfügbare Zeit}을 창출하고 다른 한편으로는 이것을 잉여노동으로 전환시키는 것이다. 자본이 전자에 너무 크게 성공하면 과잉생산²⁴⁾으로 고생하게 되고 그러면 필요노동이 침해받게 된다. **어떤 잉여노동도 자본에 의해 가치화되지 않기 때문이다.** 이 모순이 발전되면 발전될수록 생산력의 성장이 타인의 노동의 전유와 더 이상 결부되지 않게 되고, 노동대중이 자신의 잉여노동을 스스로 전유하리라는 것이 명백해진다. 일단 그렇게 되면, 그리하여 **처분 가능한 시간이 대립적 실존**으로서 더 이상 존재하지 않게 되면,²⁵⁾ 한편으로 필요노동시간은 사회적 개인의 욕구를 척도로 삼게 되며, 다른 한편으로 사회적 생산력의 발전이 매우 급속히 이뤄져서 (비록 이제 생산이 모두의 부를 목적으로 마련되지만) 모두의 **처분 가능한 시간**이 증가할 것이다. 실질적 부는 모든 개인들의 발전된 생산 능력이기 때문이다. 그때에는 노동시간이 결코 부의 척도가 되지 못하고 처분 가능한 시간이 부의 척도이다. **노동시간을 부의 척도로 보는 것은** 부 자체를 가난에 근거한 것으로 보고, 처분 가능한 시간을 **잉여노동시간과의 대립의 형태로 (대립을 통해) 존재하는 것으로 보는 것이다.** 혹은 개인의 전체 시간을 노동시간으로 정립하고 개인을 단순한 노동자로 격하시키는 것, 노동에의 포섭이다. **따라서 가장 발전된 기계가 노동자를 야만인보다 더 많은 시간을 일하게 강제하거나 가장 단순하고 조야한 도구를 가지고 일했을 때보다 더 많은 시간을 일하게 강제한다**(708~709).

---

24) 처분 가능한 시간의 과잉 생산을 말한다.

25) 여기서 '대립적 실존'(gegensätzliche Existenz)이란 처분 가능한 시간인 동시에 잉여노동시간이 되는 것을 말한다.

여기서 맑스는 자본의 모순(노동시간과 처분 가능한 시간이 대립 관계에 있는 것)과 그 모순이 해소된 경우를 모두 말한다. 모순이 해소되면("노동대중이 자신의 잉여노동을 스스로 전유"하게 되면) "모든 개인들의 발전된 생산 능력"이 실질적 부가 되며, 노동시간(가치)이 부의 척도가 아니라 처분 가능한 시간이 부의 척도가 된다. 이것은 무슨 의미인가? 처분 가능한 시간은 자유로운 개인의 개발에 들어가는 시간이다. 따라서 처분 가능한 시간이 척도가 된다고 함은 개인들의 생산 능력이 어느 정도 발전됐느냐가 척도가 된다는 말이다. 여기서의 척도는 예컨대 상품의 생산에 투여된 노동시간이 척도가 되는 경우와 다르다. 후자는 사용가치에 특정 양을 표현하는 가격(화폐의 양)이 덧붙는 식으로, 교환가치가 사용가치와 공존하는 식으로 존재한다. 그리하여 교환의 비율을 결정하는 것이다. 그러나 처분 가능한 시간이 척도가 되는 경우에는 사실상 노동시간과 같은 "미리 주어진 자尺"가 존재하지 않는다.

그 어떤 전제도 없이 인간의 창조적 능력이 절대적으로 발휘되어서 이런 발전의 총체(인간의 모든 능력의 발전 자체)를 **미리 주어진** 자로 재는 대상이 아니라 자기목적으로 삼고, 이를 통해 인간이 어떤 특정의 성격으로 자신을 재생산하는 것이 아니라 자신의 총체를 생산하고, 자신이 이미 되어버린 어떤 것에 머물려 하지 않고 절대적 생성 운동의 상태에 있는 것, 이것이 부가 아니고 무엇인가?(488).

이렇듯 사물에 갖다 대어지는 자와 같은 척도는 사라지고 인간이 자신의 총체를 계속 새롭게 생성해가는 "절대적 생성운동"의 상태만

이 남는 것, 이것이 바로 공통적인 것의 구축과정의 핵심 성격이다. 다만 이는 잠재적 경향으로서 존재하며 그 현실화는 시기마다 다를 것이다. 물론 자본이 완전히 사라지지 않는 한 **"가장 발전된 기계가 노동자를 야만인보다 더 많은 시간을 일하게 강제하거나 가장 단순하고 조야한 도구를 가지고 일했을 때보다 더 많은 시간을 일하게 강제"**하는 일은 가능하다 (오늘날 비물질노동의 경우에는 노동시간과 비노동시간의 경계가 사라지는 경향이 있다). 그러나 자본에 포섭된 상태에서도 변화는 일어난다. 기계가 아니라 인간이 고정자본이 되는 것이다.[26]

노동시간의 절약은 자유시간, 즉 개인의 온전한 발전을 위한 시간의 증가와 동등하다. 이 발전은 다시 가장 커다란 생산력인 노동의 생산력에 작용한다. 직접적 생산과정의 관점에서 보면 이는 **고정자본**의 생산으로 간주될 수 있다. 다만 인간 자신이 이 고정자본이다. 그런데 직접적 노동시간이 자유시간과의 추상적 대립 속에 머물 수는 없다는 것은 말할 나위도 없다(711~712).

만일 이제 인간이 고정자본이라면 이는 인간들의 모임(예컨대 생산자들의 연합 혹은 다중)이 그 자체로 정치적인 동시에 경제적인 집

---

26) 네그리와 하트는 이런 맑스의 통찰을 더 발전시켜 탈근대의 경제에서 자본의 유기적 구성이 해체되는 현상, 즉 노동이 더 이상 가변자본으로서 자본이라는 유기체를 구성하지 않게 되는 현상을 읽어낸다. 인간의 지적 능력이 고정자본이 되는데, 이 고정자본은 공장 내에 고정되어 있지 않기 때문이다. 이에 대해서는 Antonio Negri and Michael Hardt, *Commonwealth*, Cambridge: Harvard University Press, 2009, 3부 1절 참조.

단이 될 수 있음을 나타낸다. 정치와 경제의 경계가 이렇게 사라지는 것 또한 공통적인 것의 개념을 구성하는 한 요소가 된다.

3) 화폐

지금까지 살펴봤듯이 맑스가 자본주의적 과정에서 읽어내는 공통적인 것을 향한 경향은 곧 교환에 의해 매개되지 않는 직접적 전유(객관적 생산조건의 직접적 전유, 잉여노동의 직접적 전유)를 향한 경향이다. 이 경향에 따르면 교환가치가 존재할 조건이 점점 사라지며, 이는 곧 화폐가 존재할 조건이 사라짐을 의미한다. 화폐는 교환가치가 자립적 실존을 획득한 것이기 때문이다. 또한 화폐가 사라지는 것은 앞서 말한 사회적 관계의 권력화의 소멸, 즉 소외 상태의 소멸을 의미한다. 이는 사적 개인들의 외부에, 그 개인들에 대립해 존재하는 일반성 혹은 보편성의 소멸이며, 맑스가 이를 대체하는 것으로 보는 것은 매개 없는 일반성, 직접적 일반성이다.

> 발전된 화폐체제에서는 교환을 위해서만 생산하거나 교환을 통해서만 생산한다. 돈을 빼면, 생산의 더 낮은 단계(보조적 물물교환에 상응하는 단계)로 돌아가거나 더 높은 단계로 진행할 것이다. 이 더 높은 단계에서는 교환가치가 더 이상 상품의 제1규정이 아니다. 그것이 재현하는 일반적 노동이 더 이상 사적 노동(이는 매개를 통해서만 공통성Gemeinschaftlichkeit으로 향한다)으로 나타나지 않기 때문이다(214).

그런데 이는 맑스가 읽어낸 경향이 그렇다는 것이며 현실적인actual 역사적 과정에서 화폐의 소멸(필경 어느 날 갑자기 일어날 일이 아니라 오랜 과정으로 서서히 일어날 일)이 구체적으로 어떻게 이뤄질지는 미지수이다. 다만 맑스에게서 어떤 단서를 얻을 수는 있다. 화폐의 세 가지 기능(이는 역사적 단계에 상응하는 것이기도 하다), 즉 ① 척도로서의 화폐, ② 유통수단으로서의 화폐, ③ "부의 보편적인 물질적 재현자"universeller materieller Repräsentant des Reichtums로서의 화폐 중에서 ①과 ②는 교환가치의 소멸과 운명을 같이 할 것이다. 그러나 ③의 경우는 다르다. 객관적 생산조건이 모두의 것이 되면, 즉 **공통적 부의 일부**[27]가 되면 이 성격이 바뀐 부를 재현할 필요가, 따라서 자본의 관점에서 일반적 부를 재현하는 것이 아니라 공통적 부를 권력이 아닌 형태로 재현할 필요가 과도적으로 존재할 수 있다.

네그리와 하트는 금융자본에서 이것을 본다. 금융자본에 "공통적인 것의 유령"이 들어 있다는 것이다.[28]

금융자본은 본질적으로 공통적인 것, 즉 특수한 상품, 특정 분야의 상품들의 생산에 필요한, 혹은 다른 유형의 재산이나 현상에 필요한 공통적인 관계들과 네트워크들을 재현하는 정교한 기계이다. 이 재현은 공통적인 것 자체로부터의 이례적인 추상과정을 포함한다. 그리고 실로 금융생산물들은 점점 더 추상적이고 비교적秘教的인 형태를 띠어서 생산을 직접적으로 가리키지 않고 미래의 생산의 재현이나, 재현들의 재현을 가리킬 수 있다. 금융의 추상하는 힘은 어지러

---

27) 공통적 부의 핵심은 주체성 자체, 즉 능력이 전면적으로 개발된 자유로운 개인들, 혹은 사회적 개인이다. 그래서 '일부'라고 한 것이다.

28) 네그리와 하트가 금융자본의 파괴적 측면을 보지 않고 있는 것은 아니다.

울 정도이며 바로 이 때문에 수학적 모델들이 중심적이 된다. 그러나 추상 자체는 부의 사회적 성격이 재현되기 때문에만 가능하다. 추상의 수준이 올라갈수록 금융도구들이 파악하는 생산과정에서 직접적·간접적으로 협동하는 네트워크들의 사회적 수준은 더 넓어진다. 바꿔 말하자면 이 추상의 힘은 공통적인 것에 기반을 두는 동시에 공통적인 것을 신비화하는 것이다.[29]

이런 논의는 추상적인 것이 문제가 아니라 충분히 추상적이지 못한 것이 문제라는 질 들뢰즈와 펠릭스 가타리의 말을 염두에 두면 잘 이해될 수 있다. 앞서도 시사했지만, 자본 혹은 화폐는 공통적인 것이 나타내는 보편성, 즉 **모든 것의 모든 것과의 매개 없는 연결**에는 이르지 못한 보편성으로서, 들뢰즈와 가타리가 상대적 탈영토화라고 부른 것, 혹은 부정적 추상기계라고 부른 것의 사례이다. 그런데 들뢰즈와 가타리에 따르면 이 상대적 탈영토화 안에 절대적 탈영토화가 작동하고 있고, 부정적 추상기계 안에 창조적 추상기계가 작동하고 있다. "이 추상의 힘은 공통적인 것에 기반을 두는 동시에 공통적인 것을 신비화하는 것"이라고 말했을 때 네그리와 하트는 바로 들뢰즈와 가타리가 제시한 구도와 유사한 구도에서 말하고 있는 것이다. 맑스의 다음 말들은 이런 맥락에서 음미할 만하다.

> 양적으로 특수한 액수, 한정된 액수로서 화폐는 일반적 부의 한정된 재현, 혹은 한정된 부(이는 그 교환가치 만큼이며 그 이상이 아니다)의

---

29) Negri and Hardt, *Commonwealth*, pp.158~159.

재현일 뿐이다. 따라서 화폐는 그 개념에 따라 그것이 가져야 하는 능력, 즉 모든 즐거움, 모든 상품, 부의 물질적 질료의 총체를 구매하는 능력을 갖지 못한다. 화폐는 '모든 사물의 편람' 등이 아니다. 그런데 화폐가 부로서, 부의 일반적 형태로서, (가치로서 정당화된) 가치로서 고정되면 화폐는 그 양적 제한을 넘어서려는 항상적 충동, 부단한 과정이 된다. 화폐의 고유한 생동성Lebendigkeit은 전적으로, 화폐가 스스로를 **항상적으로 증식함으로써**만 사용가치로부터 구분되는 대자적으로 정당화된 교환가치로서 자신을 보존하는 데 있다. …… 특정 액수의 화폐는 그 양에 의해 측정된다. 이 측정됨은 화폐의 규정과 모순된다. 화폐의 규정은 측정되지 않음을 향해야 한다(270~271).

맑스는 한편으로(그리고 이것이 더 두드러진 측면인 것은 사실이다) 오직 증식만을 목표로 하는 화폐(혹은 자본)의 본성을 지적한다. 그러나 다른 한편으로 화폐(혹은 자본)의 충동에는 측정되지 않음을 향하는 충동, 즉 측정되지 않음에 기반을 둔 일반성을 향한 충동이 있음을 암시한다. 앞서 소개한, 금융자본에 관한 네그리와 하트의 견해는 바로 이런 암시를 더 발전시킨 것이라고 할 수 있다.

| 노동과 공통적인 것[30] |

사실상 화폐든 자본이든 모두 노동(시간)으로 환원된다. 예컨대 "화폐는 일반적 대상의 형태를 띤 노동시간, 혹은 일반적 노동시간의 대

---

30) 여기서 노동이란 자본주의에 고유한 임금노동, 즉 임금과 교환되어 가변자본이 됨으로써 자본의 증식에 봉사하는 생산활동을 말한다.

상화, **일반적 상품**으로서의 노동시간이다"(168). 이 화폐가 특정 조건에서 자본으로 전환되는 것이다. 그리고 교환가치의 전면화는 모든 인간 활동의 노동화를 잠재적으로 함축한다. 따라서 노동을 공통적인 것의 관점에서 보는 것이야말로 핵심 중의 핵심일지 모른다.

우선 인간의 생산활동이 노동으로 전환되는 것, 혹은 추상적 노동의 성립이 가지는 의미를 살펴보자.

가장 일반적인 추상들은 대체로 구체적인 발전이 가장 왕성할 때에만 생긴다. 그리하여 하나의 것이 많은 것들에 공통된 것으로, 혹은 모두에 공통된 것으로 보인다. 그렇다면 그것은 더 이상 특수한 형태로만 인식되지 않는다. 다른 한편 이 노동의 추상은 결코 노동의 구체적 총체를 머릿속에서 생각한 결과물인 것은 아니다. 사용되는 노동이 어떤 특정 종류이냐가 중요하지 않다는 사실은 개인들이 하나의 유형의 노동에서 다른 유형의 노동으로 쉽게 이전하는 사회형태, 노동의 개별 유형이 그들에게 우연한 것이 되고 따라서 무차별하게 되는 사회형태에 적절히 상응하는 것이다. 노동은 범주로서만이 아니라 현실적으로도 부 일반을 창출하는 수단이 됐으며, 특정 개인의 특수한 천직으로 묶여 있기를 멈췄다(104).

여기서 맑스는 추상적 노동이 제한성으로부터의 해방을 함축함을 지적하고 있다. 한편으로 노동(정확하게는 노동력)은 화폐와 교환됨으로써 비록 소외된 형태로나마 사회 전체와의 연관을 잠재적으로 갖게 되지만, 맑스가 말한 것은 이에 대한 인식("노동의 구체적 총체를 머릿속에서 생각한 결과물")에서 그치지 않는다. 맑스가 강조하는 것은 노동이 실제적으로 특수성에서 해방되어 일반성으로 향하는 경향인데, 이것이 개인들의 능력의 자유로운 발전을 함축함은 물론이다. 물론 노동의 추상성과 일반성은 자본과 동일한 차원에 있다.

그러나 자본 그 자체는 모든 물질의 특수성에 무관심하기 때문에, 그리고 그 특수성들 모두로부터의 추상인 동시에 그 특수성들의 총체이기 때문에, 자본에 맞서는 노동도 주체적으로는 동일한 총체성과 추상성을 자체 내에 지니게 된다(296).

그런데 자본주의의 발전, 특히 노동도구의 정점에 있는 자동기계 체제ein automatisches System der Maschinerie는 노동의 성격을 변화시킨다(노동의 성격 변화는 노동의 자본에의 실질적 포섭의 한 특징이다).

기계는 결코 개별 노동자의 노동수단으로서 나타나지 않는다. 기계의 변별적 특징은 결코 노동수단에서처럼 노동자의 활동을 대상에 전달하는 데 있는 것이 아니다. 그보다는 오히려 노동자의 활동이 기계의 노동을, 기계의 행동을 원료에 전달하는 데, 기계를 지켜보고 중단되는 것을 방지하는 데 있다. 노동자가 자신의 숙련과 활동으로 생기를 불어 넣어 자신의 기관으로 만들며 따라서 명인의 기예에 의존하는 노동수단의 경우와 달리, 기계는 노동자를 대신해 숙련과 힘을 가지고 있으며 그 자체가 명인으로서 기계에 작용하는 법칙 속에 그 자신의 영혼을 가지고 있다(692~693).

이는 들뢰즈와 가타리가 말한 기계적 노예화와도 같다. 그러나 맑스는 이런 소외의 측면만을 보는 것이 아니다. 맑스는 기계의 발전이 가진 해방적 잠재력도 동시에 본다.

기계는 자본이 되기를 그친다고 해도 사용가치를 잃지 않는다. 따라서 기계가 고정자본의 사용가치의 가장 적절한 형태라고 해도, 이로부터 기계를 자본의 사회적 관계 아래 포섭하는 것이 기계를 적용하는 가장 적절하고 궁극적인 사회적 생산관계라는 결론이 나오는 것은 아니다(699~700).

자본은 노동자들이 자본을 위해서 더 많은 시간을 일하도록 만드는 정도로만 기계를 사용한다 …… 이를 통해 일정한 대상을 생산하는 데 드는 노동의 양이 최소한으로 줄어드는데, 이것은 다만 노동의 최대치를 그런 대상을 최고로 많이 생산하는 방향으로 실현하기 위해서일 뿐이다. 그런데 이는 해방된 노동에 이익을 가져올 것이며, 노동해방의 조건이다(701).

노동, 혹은 노동자의 측면에서는 다음과 같은 긍정적인 이면이 존재한다.

노동은 이제 더 이상 생산과정에 포함된 것으로 나타나지 않는다. 인간은 생산과정에 감독자이자 조정자로 관여한다(기계에 관해서 타당한 것은 마찬가지로 인간 활동의 결합과 인간 교류의 발전에 대해서도 타당하다). 노동자는 대상과 자신 사이에 개조된 자연 사물을 중간 매개로서 끼워 넣지 않는다. 이제 노동자는 자신과 비유기적 자연 사이에 자신이 산업적 과정으로 변환시킨 자연적 과정을 매개로서 끼워 넣으며, 그리하여 비유기적 자연을 정복한다. 노동자는 생산과정의 주요 행위자라기보다는 그 옆에서 지켜보는 자이다. 일단 이런 전환이 일어나면 생산과 부의 초석이 되는 것은 인간이 수행하는 직접적 노동이나 지출되는 노동시간이 아니라 노동자 자신에 의한 일반적 생산력의 전유, '자연'을 이해하는 능력과 사회적 존재인 덕분에 자연을 지배하게 되는 능력, 즉 사회적 개인의 발전이다(705).

[기계와 도구들은] **인간의 손에 의해 창조된 인간 두뇌의 기관들**이다. 즉 앎의 힘이 대상화된 것이다. 고정자본의 발전은 일반적인 사회적 앎, 즉 지식이 어느 정도로 **직접적인 생산력이 됐는가**를 알려준다. 따라서 사회적 삶의 과정 자체의 조건들이 일반지성의 통제 아래 어느 정도 들어와 있고, 또 어느 정도 그에 따라 변형됐는가 하는 것을 보여준다. 사회적 생산력이 단순히 앎의 형태로만이 아니라 사회적 실천의 직접적 기관들로서, 실질적 삶의 과정의 직접적 기관들로서 산출되는 정도를 보여주는 것이다(706).

우리는 이로부터 다음과 같이 추론할 수 있다. 자본주의는 기계의 자동체계와 사회적 개인의 두뇌(일반지성)를 연결하는 방향으로 움직인다. 기계적 노예화(근대의 정점)가 역전되면 생산체계 전체가 (그 생산물들을 포함해) 사회적 개인의 생산활동의 조건이 된다(탈근대). 다시 말해서 생산체계 전체가 (잠재적으로) 공통적인 것으로 전환된다. 이제 남은 것은 자본이라는 거추장스러운 족쇄가 벗겨지는 것이다. 만일 그렇게 되면 사적 소유의 마지막 형태는 사라질 것이고 공통적인 것이 온전하게 현실화된 형태로 남을 것이다. 이에 대해서 맑스는 다음과 같은 통찰을 남겼다.

> 이 토대 자체의 최고의 발전(그 자기변형의 정점에서 피어나는 꽃, 그러나 항상 이 토대, 이 식물의 꽃이며, 따라서 개화 이후에는 개화의 결과로 시든다)은 그 토대 자체가 생산력의 최고의 발전과도, 따라서 개인들의 가장 풍부한 발전과도 양립할 수 있는 형태로 탈바꿈하는 지점이다. 이 지점에 도달하자마자 더 이상의 발전은 쇠퇴로서 나타나며 새로운 토대에서 새로운 발전이 시작되는 것이다(540~541).

아마도 우리는 바로 이 지점에 와 있는지도 모른다. 자본이 개화의 국면을 지난 후 시드는 단계에!

| 결론에 대신하여: 맑스의 방법 |

이 글에서 인용한 맑스의 발언들은 대부분 사실 진술과는 다소 다른 성격의 것이다. 그리고 때로는 표면적으로 모순되는 부분도 있다. 그러나 그렇다고 해서 이 발언들을 (혹은 그 일부를) 현실에서 벗어난 순전히 관념적인 것으로, 혹은 비과학적인 것으로 간주한다면 이는 맑스의 방법을 잘못 이해한 것이다. 맑스는 분석 대상인 생산하는 사회 혹은 특정의 생산양식을 하나의 겹으로 된 실재로 보지 않는다. 들뢰즈의 용어를 빌리자면 맑스에게는 잠재적인 차원과 현실적인 차원의 관계가 분석의 핵심적인 대상이다. 맑스가 읽어내는 경향이란 무엇보다 잠재적인 차원의 것이다. 이 경향, 즉 잠재적인 차원의 실재가 현실화되느냐 아니냐는 그때그때의 현실적 조건에 따른다. 예컨대 맑스가 자본가들의 사유재산 추구과정이 사적 소유의 지양과 정이기도 하다고 말했을 때, 모순되는 것처럼 보이는 이 발언은 실상 잠재적 차원과 현실적 차원의 관계를 말한 것일 뿐이다. 즉 아직 현실화되지 않았거나 일부만 현실화된 잠재적인 것이 현실적인 차원과 모순되는 것으로서 제시됐을 뿐이다.

맑스에게서 잠재적인 것과 현실적인 것은, 혹은 그 관계는 지극히 복잡하게 제시된다. 예를 들어 보자. 맑스에게 자본을 구성하는 질료인 가치는 항상 잠재적이다(맑스는 이를 지칭하는 데 실제로 'ideell'이라는 단어를 주로 사용한다). 가치는 가격으로 현실화된다. 그런데 가격도 처음에는 일종의 잠재적인 (혹은 준잠재적인) 차원에 존재한다. 즉 어떤 상품의 교환가치로서 무형의 상태로 존재하는 것이다. 상품이 화폐와 실질적으로 교환되면 그때 가격은 화폐로 현실화된다. 그런데 이 현실화는 필연적인 것이 아니다. 상품이 팔리지 않을 수도 있는 것이다. 그럴 경우 잠재적인 것은 가치이든 가격이든 현실화되지 않은 채로 사라진다(탈가치화).

맑스는 가치와 가격이 양적으로 비례하지 않는다고 본다. 가치의 규정이 사회적으로 필요한 노동시간의 양이라고 이해하는 사람에게는 다소 의아하게 들릴 수 있다. 양이라면 다른 양과 일정한 비례관계를 가질 수 있고, 따라서 일종의 방정식으로 표현될 수 있다고 생각할 수 있기 때문이다. 그러나 가치는 비록 양적인 규정을 가졌더라도 그것이 잠재적 차원의 것이기 때문에 현실화된 양과는 다르다. 바로 그렇기 때문에 가치는 가격과 동일하지 않으며, 따라서 맑스는 양자의 동일성을 전제한 노동전표 주장자들(화폐 대신에 노동시간을 표시한 전표를 사용하자는 주장)을 비판한 것이다.

공통적인 것에 대해서도 바로 이와 같은 이해를 적용해야 한다. 자본주의적 과정에서 구축되는 공통적인 것은 기본적으로 잠재적인 차원의 것이며 그중 일부만 현실화되어 나타난다. 맑스가 우리에게 바라는 그런 '눈'(맑스 자신은 이를 '추상의 힘'이라고 부를지도 모른다)을 갖지 못한 사람이라면 이 현실화된 부분을 현실적 차원에서 이미 수립된 법칙들, 제도들, 사고방식들의 관점에서 이해할 것이다. 그러나 들뢰즈와 가타리가 누누이 주장하듯이, 모든 새로운 것은 잠재적인 차원에서 시작되며 그 중 일부가 현실화된다. 따라서 진정으로 생성의 관점에서, 변화의 관점에서 현실을 보려면 현실적 차원을 뚫고 잠재적인 것을 포착하는 것이 필수적이다. 맑스의 자본 분석에서 공통적인 것은 바로 이런 방식으로 포착된 것이다.[31]

---

31) '잠재적인 것'과 '현실적인 것'은 들뢰즈와 가타리의 용어를 우리말로 옮긴 것이다. 이들은 전자에는 'virtuel'이라는 형용사를, 후자에는 'actuel'이라는 형용사를 사용한다. 맑스는 이들과 상이한 용어체계를 사용한다. 이들의 'virtuel'에 가까운 의미를 지니는 형용사로 맑스가 사용하는 것은 (물론 맥락에 의해 뒷받침되는 경우에 한한다) 'ideal' 혹은 본문에 나온 'ideell'이다. "이 잠재적인 동시에 실질적인 부"(dieses ideellen und zugleich praktischen Reichtums)[540]라든가 "그 실재적이고 잠재적인 관계들의 보편성"(Universalität seiner realen und ideellen Beziehungen)[542] 같은 경우가 그 사례이다. 덧붙이자면, 맑스는 용어 자체의 일관성보다는 맥락에서의 의미에 의존하는 글쓰기를 하는 편이다. 예컨대 맑스가 '추상적'(abstrakt)이라고 할 때 이것이 무슨 의미인지는 그때그때의 맥락에서 결정된다. 들뢰즈와 가타리의 경우에는 '추상적'(abstrait)이라는 말이 거의 같은 의미로 사용된다.

지은이 소개*

마이클 하트(Michael Hardt) | 미국 워싱턴대학교에서 박사학위를 받았고, 현재 미국 듀크대학교 문학부 교수로 일하고 있다. 『전미래』(*Futur antérieur*)의 편집에도 관여했으며, 안토니오 네그리의 『야만적 별종』(1981/1991)을 비롯해 아우토노미아 사상과 관련한 책을 다수 영어로 번역했다. 네그리와 함께 『디오니소스의 노동』(1994), 『제국』(2000), 『다중』(2004), 『공통체』(2009) 등을 공동 집필하면서 협력 작업을 지속하고 있다. 이외에도 주요 저서로 『들뢰즈 사상의 진화』(1993/2004), 『네그리 사상의 진화』(1993/2008) 등이 있다.

지지 로제로(Gigi Roggero) | 이탈리아 칼라브리아대학교에서 노동사회학으로 박사학위를 받았고, 현재 이탈리아 볼로냐대학교 정치·제도·역사학부 연구원으로 일하고 있다. 에듀팩토리(Edu-factory)와 유니노마드(UniNomade)의 편집진으로, 『일 마니페스토』(*Il manifesto*)의 고정 필진으로 활동하고 있다. 공저로 『전미래』(*Futuro anteriore*, 2002), 『프레카리오폴리』(*Precariopoli*, 2005) 등이 있으며, 저서로는 『도주하는 지성』(*Intelligenze fuggitive*, 2005), 『포스트식민 아카이브 입문』(*Introduzione all'archivio postcoloniale*, 2008), 『산 지식의 생산』(*La produzione del sapere vivo*, 2009) 등이 있다.

에티엔 발리바르(Étienne Balibar) | 프랑스 파리고등사범학교에서 루이 알튀세르, 장 이폴리트, 조르주 캉길렘, 자크 데리다에게서 사사했다. 프랑스 주요 좌

---

* 지은이들은 본서에 논문이 수록된 순서로 소개했다. 각 지은이의 저서들 중 국내에 번역된 책들은 따로 원서명을 적지 않았다. 출판연도는 초판 발행연도를 맨 앞에 적고 그 뒤에 한국어판 발행연도를 병기했다.

파 철학자로 현재 프랑스 파리10대학교(낭테르) 명예 교수 및 미국 캘리포니아대학교 어바인 캠퍼스 특훈 교수로 일하고 있다. 맑스, 스피노자 등을 연구하며 맑스주의 및 근대 정치철학의 주요 범주들을 재구성하고 있다. 『스피노자와 정치』(1985/2005), 『대중들의 공포』(1997/2007), 『정치체에 대한 권리』(1998/2011), 『우리, 유럽의 시민들』(2001/2010) 등이 국역되어 있으며, 그 밖의 주요 저서로 『《자본》을 읽자』(*Lire le, Capital*, 1965), 『평등자유 명제』(*La proposition de l'égaliberté*, 2010) 등이 있다.

안토니오 네그리(Antonio Negri) | 이탈리아 파도바대학교에서 박사학위를 취득한 뒤, 법철학·정치학을 가르치던 중 1959년 사회당 지방평의원으로 선출됐으며, 『붉은 노트』(*Quaderni Rossi*)의 간행에 참여했다. 1963년 사회당을 탈당한 뒤로는 이탈리아 오페라이스모(노동자주의)의 핵심 인물로 활동했다. 이후 스피노자, 마키아벨리, 맑스, 들뢰즈의 사상을 창조적으로 발전시키며 아우토노미아(자율주의) 사상을 전개했다. 마이클 하트와 공저한 '제국' 3부작(『제국』, 『다중』, 『공통체』) 이외에도 『맑스를 넘어선 맑스』(1979/1994), 『혁명의 만회』(1988/2005), 『전복의 정치학』(1989/2012), 『예술과 다중』(1989/2010), 『전복적 스피노자』(1992/2005) 등 많은 저서들을 집필했다.

제렌 외즈셀추크(Ceren Özselçuk) | 미국 매사추세츠대학교에서 박사학위를 취득했고, 터키 이스탄불에 위치한 보아지치대학교 사회학과에서 조교수로 일하고 있다. 『맑스주의의 재고』(*Rethinking Marxism*)의 편집진으로 활동하고 있으며, 『주체성』(*Subjectivity*), 『정신분석학, 문화, 사회』(*Psychoanalysis, Culture and Society*) 등의 학술지에 많은 논문을 발표했다. 현재는 포스트알튀세르주의, 정치경제학 비판, 정신분석학을 가로지는 연구를 진행하고 있는데, 특히 주체화 과정과 경제적 변형을 둘러싼 윤리적·정치적 관계를 탐구하고 있다.

안나 쿠르초(Anna Curcio) | 이탈리아 볼로냐대학교 사회·정치학과의 비정규직 연구자이자 에듀팩토리(Edu-factory)와 유니노마드(UniNomade)의 편집진. 포스트오페라이스모의 논쟁틀에 의거해 사회운동과 노동자투쟁 영역에서 발생하는 주체성, 계급, 인종, 젠더 문제에 초점을 맞춘 작업들을 출간하고 있다. 주요 저서로 『운동의 공포: 동원의 사건과 계보학』(*La paura dei Movimenti: Evento e genealogia di una mobilitazione*, 2006) 등이 있으며, 편집한 책으로 『코뮌 공동체, 코뮤니즘: 위기 안과 너머에서의 이론과 실천』(*Comune, comunità, comunismo: Teorie e pratiche dentro e oltre la crisi*, 2011), 『점거: 전지구적 위기 속의 운동』(*Occupy: I movimenti nella crisi globale*, 2012) 등이 있다.

나오미 클라인(Naomi Klein) | 캐나다 출신의 저널리스트이자 작가이며 반지구화운동 진영의 진보적인 활동가이다. 캐나다 킹스칼리지대학교에서 민사법 명예 박사학위를 받았으며 런던 정치경제대학교에서 강의하기도 했다. 『뉴욕타임스』, 『네이션』, 『가디언』, 『글로브 앤드 메일』 등의 언론 매체에 활발하게 글을 기고하고 있다. 주요 저서로 『노 로고』(1999/2002), 『쇼크 독트린: 자본주의 재앙의 도래』(2007/2008) 등이 있으며, 신자유주의에 대항하는 아르헨티나 노동자들의 공장점거운동을 다룬 다큐멘터리 영화 『점거하라, 저항하라, 생산하라!』(*The Take*, 2004) 등의 제작에도 참여했다. 현재 기후변화 위기와 경제적·정치적 변형의 관계를 다루는 책과 영화를 준비 중이다.

마테오 파스퀴넬리(Matteo Pasquinelli) | 영국 런던퀸메리대학교에서 지식경제 및 인지자본주의에서의 새로운 투쟁형태에 관한 논문으로 박사학위를 취득했다. 주로 프랑스 철학, 미디어 문화, 이탈리아 포스트오페라이스모를 교차시키며 연구·강의하고 있다. 에듀팩토리(Edu-factory)와 유니노마드(UniNomade)를 중심으로 활발히 활동하고 있다. 주요 저서로 『동물의 정기: 공통재에 대한 동물우화집』(*Animal Spirits: A Bestiary of the Commons*, 2008)이 있으며, 『미디어 활동주의』(*Media Activism*, 2002), 『클릭 미: 인터넷포르노 연구』(*C'Lick Me: A Netporn Studies Reader*, 2007) 등을 편저하기도 했다.

닉 다이어-위데포드(Nick Dyer-Witheford) | 캐나다 웨스턴온타리오대학교의 정보·미디어학과 부교수로 일하고 있다. '자율주의적 맑스주의'의 관점에서 인터넷, 사이버스페이스, 게임 등으로 대표되는 새로운 첨단미디어 시대의 투쟁의 가능성을 살펴보는 데 주력하며 권력, 부, 정보의 상호연관성을 다루는 '정보의 정치경제학'을 연구하고 있다. 주요 저서로 『사이버-맑스』(1999/2003), 『디지털 플레이: 문화, 기술, 시장의 상호작용』(*Digital Play: The Interaction of Culture, Technology and Markets*, 2003)이 있으며, 『이제 모든 것을 다시 발명해야 한다』(2005/2010)를 공저하기도 했다.

박서현(Park, Seo Hyun) | 서울대학교 대학원 철학과에서 『전기 하이데거에게서 시간성과 해석학적 순환의 관계에 대한 연구』(2009)로 석사학위를 받았고, 현재 같은 대학원에서 하이데거에 관한 박사학위 논문을 준비 중이다. 주요 논문으로 「하이데거에게서 시간성과 전회의 문제에 대한 고찰」(2009), 「하이데거에 있어서 '죽음'의 의의」(2010) 등이 있으며, 자율주의적 맑스주의 경향의 정치철학을 연구하면서 마이클 하트의 『네그리 사상의 진화』(1993/2008), 안토니오 네그리의 『다중과 제국』(2003/2011)을 공역했다.

진성철(Jin, Seong Cheol) | 고려대학교 법학과를 졸업하고 서울대학교 철학과 석사과정을 수료했다. 대학원에서는 고대 철학을 전공하며, 플라톤의 『향연』을 중심으로 석사학위 논문을 준비 중이다. 자율주의적 맑스주의를 연구하고 있으며, 특히 맑스의 유물론과 정치경제학 비판에 관심을 기울이고 있다. 현재 현대 금융자본주의 시대의 전지구적 경제위기를 분석하고 이를 뛰어넘을 대안을 모색하는 『전지구적 경제 위기: 금융시장, 사회적 투쟁, 그리고 새로운 정치의 시나리오』(*Crisi dell'economia globale: Mercati finanziari, lotte sociali e nuovi scenari politici*, 2009)를 번역 중이다.

이종호(Yi, Jong Ho) | 성균관대학교 국어국문학과를 졸업하고 같은 대학원 박사과정에서 학위 논문을 준비 중이다. 『자율평론』(웹진)에서 활동했으며, 자율주의적 맑스주의를 연구하고 있다. 주요 논문으로 「일제시대 아나키즘 문학 형성 연구」(2006), 「가난한 자들의 공통된 이름, 다중」(2009), 「해방기 이동의 정치학: 염상섭의 단편소설을 중심으로」(2009) 등이 있고, 지은 책으로 『민중이 사라진 시대의 문학』(공저/2004), 『전쟁하는 신민, 식민지의 국민문화』(공저/2010) 등이 있다. 『좌담회로 읽는《국민문학》』(공역/2010)을 번역했으며, 현재 아르헨티나 민중봉기를 자율주의 맥락에서 독해한 『투쟁의 아삼블레아』(鬪爭のアサンブレア, 2009)를 번역해 출간 준비 중이다.

정남영(Chung, Nam Young) | 서울대학교 영문과에서 찰스 디킨즈 연구로 박사학위를 받았으며, 경원대학교에서 27년 동안 학생들을 가르쳤다. 재직하는 동안 대학의 신자유주의화에 맞서 함께 싸웠으며, 현재는 학교를 그만두고 문학, 정치철학, 삶을 가로지르며 커머니즘(commonism)의 회복, 양성, 확대에 매진하고 있다. 주요 저서로 『리얼리즘과 그 너머: 디킨즈 소설 연구』(2001)가 있으며, 안토니오 네그리의 『혁명의 시간』(2001/2004), 『다중: 제국이 지배하는 시대의 전쟁과 민주주의』(2004/2008), 『다중과 제국』(2003/2011) 외에도 『히드라: 제국과 다중의 역사적 기원』(2001/2008), 『마그나카르타 선언: 모두를 위한 자유권들과 커먼즈』(2008/2012) 등을 번역했다. 현재 네그리와 마이클 하트의 '제국' 3부작 중 마지막 책 『공통체』(가제/사월의책)를 공역 중이다.

기획·옮긴이 소개

강서진(Ghang, Seo Jin) | 고려대학교 법학과를 졸업하고 서울대학교 철학과 대학원 석사과정을 수료했다. 스피노자의 『신학정치론』을 중심으로 석사논문을 준비 중이다. 철학과 현실이 조우하는 지점에서 삶을 위한 주사위를 망설이지 않고 던지기 위해 노력하고 있다. 주요 논문으로 「다중과 한미FTA」(2006)가 있으며, 『이제 모든 것을 다시 발명해야 한다』(2005/2010)를 공역했다. 현재 프랑코 베라르디 '비포'의 『미래 그 이후』(*After the Future*, 2011)를 번역 중이며, 영화 관련 독립잡지 『녹록지X』의 편집·발행에 참여하고 있다.

김세정(Kim, Se Jung) | 단국대학교 국어국문학과를 졸업했으며, 한양대학교 국어국문학과에서 『이청준의 《이어도》 연구: 환상성을 중심으로』(2012)로 석사학위를 받았다. 동시대 현대 소설과 시 읽기 세미나를 진행하며 문학을 통한 삶의 창조적 독해에 주력하고 있다. 현재 문학 텍스트뿐만 아니라 장르적 경계를 넘나들며 다양한 텍스트를 독해하는 글쓰기 작업을 진행 중이다.

박필현(Park, Pil Hyeon) | 이화여자대학교 국어국문과를 졸업하고, 같은 대학원에서 『해방기 문학 비평에 나타난 민족담론 연구』(2010)로 박사학위를 받았다. 이화여자대학교, 성공회대학교 등에서 강의 중이며, 문학에서의 혹은 문학을 통한 주체 구성 문제에 관심을 가지고 있다. 주요 논문으로 「1960년대 소설의 탈식민주의적 양상 연구: 김승옥·박태순·이청준을 중심으로」(2004), 「최일수 비평의 '현대성'과 새로운 '공통성'」(2007) 등이 있으며, 『민중이 사라진 시대의 문학』(공저/2004), 『1960년대 문학 지평 탐구』(공저/2011)를 썼다.

윤영광(Yoon, Young Gwang) | 서울대학교 대학원 철학과에서 『칸트 '공통감' 개념의 사회철학적 함축』(2012)으로 석사학위를 받았고, 같은 대학원 박사과정

에 재학 중이다. 주요 논문으로 「바디우적 주체의 형상: 보편주의 윤리학의 힘과 한계」(2010)가 있고, 『혁명의 만회』(1988/2005), 『제국은 어떻게 움직이는가?: 신자유주의적 자본주의의 세계화 동력학』(2006/2010), 『이제 모든 것을 다시 발명해야 한다』(2005/2010) 등을 번역했다. 현재 네그리와 마이클 하트의 '제국' 3부작 중 마지막 책 『공통체』(가제/사월의책)를 공역 중이다.

은혜(Graco) | 한양대학교 문화인류학과를 졸업하고 성공회대학교 사회학과 석사과정에서 공부했다. 자율주의적 맑스주의를 연구하고 있으며, 특히 보장소득과 재전유권에 관심을 기울이고 있다. 주요 논문으로 「삶정치적 기본소득을 위하여」(2010)가 있으며, 『아랍 단편소설선』(2011)을 공역했다. 현재 아르헨티나 민중봉기를 자율주의 맥락에서 독해하는 『투쟁의 아삼블레아』(闘爭のアサンブレア, 2009)를 번역해 출간 준비 중이다.

이승준(Lee, Seung Jun) | 동국대학교 대학원 철학과에서 『유물론적 시간관의 재구축과 변혁의식의 변형: 네그리의 「시간의 구성」을 중심으로』(2005)로 석사학위를 받고, 같은 대학원에서 박사과정을 수료했다. 광운대학교, 동국대학교에서 인간학, 경제철학을 강의하고 있다. 발전된 자본주의에 맞서 싸우는 자유의 삶에 참여하기 위해 이론적, 실천적으로 맑스, 네그리, 들뢰즈의 사상과 공명하고자 한다. 주요 논문으로 「자본의 포섭을 넘어서는 삶-시간의 재구성: 안토니오 네그리의 정치철학을 중심으로」(2005), 「'맑스주의의 위기'의 조건과 들뢰즈의 표현론」(2007) 등이 있으며, 『비물질노동과 다중』(공저/2005)을 쓰고 『자유주의자와 식인종』(2003/2006)을 공역했다.

채희숙(Chai, Hee Sook) | 동국대학교 철학과를 졸업하고, 한국예술종합학교에서 『한국사회 폭력이미지와 활력이미지의 계보: 5·18 광주 소재 영화들을 중심으로』(2012)라는 논문으로 영상이론과 예술전문사 과정을 졸업했다. 영화를 좋아하고 고민하며 연구한다. 웹진이나 독립잡지를 만들어 영화와 삶의 이야기를 나누고 공명하기를 꿈꾸고 있다. 현재 영화 관련 독립잡지 『녹록지X』의 편집·발행에 참여하고 있다.

※ **박서현, 이종호, 정남영, 진성철** | 앞의 「지은이 소개」 참조.

찾아보기

자본의 코뮤니즘, 우리의 코뮤니즘

공통적인 것의 구성을 위한 에세이

초판 1쇄 인쇄 | 2012년 11월 5일
초판 1쇄 발행 | 2012년 11월 12일

엮은이 | 연구공간 L (강서진, 김세정, 박서현, 박필현, 윤영광, 은혜, 이승준, 이종호,
　　　　정남영, 진성철, 채희숙)
지은이 | 마이클 하트, 지지 로제로, 에티엔 발리바르, 안토니오 네그리, 제렌 외즈셀
　　　　추크, 안나 쿠르츠, 나오미 클라인, 마테오 파스퀴넬리, 닉 다이어-위데포드,
　　　　박서현, 진성철, 이종호, 정남영
펴낸곳 | 도서출판 난장·등록번호 제307-2007-34호
펴낸이 | 이재원
주　소 | (121-841) 서울시 마포구 서교동 458-15 하이뷰오피스텔 501호
연락처 | (전화) 02-334-7485　(팩스) 02-334-7486

책값은 뒤표지에 있습니다.
잘못 만들어진 책은 구입한 서점에서 바꿔드립니다.
ISBN 978-89-94769-10-3　03300

이 도서의 국립중앙도서관 출판시도서목록(CIP)은
e-CIP 홈페이지(http://www.nl.go.kr/ecip)와
국가자료공동목록시스템(http://www.nl.go.kr/kolisnet)에서 이용하실 수 있습니다.
(CIP제어번호: CIP2012004993)